Louis Allain

Dostoïevski et l'Autre

Bibliothèque russe
de l'Institut d'Etudes Slaves
Tome 70

Presses Universitaires de Lille
b.p. 199 / 59654 Villeneuve d'Ascq Cédex

Institut d'Etudes Slaves
9, rue Michelet / 75006 Paris

301713

© Presses Universitaires de Lille, 1984
Institut d'Etudes Slaves, 1984

ISBN 2-85939-253-X (Presses Universitaires de Lille)
ISSN 0078-9976 (Institut d'Etudes Slaves)

Livre imprimé en France

Chronologie de Dostoïevski *

Les parents

XVIIIe siècle. Le grand-père de l'écrivain, André Dostoïevski, occupe une cure en Podolie, au sud-ouest de l'Ukraine.

1789	Naissance du père de l'écrivain, Michel Andréévitch Dostoïevski.
1809	Michel Dostoïevski entre à l'Ecole de médecine militaire de Moscou.
1812	Il est envoyé comme aide-major aux armées, sans avoir terminé ses études.
1819	Michel Dostoïevski, médecin de l'hôpital militaire de Moscou, épouse la fille du marchand moscovite Fiodor Timoféévitch Netchaïev, Maria Fiodorovna, âgée de 19 ans.
1820 (octobre)	Naissance de leur premier enfant, Michel Mikhaïlovitch.
1821 (24 mars)	Le docteur Dostoïevski est nommé médecin dans un hôpital pour indigents, l'hôpital Marie, situé à la périphérie de Moscou.

Enfance à Moscou

1821 (30 octobre)	Naissance de Fiodor, le futur écrivain.
1822	Naissance de Varvara.
1825	Naissance d'André.
1829	Naissance de Vera.
1831	Le docteur Dostoïevski achète le village de Darovoe dans la province de Toula. Naissance de Nicolas.
1832 (avril)	Maria Dostoïevskaïa, atteinte de tuberculose, s'installe à Darovoe avec ses fils.
(août)	Rencontre de Fiodor et du moujik Maréï (épisode relaté dans le *Journal d'un écrivain* 1876, février, édition Pléiade, p. 394-400).
(juin)	Les Dostoïevski achètent le village voisin de Tchermachnia.
1833	Les deux frères aînés, Michel et Fiodor, sont mis en pension chez N. Drachousov.
1834	Ils entrent à la pension Tchermak, réputée pour sa formation littéraire.
1835	Naissance d'Alexandra, septième et dernier enfant des époux Dostoïevski.
1837 (27 février)	Dostoïevski perd sa mère, épuisée par ses grossesses successives et atteinte de consomption.

---

* Cette chronologie ne mentionne que les principaux faits biographiques et les œuvres littéraires majeures.

A Saint-Pétersbourg

1837 (mai)	Fiodor et Michel quittent Moscou pour Saint-Pétersbourg. Au cours du voyage, Fiodor est terriblement impressionné par l'épisode du *Feldjäger* qu'il racontera dans son *Journal d'un écrivain* 1876, janvier (Pléiade, p. 366-369). Les deux frères entrent à la pension Kostomarov pour préparer le concours d'entrée à l'Ecole du Génie militaire.
(printemps-été)	Les deux frères font la connaissance du futur écrivain D.-V. Grigorovitch, alors élève à l'Ecole du Génie.
(fin de l'été)	Fiodor fréquente de plus en plus assidûment I.-N. Chidlovski, poète romantique, qui va devenir son ami.
1er juillet	Le docteur Dostoïevski, prématurément usé, prend sa retraite (à 48 ans). Peu après, il se retire sur ses terres.
1838 (16 janvier)	Fiodor entre à l'école du Génie. Michel a été refusé pour des raisons médicales.
(juin)	Michel part à Revel servir dans une formation du Génie.
(9 août)	Lettre de Fiodor à Michel : il se plaint de son état dépressif et énumère ses innombrables lectures.
(30 octobre)	Fiodor écrit à son père pour lui annoncer qu'il doit redoubler sa première année à cause de deux professeurs mécontents de sa conduite.
1839 (10 mai)	Fiodor, qui participe à des manœuvres, se plaint à son père de souffrir gravement du manque d'argent.
(8 juin)	Le père de Dostoïevski, tombé dans l'ivrognerie et la débauche, est assassiné par une quinzaine de ses serfs.
1840 (21 avril)	L'aînée des sœurs de Dostoïevski, Varvara, âgée de 17 ans, épouse un riche veuf de 44 ans, Piotr Andréévitch Karépine, devenu après la mort du docteur Dostoïevski le tuteur des biens de la famille.
(29 novembre)	Dostoïevski est nommé sous-officier.
1841 (16 février)	Au cours d'une soirée intime, Dostoïevski donne lecture de deux drames qu'il a écrits : *Marie Stuart* et *Boris Godounov*.
(5 août)	Il est promu porte-enseigne.
1842 (janvier)	Mariage à Revel de Michel Dostoïevski et d'Emilia Fiodorovna Von Ditmar. Un fils, Fiodor, naîtra de cette union à l'automne de cette même année.
(hiver)	Dostoïevski fréquente assidûment les concerts, le théâtre et le ballet.
1er juillet	Il prend le bateau pour Revel où il va passer ses 28 jours de congé chez Michel et Emilia.
(11 août)	Il est promu sous-lieutenant.
1843 (12 août)	Dostoïevski, qui a achevé ses études, reçoit une affectation au service des dessins de la Direction du Génie.
(septembre)	Il prend un logement en commun avec le docteur Riesenkampf dans un quartier populaire de Saint-Pétersbourg.
(décembre)	Ruiné par diverses prodigalités, il emprunte 300 roubles à un taux usuraire avec la caution du trésorier de la Direction du Génie.
(fêtes de Noël)	Il traduit en russe *Eugénie Grandet*.
1844 (février)	Dostoïevski renonce à tous ses droits d'héritage en échange d'une petite somme payée en une seule fois.

(premier semestre)	Il traduit *La dernière Aldini* de George Sand.
(septembre)	Une première version des *Pauvres Gens* est déjà bien avancée.
(19 octobre)	A sa demande, il est libéré du service avec le grade de lieutenant.
(automne)	Il partage un logement avec l'écrivain D.-V. Grigorovitch.
1845 (hiver)	Dostoïevski a des crises nerveuses pendant ses promenades avec Grigorovitch.
(mai)	Après trois rédactions successives, le manuscrit des *Pauvres Gens* est achevé. Dostoïevski le lit d'un seul trait à Grigorovitch. Dans la nuit qui suit, Nekrassov lit avec Grigorovitch le texte que ce dernier est venu lui apporter. Tous deux s'en vont rendre visite à Dostoïevski à quatre heures du matin. Le jour suivant, le manuscrit est remis à Belinski. Le surlendemain Belinski, surexcité, se présente chez Dostoïevski.
(juin)	Belinski invite Dostoïevski chez lui pour qu'il fasse connaissance avec « tous les nôtres ».
(été)	Séjour à Revel dans la famille de son frère. Dostoïevski commence à écrire *Le Double, aventures de Monsieur Goliadkine*.
(automne)	Il fréquente le cercle progressiste de Belinski.
(novembre)	Il fait la connaissance de Tourgueniev qui rentre d'un voyage en France.
1846 (janv.-fév.)	Parution successive des *Pauvres Gens* et du *Double*.
(printemps)	Dostoïevski fait la connaissance du fouriériste Petrachevski.
(fin de l'été)	Séjour chez son frère à Revel et poursuite de l'écriture de *Monsieur Prokhartchine* qui paraît en octobre.
1847 (hiver)	Rupture avec Belinski, leurs relations s'étant progressivement détériorées depuis un an.
(pâques)	Dostoïevski commence à fréquenter le cercle de Petrachevski, qui se réunit tous les vendredis, et à emprunter des livres interdits par la censure à la bibliothèque du cercle.
(octobre-décembre)	Publication de *la Logeuse*.
1848 (février)	Publication d'*Un cœur faible* et de *Polzounkov*.
(automne)	Dostoïevski entre en relations avec Spechnev, l'un des « pétrachéviens » les plus radicaux.
(nov.-début déc.)	Dostoïevski assiste chez Petrachevski à une conférence sur le fouriérisme et le communisme.
(décembre)	Publication des *Nuits blanches* et d'*Un mari jaloux*.
1849 (janv.-fév.)	Publication des deux premières parties de *Netotchka Nezvanova*.
(1er avril)	Lors d'une réunion chez Petrachevski, Dostoïevski se prononce pour la liberté de la presse, l'abolition du servage et la réforme de la Justice.
(15 avril)	Chez Petrachevski, il donne lecture de la lettre de Belinski à Gogol.
(23 avril)	Il est arrêté à quatre heures du matin et incarcéré le soir même à la forteresse Pierre-et-Paul au ravelin Alexéïev.
(6 mai)	Il est sommé de répondre par une déposition écrite à une série de questions sur Petrachevski, le contenu des séances du vendredi et les buts réellement poursuivis par les membres du cercle. Les réponses de Dostoïevski seront franches sur les faits et évasives sur les personnes.
(mai)	Publication de la troisième partie de *Netotchka Nezvanova* (sans nom d'auteur).
(30 sept.-16 nov.)	Procès des « pétrachéviens ».
(16 novembre)	Pour non-dénonciation de faits nuisibles aux intérêts de la reli-

	gion, du gouvernement et de l'armée, Dostoïevski est déchu de ses droits civiques, privé de ses biens et condamné à la peine capitale par fusillade.
(19 novembre)	Sa peine est secrètement communée par Nicolas Iᵉʳ en quatre ans de travaux forcés en forteresse, suivis de l'envoi dans un régiment comme homme de troupe.
(22 décembre)	Simulacre d'exécution sur la place Semionovski.
(24 décembre)	Dostoïevski part pour Tobolsk.

Au bagne d'Omsk

1850 (9 janvier)	Arrivée à Tobolsk, en Sibérie occidentale, et incarcération au centre de triage (« Bureau des déportés »).
(10 janvier)	Entrevue secrète avec trois femmes de décembristes, dont Natalia Von-Vizina, qui remettent à Dostoïevski un Evangile, le seul livre autorisé au bagne.
(23 janvier)	Incarcération pour quatre ans au bagne d'Omsk.
1850 (23 janvier)-1854 (1ᵉʳ fév. env.)	Dostoïevski accomplit sa peine au milieu des détenus de droit commun. Il est affecté à diverses tâches, toutes manuelles, mais il est mis plus spécialement à la disposition du Génie. En 1850, il a sa première crise d'épilepsie médicalement constatée.
1854 (22 février)	Quelques jours après sa libération, Dostoïevski écrit à son frère Michel une longue lettre relatant sa vie de forçat. La tonalité générale est sinistre et les impressions, entièrement négatives, ne laissent aucunement prévoir que cette tranche de non-vie puisse être réhabilitée un jour. Dostoïevski semble avoir passablement évolué, mais les confidences sont rares et restent superficielles.

Au bataillon de frontaliers de Semipalatinsk

1854 (2 mars)	Dostoïevski est affecté en qualité de simple soldat au bataillon de frontaliers de Semipalatinsk.
(printemps)	Il fait la connaissance du secrétaire de province Alexandre Ivanovitch Issaïev et de sa femme, Maria Dmitrievna. Il donne des leçons à leur fils Paul, âgé de neuf ans.
(1ᵉʳ mai)	Dostoïevski compose et fait transmettre par la voie hiérarchique une pièce de vers laborieusement patriotique *Sur les événements de 1854 en Europe*.
(21 novembre)	Il reçoit une invitation du baron Vrangel, le nouveau procureur de la Région qui lui remet argent et lettres de ses proches et lui promet à l'avenir aide et protection.
1855 (début)	Dostoïevski devient l'ami intime du couple Issaïev et tombe follement amoureux de Maria Dmitrievna.
(mai)	A.-I. Issaïev est muté à Kouznetsk, au grand désespoir de Dostoïevski qui voit sa bien-aimée le quitter peut-être pour longtemps.
(4 août)	Mort à Kouznetsk d'A.-I. Issaïev. Maria Dmitrievna est sans ressources.
(13 août)	Dostoïevski, en récompense d'une seconde pièce de vers *Sur le premier juillet 1855,* est proposé pour une nomination de sous-

	officier qui devient effective le 20 novembre suivant.
1856 (février)	A Saint-Pétersbourg, Vrangel fait des démarches en faveur de Dostoïevski auprès des frères Totleben.
(24 mars)	Dostoïevski écrit à l'ingénieur-général Totleben pour lui demander de l'aider à quitter le service armé et à recevoir le droit de publier.
(mai)	Il compose et fait transmettre par la voie hiérarchique une troisième pièce de vers *Sur la conclusion de la paix* (fin de la guerre de Crimée).
(juin)	Dostoïevski réussit à passer deux jours auprès de Maria Issaïeva.
(2 juin)	Le commandant des forces armées de Sibérie intervient pour faire publier dans un périodique de Saint-Péterbourg une quatrième pièce de vers de Dostoïevski *Elle s'est tue, la terrible guerre.*
(1er octobre)	En raison de l'excellence de ses services, Dostoïevski est promu porte-enseigne, toujours dans le même bataillon.
(24 novembre)	Maria Issaïeva donne enfin son consentement de principe à Dostoïevski.
1857 (1er février)	La hiérarchie militaire donne son accord au mariage projeté entre le porte-enseigne Dostoïevski et la veuve M.-D. Issaïeva.
(6 février)	Dostoïevski épouse Maria Dmitrievna à Kouznetsk.
(mi-février)	Au cours du voyage de retour à Semipalatinsk, Dostoïevski est atteint d'une forte crise d'épilepsie qui l'immobilise quatre jours.
(17 avril)	Un oukaze restitue à Dostoïevski son statut de noble.
(août)	*Le Petit Héros* (écrit en 1849 dans la Forteresse Pierre-et-Paul) paraît dans *Les Annales de la Patrie* sous la signature « M-i. ».
(16 décembre)	Un certificat délivré par le médecin du bataillon de frontaliers où est incorporé Dostoïevski fait le bilan de ses crises d'épilepsie (première crise de quinze minutes en 1850 ; deuxième crise en 1853 et depuis cette date récidive à chaque fin de mois) et conclut à l'incompatibilité entre l'état de santé du malade et le service armé.
1858 (16 janvier)	Dostoïevski sollicite sa libération du service pour raison médicale et exprime le souhait de pouvoir résider à Moscou.
(31 mai)	Il annonce à son frère Michel : « J'écris deux nouvelles » (*Le songe de l'oncle* et *Bourg Stepantchikovo*).
1859 (février)	Informé que les deux capitales lui sont interdites, Dostoïevski choisit de résider à Tver après sa libération du service.
(mars)	Publication du *Songe de l'oncle*.
(avril)	Dostoïevski reçoit l'avis de sa mise à la retraite avec le grade de sous-lieutenant. Une surveillance policière est ordonnée à son encontre (elle ne sera levée qu'au cours de l'été 1875 et Dostoïevski, qui se plaindra de cette surveillance à de nombreuses reprises, n'apprendra cette levée qu'un an à peine avant sa mort).
(2 juillet)	Dostoïevski quitte Semipalatinsk pour s'installer à Tver.

Le deuxième commencement

1859 (19 août)	Dostoïevski arrive à Tver, en Russie d'Europe.
(automne)	Il revoit ses œuvres des années quarante en vue d'une édition

en deux volumes. Il ébauche ses futurs *Récits de la Maison des morts*.

(25 novembre)	Il est avisé qu'il est autorisé à résider à Saint-Pétersbourg.
(nov.-déc.)	Publication de *Bourg Stepantchikovo*.
(fin déc.)	Installation à Saint-Pétersbourg après dix ans d'absence.
1860 (14 avril)	Le fonds de secours des gens de lettres organise une représentation de bienfaisance du *Revizor* de Gogol. Dostoïevski y joue le rôle du maître de poste Chpekine, tandis que Tourgueniev joue le rôle d'un des marchands.
(septembre)	Dostoïevski rédige et fait publier par les principaux journaux le programme de la revue mensuelle *Le Temps* dont son frère Michel est le directeur légal.
(1er septembre)	Début de la publication des *Récits de la Maison des morts* dans l'hebdomadaire *Le Monde russe*.
1861 (janvier)	Parution du premier numéro du *Temps* qui contient le début d'un roman, *Humiliés et offensés* (fin de la publication en juillet).
(août)	*Le Contemporain* publie un article élogieux de N.-A. Dobrolioubov sur l'humanisme de Dostoïevski (« Les opprimés »).
(septembre)	Publication dans *Le Temps* d'un récit d'Apollinaria Souslova.
(décembre)	M.-A. Antonovitch critique vivement dans *Le Contemporain* l'orientation du *Temps* (« A propos du sol, pris non pas au sens agronomique, mais au sens où l'emploie *Le Temps* »).
1862 (janvier)	Début de la publication dans *Le Temps* de la deuxième partie des *Récits de la Maison des morts* (achevée en décembre).
(mil. mois de mai)	Une proclamation, signée par P.-T. Zaïtchnevski, intitulée « La jeune Russie », appelle à la révolte violente, quel que soit le prix du sang. Dostoïevski, effrayé par cet appel subversif, tout autant que par la mystérieuse épidémie d'incendies qui éclate à Saint-Pétersbourg, rend visite à Tchernychevski. Il en appelle solennellement à son autorité sur la jeune génération progressiste pour qu'il désavoue publiquement le texte de la proclamation. La conversation entre les deux hommes tourne court.
(7 juin)	Premier départ de Dostoïevski pour l'étranger.
(15-16 juin)	Arrivée à Paris.
(27 juin)	Voyage à Londres.
(4 juillet)	Visite à Herzen.
	Pendant son séjour à Londres Dostoïevski fait la connaissance de Bakounine.
(15 juillet)	Voyage à Cologne, puis en Suisse, sur le Rhin et en Italie.
(décembre)	Dans *Le Temps* paraît *Une fâcheuse histoire*.
(Hiver 1862-1863)	Apollinaria Souslova devient la maîtresse de Dostoïevski.
1863 (janvier)	Dans *Le Contemporain* Saltykov-Chtchedrine, sous une signature d'emprunt, allume le premier brûlot d'une polémique acharnée qui va durablement opposer Dostoïevski à l'équipe de la revue adverse.
(février-mars)	Publication dans *Le Temps* des *Notes d'hiver sur des impressions d'été*.
(24 mai)	*Le Temps* est interdit à cause d'un article de Strakhov sur le problème polonais (« La question fatale ») faussement interprété par les autorités comme une défense de la Pologne. En fait, Strakhov donnait à entendre que la question polonaise ne saurait être réglée par des moyens purement militaires si, dans le même temps, on ne parvenait pas à prouver la supériorité

	morale de la spiritualité populaire russe sur la civilisation brillante, mais factice, de l'orgueilleuse Pologne.
(14 août)	Après un crochet par Wiesbaden où il joue à la roulette (il réussit à gagner une certaine somme), Dostoïevski rejoint à Paris Souslova avec laquelle il avait rendez-vous.
(24 septembre)	Lassé de la vie à Paris, le couple arrive à Baden-Baden où Dostoïevski a de nouveau l'intention de jouer à la roulette. Dostoïevski y rencontre plusieurs fois Tourgueniev et repart ruiné avec seulement six napoléons en poche.
(septembre-octobre)	Dostoïevski et Souslova reprennent leurs pérégrinations : Genève, Turin, Gênes, Livourne, Rome, Naples, Livourne, Turin, Berlin. A Berlin, le couple se disloque. Souslova retourne à Paris, tandis que Dostoïevski va tenter sa chance au casino d'Hombourg. Il perd encore.
(fin octobre)	Dostoïevski rentre seul en Russie.
1864 (21 mars)	Premier numéro de *L'Epoque*, revue mensuelle des frères Dostoïevski, qui succède au *Temps*. Il contient la première partie du *Sous-sol* (la deuxième partie paraîtra au mois de juin).
(15 avril-7 h. soir)	Maria Dmitrievna, première épouse de Fiodor Mikhaïlovitch Dostoïevski, meurt phtisique à Moscou. Elle avait passé, sans qu'on sache très bien pourquoi, la dernière année de sa vie à Vladimir, d'où elle avait été ramenée à Moscou quelques mois avant de mourir. Dans la nuit du 15 au 16, Dostoïevski consigne sur son *Carnet* les impressions que lui suggère cette disparition et rédige un court traité sur l'immortalité de l'âme.
(mai-novembre)	Echange d'articles venimeux entre *L'Epoque* et *Le Contemporain*.
(10 juillet-7 h. matin)	Mort à Pavlovsk de Michel Dostoïevski, frère aîné de l'écrivain. Fiodor, qui n'y est pas obligé et qui au demeurant est incapable d'y faire face, assume les dettes de son frère et déclare vouloir désormais subvenir à l'entretien de sa famille.
1865 (février)	*L'Epoque* publie *Le Crocodile, un événement peu ordinaire*, qui est rapidement interprété comme une charge indigne contre Tchernychevski, alors déporté en Sibérie.
(mars-avril)	Dostoïevski fréquent assidûment Anna Korvine-Kroukovskaïa, femme de lettres, dont la sœur Sophia Vassilevna, alors âgée de quinze ans, deviendra une mathématicienne célèbre (S.-V. Kovalevskaïa). L'adolescente tombe discrètement amoureuse de Dostoïevski.
(avril)	Dostoïevski demande Anna Korvine-Kroukovskaïa en mariage : elle refuse.
(5 juin)	Dostoïevski est averti par commandement que ses biens seront saisis le lendemain pour non-paiement de billets à ordre arrivés à échéance.
(juin)	*L'Epoque* cesse de paraître pour cause de faillite.
(fin juillet)	Dostoïevski arrive à Wiesbaden, joue à la roulette et perd. Il se procure avec difficulté un peu d'argent (50 thalers) auprès de Tourgueniev.
(septembre)	Dostoïevski fait proposer par un intermédiaire une nouvelle qui doit le « sauver » à plusieurs revues (même au *Contemporain*). Toutes les revues pressenties refusent. En désespoir de cause, Dostoïevski se retourne vers Katkov, le directeur du très conservateur *Messager russe*, qui accepte.
(1-10 octobre)	Séjour chez Vrangel, à Copenhague, qui lui fournit tout le nécessaire, jusqu'à des vêtements.

(mi-octobre)	Retour en Russie.
(fin de l'année)	Rencontres avec Souslova, maîtresse impérieuse et impossible épouse.
1866 (janvier)	*Le Messager russe* commence la publication de *Crime et châtiment* (achevée en décembre).
(été)	Dostoïevski passe des vacances de détente et de gaieté dans le chalet qu'occupe la famille de sa sœur Vera à Lioublino, dans la région de Moscou, et se prend d'une affection durable pour sa nièce Sophia Ivanova (future épouse Khmyrova) à laquelle il dédiera plus tard *L'Idiot*.
(4 octobre)	Dostoïevski, revenu à Saint-Pétersbourg, doit avoir recours aux services d'une sténographe pour écrire dans les délais prévus par contrat un roman (*Le Joueur*). C'est la meilleure élève du spécialiste P.-M. Olkhine, Anna Grigorievna Snitkina, qui lui a été recommandée pour effectuer ce travail. Elle commence le soir même.
(30 octobre-jour de l'anniversaire de Dostoïevski)	Anna Snitkina apporte à l'écrivain les derniers sténogrammes du *Joueur*.
(8 nov.-après-midi)	Dostoïevski propose à « sa sténographe » de l'épouser ; elle accepte.
1867 (15 février-7 heures du soir)	Dostoïevski épouse en secondes noces Anna Grigorievna Snitkina dans la collégiale de la Trinité au quartier d'Izmaïlov.

Le deuxième exil

1867 (14 avril-5 h. l'après-midi)	Pour échapper à ses créanciers qui le menacent de prison pour dettes, pour « sauver » sa santé et pouvoir travailler dans le calme, Dostoïevski part avec sa femme pour un exil volontaire en Occident. Le couple sera absent plus de quatre ans.
(19 avril)	A Dresde, Dostoïevski visite la Galerie de tableaux. Il éprouve une intense émotion devant *La Madonne sixtine* de Raphaël et *La Madonne* de Holbein.
(20 avril)	Il retourne à la Galerie et admire cette fois *Le Christ au denier* du Titien, *Le Sauveur* d'Annibale Carrache et les tableaux d'inspiration mythologique de Claude Gellée, dit le Lorrain.
(24 avril)	Dostoïevski s'intéresse aux toiles de Ruisdael, de Wouwermans et de Watteau.
(5-14 mai)	Il joue fiévreusement à la roulette à Saxon-les-Bains.
(22 juin-11 août)	Séjour à Baden-Baden. Dostoïevski joue et perd.
(28 juin)	Il rend visite à Tourgueniev et se dispute avec lui pour des raisons d'ordre idéologique.
(12 août)	Au musée de Bâle, Dostoïevski éprouve une profonde angoisse devant *Le Christ mort* de Holbein.
(13 août)	Arrivée à Genève.
(29 août)	Il assiste à Genève pendant deux heures à une séance du Congrès de la Paix et de la liberté dont les deux vedettes sont Bakounine et Garibaldi. Il est profondément choqué par les propos qui y sont tenus.
(sept.-déc.)	Il travaille à *L'Idiot*.
1868 (janvier)	Début de la publication de *L'Idiot* dans *Le Messager russe* (achevée en décembre).

(22 février)	Naissance d'une fille, Sophie, qui ne vivra que trois mois.
(fin mai)	Le couple Dostoïevski quitte Genève pour aller passer l'été à Vevey.
(novembre)	Installation à Florence pour l'hiver.
1869 (dernière décade de juil.)	Fin du séjour à Florence.
(début août)	Installation à Dresde.
(14 septembre)	Naissance d'une seconde fille, Lioubov.
(21 novembre)	L'assassinat pour insubordination d'un étudiant de l'Institut agronomique de Moscou par un petit groupe de révolutionnaires dont faisait partie S.-G. Netchaïev frappe l'imagination de Dostoïevski.
(8 et 21 décembre)	Dostoïevski consigne dans son *Carnet* les lignes directrices d'un nouveau projet de roman : *La Vie d'un grand pêcheur*.
1870 (janv.-fév.)	Parution de *L'Eternel Mari*.
(mars)	Dostoïevski travaille simultanément à deux projets : *La Vie d'un grand pêcheur* et un « pamphlet » antinihiliste (le noyau des futurs *Démons*).
(7 octobre)	Dostoïevski expédie au *Messager russe* le début des *Démons*.
1871 (janvier)	Début de la publication des *Démons* dans *Le Messager russe* (achevée en novembre-décembre 1872).
(mars-mai)	La Commune de Paris suscite chez Dostoïevski un mélange de pitié et d'aversion.
(avril)	Après une grave perte au jeu à Wiesbaden, Dostoïevski fait le serment de ne plus jamais jouer, serment qu'il tiendra.
(1er juillet)	Ouverture du procès des « netchaïéviens », en l'absence du principal accusé, Netchaïev lui-même. La presse diffuse largement les matériaux des débats. Dostoïevski les utilisera à sa façon dans la deuxième et la troisième parties des *Démons*.
(5 juillet)	Départ de Dresde pour Berlin et la Russie.

La dernière décennie

1871 (8 juillet)	Retour à Saint-Pétersbourg.
(16 juillet)	Naissance d'un premier fils, Fiodor.
1872 (Hiver)	Dostoïevski fait la connaissance chez le prince V.-P. Mechtcherski de Constantin Petrovitch Pobedonostsev, sénateur depuis 1868, membre du Conseil d'Etat en 1872, futur haut-procureur du Saint-Synode à partir de 1880.
(15 mai-début sept.)	Première villégiature en famille à Staraïa Roussa, station thermale et balnéaire de la région de Novgorod.
(20 décembre)	Dostoïevski est nommé rédacteur en chef du *Citoyen*, revue conservatrice appartenant au prince Mechtcherski.
1873 (1er janvier)	*Le Citoyen* paraît avec le début du *Journal d'un écrivain* de Dostoïevski.
(Janvier-février)	Lettre au prince héritier, le grand-duc Alexandre (le futur Alexandre III), accompagnant l'envoi, par l'entremise de Pobedonostsev, d'un exemplaire des *Démons*.
(8 février)	Au terme de son procès, Netchaïev est condamné à une peine de vingt ans de bagne, suivis de la relégation à perpétuité en Sibérie. Dostoïevski, qui a assisté au procès, se déclare déçu par la

	personnalité et la prestation de l'accusé (il y a loin de la réalité à son roman, *Les Démons*).
(1ᵉʳ septembre)	Dostoïevski inaugure dans *Le Citoyen* une série d'articles sur les « Evénements à l'étranger » (achevée en janvier 1874).
1874 (début janv.)	Dostoïevski annonce à Mechtcherski son intention de quitter *Le Citoyen* (la tendance ultra-réactionnaire de Mechtcherski blesse la sensibilité « populaire » de Dostoïevski).
(avril)	Visite de Dostoïevski à Nekrassov pour lui proposer de publier dans *Les Annales de la Patrie* un roman (ce sera *L'Adolescent*).
(mai)	Séjour en famille à Staraïa Roussa.
(7 juin-début août)	Séjour à l'étranger, principalement à Ems, pour y suivre une cure thermale.
(mi-août-hiver 1875)	Dostoïevski est avec sa famille à Staraïa Roussa, où il travaille à *L'Adolescent*.
1875 (janvier)	Début de la publication de *L'Adolescent* (achevée en décembre).
(26 mai-3 juil.)	Nouvelle cure à Ems.
(été)	Décision secrète de suspendre la surveillance policière permanente à laquelle Dostoïevski n'a cessé d'être soumis depuis le mois de mars 1859 en Russie comme à l'étranger, à chaque lieu de résidence. Dostoïevski n'aura connaissance de cette mesure qu'en 1880, et encore fortuitement.
(10 août)	Naissance d'un second fils, le dernier enfant des Dostoïevski, Alexis (Aliocha), à Staraïa Roussa.
(mi-septembre)	Retour de Staraïa Roussa à Saint-Pétersbourg.
(début novembre)	Dostoïevski commence à rassembler divers matériaux, notamment sur les enfants, en vue d'éditer au début de l'année 1876 un *Journal d'un écrivain* nouvelle formule, sous forme de publication mensuelle.
(décembre)	Suicide à Florence de la fille de Herzen, Elisabeth Alexandrovna, âgée de 17 ans. Dostoïevski consacrera aux circonstances et aux détails de ce suicide un chapitre de son *Journal d'un écrivain* en octobre 1876 intitulé « Deux suicides » (édition Pléiade, p. 722-724).
(décembre)	Dostoïevski visite une colonie de jeunes délinquants.
1876 (janv.-déc.)	Parution du *Journal d'un écrivain*, publication mensuelle.
(24-29 janvier)	Procès du banquier Kroneberg, accusé de flageller sadiquement sa fille âgée de sept ans. Cette affaire est traitée par l'écrivain dans son *Journal d'un écrivain* 1876, février, chapitre second (éd. Pléiade, p. 400-434). Plus tard, dans *Les Frères Karamazov*, Ivan Karamazov reviendra sur cette affaire (2ᵉ partie, livre V, ch. 4, « La révolte »).
(avril)	Dostoïevski visite les Enfants trouvés.
(28 avril)	Procès de l'actrice Kaïrova qui avait tenté d'égorger la femme légitime de son amant. L'écrivain consacrera à ce procès le chapitre premier de son *Journal d'un écrivain* de mai 1876 (édition Pléiade, p. 526-548). L'épisode en question revivra dans *Les Frères Karamazov*, 4ᵉ partie, livre XII, ch. 14 « Les moujiks ont tenu bon ».
(juillet-août)	Cure thermale à Ems.
(fin août)	Mariage de sa nièce préférée, Sophia Alexandrovna Ivanova, avec le professeur de mathématiques D.-N. Khmyrov.
(15 octobre)	La paysanne Kornilova qui a jeté sa belle-fille de six ans par la fenêtre du troisième étage (l'enfant survécut par miracle) est condamnée à deux ans et huit mois de bagne suivis de la réléga-

	tion à vie en Sibérie. Dostoïevski consacre à cette affaire un chapitre de son *Journal d'un Ecrivain* d'octobre 1876 intitulé « Une affaire toute simple, mais ardue » (éd. Pléiade, p. 710-718).
(fin octobre- début novembre)	Dostoïevski rend visite à Kornilova dans la maison de détention où elle attend son transfert.
(novembre)	Parution dans le *Journal d'un Ecrivain* de *Une douce*, « nouvelle fantastique ».
(décembre)	Dostoïevski apprend que la sentence prononcée contre Kornilova a été cassée.
(21 décembre)	Dostoïevski reçoit une lettre de Saltykov-Chtchedrine qui lui demande d'écrire un court récit pour le numéro de février des *Annales de la Patrie*.
(hiver)	Dostoïevski reçoit beaucoup de lettres qui lui relatent des suicides et lui demandent son opinion.
1877 (janv.-déc.)	Suite du *Journal d'un écrivain*.
(janvier)	Dostoïevski rend visite à Nekrassov malade.
(février)	Dostoïevski rend compte avec sympathie dans son *Journal d'un écrivain* (ch. II) de la conversation entre Lévine et Stiva Oblonski dans *Anna Karénine* de Tolstoï (ch. XI de la VIe partie) sur le caractère injuste du système social actuel.
(printemps)	Dostoïevski achète pour 1150 roubles un chalet à Staraïa Roussa.
(22 avril)	Dostoïevski assiste au deuxième procès de Kornilova. Cette fois, l'accusée est acquittée.
(24 avril)	Après le verdict d'acquittement, Kornilova et son mari viennent rendre visite à Dostoïevski qui avait affirmé dans son *Journal d'un écrivain* d'octobre 1876 que « la grossesse de l'inculpée » aurait dû être « le motif le plus légitime pour l'absoudre ».
(avril)	Parution dans le *Journal d'un écrivain* du *Songe d'un homme ridicule*, « nouvelle fantastique » (Pléiade, p. 979-1002).
(été)	Séjour dans la propriété du frère d'Anna Grigorievna dans la province de Koursk.
(20-21 juillet)	Dostoïevski passe deux jours chez sa sœur Vera (épouse Ivanova) dans l'ancienne propriété de leurs parents, Darovoe (à 160 kilomètres de Moscou), et visite le village voisin de Tchermachnia, réveillant ainsi tout un monde de souvenirs d'enfance.
(novembre)	Fréquentes visites à Nekrassov dont la maladie s'aggrave.
(28 décembre)	Dostoïevski apprend la mort de Nekrassov survenue la veille au soir à huit heures. Il se rend au domicile du poète dans l'après-midi, puis, rentré chez lui, relit l'ensemble de ses œuvres (trois volumes) jusqu'à six heures du matin.
(30 décembre)	Dostoïevski assiste aux funérailles de Nekrassov et prononce un discours sur sa tombe.
1878 (déb. d'année)	D.-S. Arseniev, l'éducateur des grands-ducs, vient faire part à Dostoïevski du désir manifesté par le tsar de lui faire connaître ses fils. Une série d'entretiens permettra à Dostoïevski d'exercer sur eux une influence jugée bénéfique.
(31 mars)	Dostoïevski assiste au procès de Vera Zassoulitch. Elle est acquittée, bien qu'elle eût tiré six mois plus tôt sur le préfet de police F.-F. Trepov. Ce Trepov avait fait passer par les verges un détenu politique qui avait refusé d'ôter son bonnet devant lui.
(16 mai)	Après une très forte crise d'épilepsie, le second fils de Dos-

	toïevski, Alexis (Aliocha), meurt brusquement à l'âge de trois ans.
(26-27 juin)	Dostoïevski et le jeune philosophe Vladimir Soloviov sont à l'ermitage d'Optino (province de Kalouga). Dostoïevski s'entretient deux fois en tête-à-tête avec le starets Ambroise.
1879 (janv.-nov.)	Parution dans *Le Messager russe* des huit premiers livres des *Frères Karamazov*.
(début de l'été)	Séjour en famille à Staraïa Roussa.
(20 juillet-déb. sept)	Cure à Ems.
1880 (janv.-nov.)	Parution des quatre derniers livres et de l'*Epilogue* des *Frères Karamazov*.
(6 avril)	Dostoïevski assiste à la soutenance de thèse de Vladimir Soloviov.
(avril)	Dans *Le Messager de l'Europe* paraissent des chapitres des Mémoires de P.-V. Annenkov (*La décennie prodigieuse*). Au chapitre XXIX l'auteur évoque l'extrême fatuité de Dostoïevski à ses débuts littéraires : il aurait exigé de publier *Les Pauvres Gens* avec un liséré doré en bordure de pages.
(avril-mai)	Dostoïevski est invité par la Société slave de bienfaisance à la représenter à l'inauguration de la statue de Pouchkine à Moscou.
(23 mai-10 juin)	Séjour à Moscou : Dostoïevski participe à de nombreuses cérémonies, à des réunions et des banquets.
(8 juin)	A la séance publique de la Société des Amateurs de la littérature russe, il prononce son célèbre *Discours sur Pouchkine*, qui provoque un extraordinaire enthousiasme.
(11 juin-7 octobre)	Séjour en famille à Staraïa Roussa.
(1er août)	Parution du *Discours sur Pouchkine* dans le numéro unique du *Journal d'un écrivain* 1880.
1881 (janvier)	Dostoïevski songe à acheter une propriété dans la région de Moscou, à la condition expresse qu'elle ait une forêt.
(25 janvier)	Dostoïevski remet à l'imprimeur le manuscrit de son *Journal d'un écrivain* pour janvier 1881. Le soir, il est assailli de mauvais pressentiments.
(26 janvier)	Après une scène orageuse avec sa sœur Vera à propos d'une question d'héritage, Dostoïevski se retire dans son cabinet de travail, puis a un épanchement de sang par la gorge. En début de soirée, il a une nouvelle hémorragie, perd connaissance. Le soir venu, il dit adieu à sa femme et aux deux enfants qui lui restent, Lioubov et Fiodor.
(27 janvier)	Dostoïevski se sent mieux et reçoit le metteur en pages du *Journal d'un écrivain*. Toute la journée, il oscille entre la crainte de mourir brusquement et des projets d'avenir à long terme.
(28 janvier)	A l'aube, Dostoïevski déclare à sa femme : « Je mourrai aujourd'hui ». Les hémorragies reprennent, il entre en agonie et meurt le soir à 20 heures 38 minutes.
(29 janvier)	Parution du *Journal d'un écrivain* 1881.
(31 janvier)	Le corps de l'écrivain est transporté à la Laure de Saint-Alexandre Nevski, escorté par une foule immense.
(1er février)	Dostoïevski est inhumé au cimetière de la Laure. Son éloge funèbre est prononcé par Vladimir Soloviov, Apollon Maïkov et Oreste Miller.

Chapitre I

La primauté du moi

> *...Dès mes premières rêveries peut-être, c'est-à-dire depuis mon enfance ou presque, je n'ai jamais pu me voir autrement qu'au premier rang, partout et en toutes circonstances. J'ajouterai un aveu singulier : peut-être que cela dure encore.*
>
> L'Adolescent, I, V, 3

Le faux départ de Dostoïevski dans la carrière du succès littéraire a joué un rôle décisif et fatal dans la tournure prise par le caractère et la personnalité de l'écrivain.

Dostoïevski est entré dans la littérature comme un astre de première grandeur. "Un nouveau Gogol nous est né !", — s'écria Nekrassov [1] en arrivant chez Belinski [2] les *Pauvres Gens* [3] à la main. "— Les Gogols, chez vous, ça pousse comme des champignons !" — répondit "le terrible critique" [4] tout en prenant le manuscrit. Mais quand Nekrassov revint le voir dans la soirée, Belinski l'accueillit "véritablement bouleversé" [5] :

"Amenez-le, amenez-le au plus vite !" /.../. Il parla avec flamme, les yeux étincelants : "Mais comprenez-vous vous-même — me répéta-t-il plusieurs fois et montant aux sons aigus selon son habitude — ce que vous avez écrit là !" /.../. "La vérité vous est révélée et annoncée comme artiste, elle vous est octroyée comme un don, sachez apprécier ce don et restez-y fidèle et vous serez un grand écrivain !" /.../. Je sortis de chez lui dans un état d'ivresse. Je m'arrêtai à l'angle de sa maison, je regardai le ciel, le jour lumineux, les gens qui passaient, et tout entier, de tout mon être je sentis qu'un moment solennel de ma vie venait de se passer, un tournant pour jamais, que quelque chose venait de commencer de tout nouveau, mais de tel que je ne l'avais jamais envisagé dans mes rêves les plus passionnés. (Et j'étais alors un terrible rêveur). "Est-il possible vraiment que je sois si grand", me disais-je tout honteux dans une espèce de peureuse exaltation. Oh, ne riez pas, je n'ai jamais pensé être grand depuis, mais alors pouvais-je y résister ! "Oh, je serai digne de ces louanges, et quels hommes, quels hommes ! Voilà où il y a des hommes ! Je mériterai, je m'efforcerai de devenir aussi admirable qu'eux, je demeurerai "fidèle" ! Oh, comme je suis frivole, et si Belinski savait ce qu'il y a en moi de choses misérables, honteuses ! Et tout le monde dit que ces hommes de lettres sont orgueilleux et pleins d'eux-mêmes ! D'ailleurs, il n'y a que ces hommes-là en Russie, ils sont seuls, mais eux seuls ont la vérité, et la vérité, le bien, la justice l'emportent toujours et toujours triomphent du vice et du mal ; nous vaincrons ; oh ! vers eux, avec eux !''

Telles étaient mes pensées, il me souvient de cette minute on ne peut plus clairement. Et jamais depuis je n'ai pu l'oublier. Ce fut la minute la plus exaltante de toute ma vie. Au bagne [6], en me la remémorant, je reprenais courage. Maintenant encore je me la rappelle toujours avec émotion [7].

Le succès initial de Dostoïevski a été orchestré et amplifié par Belinski qui voyait en lui, après Gogol [8], une deuxième illustration et une confirmation de ses thèses : "Je suis souvent chez Belinski. Il est on ne peut mieux disposé à mon égard et il voit sérieusement en moi *la démonstration devant le public* et la justification de ses opinions", — écrit Dostoïevski à son frère Michel [9] le 8 octobre 1845.

Dès *Le Double* [10], toutefois, les yeux de Belinski commencèrent à se dessiller : non décidément, ce Dostoïevski n'était pas des "nôtres" ! Et de la même façon qu'il avait largement aidé par son autorité et sa caution à "faire" Dostoïevski, il s'est mis systématiquement à le "défaire" et la mise à l'index, la mise à mort en littérature, n'ont en effet pas tardé à être efficaces. "Chaque oeuvre nouvelle de lui, conclut-il dans une lettre à P.V. Annenkov [11] de février 1848, est une nouvelle chute".

Dostoïevski, qui n'avait déjà que trop la manie de la défiance, s'est retrouvé au centre d'une sorte de machination dont la vraie dimension, la dimension idéologique cachée derrière la dimension littéraire, ne lui apparaîtra dans toute sa plénitude que plus tard. Rejeté par "les nôtres", il est resté seul, tout seul en face de tous, c'est-à-dire contre tous. Dostoïevski, tempérament solitaire, n'avait tout de même pas besoin d'autant de solitude, et sa brutale expulsion du rang des chorifées de la littérature des années quarante l'a engagé dans une direction qu'il n'aurait sans doute pas prise aussi rapidement, ni surtout aussi irréversiblement.

Seul en face de tous, seul contre tous, il ne lui restait plus, pour survivre, s'affirmer et se venger, qu'à tenter d'occuper toute la place pour devenir une sorte de personnalité moniste. Occuper toute la place et jouer tous les rôles, tel va devenir en effet, au fil des années, le programme secret de Dostoïevski, l'homme-de-l'une-seule-pensée. Même si cette pensée de "génie-éponge" tend dans la réalité à un certain pluralisme et si elle n'est au fond que l'amalgame très personnel d'idées ou de tendances dont il n'est pas en général le premier inventeur, tout est dans la coloration de la synthèse, dans la formule de l'alliage et la manière de l'utiliser.

En attendant de se prouver davantage à lui-même et aux autres, il unit, dans la fourchette de la relation à soi, affectation et lucidité. Bon sens et fantasmes se marient chez lui d'une façon étonnamment harmonieuse et créatrice : chaque pôle le préserve des dangers et des excès de l'autre. Don Quichotte et Sancho Pança se confortent mutuellement en s'aidant à vivre, c'est-à-dire à se supporter l'un l'autre.

"La désagrégation de ma réputation est pour moi plus avantageuse que désavantageuse. Mes admirateurs se jetteront d'autant plus vite sur une chose nouvelle ; ils sont, semble-t-il, fort nombreux et sauront me défendre" (lettre à Michel de janvier-février 1847). Dans une pareille situation, le bon sens serait d'ailleurs subjectivement faux. Ici, c'est le fantasme qui est constructeur ; mais point trop n'en faut non plus, seuls le travail et la rigueur dans l'effort peuvent transformer la situation.

D'emblée, Dostoïevski revendique la primauté, la première place. Il écarte, comme d'un geste brusque, le seul nom susceptible, selon lui, de lui barrer l'horizon : celui de Gogol qui, au dire de Belinski, "n'est pas aussi profond que moi" (lettre à Michel du 1er février 1846). On doit à la vérité de dire que cette assertion est fausse : jamais , même au temps de leurs relations euphoriques [12], Belinski n'a vu en Dostoïevski autre chose qu'un brillant continuateur de Gogol et n'a parlé d'originalité proprement dite. Gogol écarté avec la "caution" de Belinski, Dostoïevski se charge personnellement de ses autres rivaux. Le premier avril 1846, alors que le désaveu de Belinski est devenu patent, Dostoïevski écrit à son frère Michel :

> Il est apparu toute une foule d'écrivains nouveaux. Certains sont mes rivaux. Parmi eux, Herzen (Iskander) [13] et Gontcharov [14] sont particulièrement remarquables. Le premier a publié, le second commence et n'a encore publié nulle part. On les loue terriblement. La primauté me reste pour l'instant et, je l'espère, pour toujours. Jamais encore la littérature n'a autant bouillonné que maintenant. C'est tant mieux.

Cette obsession de la première place n'est pas sans rappeler les rêveries ultérieures du personnage de l'Adolescent dans le roman du même nom : "...Dès mes premières rêveries peut-être, c'est-à-dire depuis mon enfance ou presque, je n'ai pu me voir autrement qu'au premier rang, partout et en toutes circonstances. J'ajouterai un aveu singulier : peut-être que cela dure encore" (I, V, 3).

A ce sentiment, ou plutôt à ce besoin de primauté, il y a plusieurs motivations et, pour l'instant du moins, encore une limite.

Dostoïevski prend progressivement conscience qu'il ne peut déployer son génie que totalement, c'est-à-dire seul et nécessairement dans l'adversité. Il se considère comme un novateur qui a besoin d'avoir le champ libre afin de mener à bien ses investigations : il ne désire ni morceler, ni borner son territoire. Il estime être un inventeur, en face de techniciens de la littérature qui adaptent au mieux de leurs possibilités des recettes déjà éprouvées. Renouvelant la donne de l'inspiration et de la vocation de la littérature ("l'homme est un mystère qu'il faut déchiffrer ", écrit-il à Michel le 16 août 1839 dès l'âge de dix-huit ans), Dostoïevski se trouve, bon gré mal gré, en position de géant par rapport à des pygmées. Et il lui arrive, en effet, toutes sortes de mésaventures dans la vie pratique qui justifient et confortent cette évaluation :

> Un roman satirique anglais du siècle dernier raconte qu'un certain Gulliver, de retour du pays des Lilliputiens qui n'avaient que deux pouces de haut, s'était tellement accoutumé à se considérer comme un géant, qu'en traversant les rues de Londres il criait involontairement aux passants et aux cochers qu'ils prissent garde de ne pas se faire écraser, s'imaginant qu'il était toujours un géant parmi les nains. Aussi l'injuriait-on et se moquait-on de lui ; et les cochers, gens grossiers, cinglaient le géant à coups de fouet. Mais était-ce juste de leur part ?
>
> *Les Démons, I, I, 1*

Du moins n'y a-t-il pas chez le jeune Dostoïevski confusion entre la personnalité créatrice et la personnalité empirique : il ne revendique pas la supériorité pour lui-même en tant qu'homme, bien que certains éléments de ce processus se mettent déjà discrètement en place. Le poète, à ce stade, reste distinct de l'homme. Dostoïevski, à cette époque, semble se situer comme sur deux longueurs d'ondes et deux diapasons : le poète parle de l'homme comme d'un autre et vice versa. Ce qui lui permet au demeurant de racheter à la fois naïvement et subtilement son péché d'orgueil.

Par son attitude, Dostoïevski ne pouvait que susciter des réactions de rejet : elles entraient dans la programmation de son génie comme *objectivement inévitables* et *subjectivement nécessaires.*

Objectivement inévitables : sur le plan idéologique, Belinski avec son flair second, mais tout de même son flair, subodore rapidement une sorte de supercherie, inconsciente au demeurant. Dostoïevski, dans sa première oeuvre, a surtout tenu compte des goûts potentiels du public, en s'avançant masqué. C'est du moins ce qu'il laisse entendre dans sa lettre à Michel du 1er février 1846 : "Chez notre public, il y a de l'instinct, comme en chaque foule, mais il n'y a aucune éducation /.../. En toute chose, ils ont pris l'habitude de voir le museau de l'auteur ; or moi, je n'ai pas montré le mien. Et ils n'arrivent pas à comprendre que c'est Devouchkine qui parle et non moi, et que Devouchkine ne peut parler autrement". C'est après le *ballon d'essai* des *Pauvres Gens* que Dostoïevski a décidé de s'essayer dans des domaines encore mal connus et non défrichés, correspondant mieux à sa *veine originale*. En protégeant et en encourageant Dostoïevski, Belinski a en quelque sorte couvé un oeuf de canard. L'auteur *présumé* des *Pauvres Gens* n'était pas ce *réaliste* au premier degré qui impute à la société tous les malheurs de l'homme. *Sur le plan esthétique*, la prétention de Dostoïevski à s'arroger une mission supérieure dans le domaine de l'art et de la recherche en art n'était pas crédible. *Sur le plan déontologique*, d'autre part, on ne pouvait lui pardonner son désir évident de rejeter les autres dans le fossé : la vanité d'auteur fait partie du métier d'écrire et certaines visées au monopole du génie font d'abord rire, puis exaspèrent. Or, Dostoïevski, sur ce point, passe les limites. Révélatrice est à cet égard la réaction qu'il prête au comte Sollogoub [15] : "Le comte Sollogoub s'arrache les cheveux de désespoir. Panaïev [16] lui a déclaré qu'il existe un talent qui les enfoncera tous dans la boue" (lettre à Michel du 16 novembre 1845).

Les réactions de rejet étaient aussi *subjectivement nécessaires* : pour mûrir, Dostoïevski avait besoin de l'aiguillon de l'adversité. Trop déséquilibré au niveau des échanges avec le monde extérieur, trop fragile dans sa relation *ordinaire* à autrui, il était naturellement tenté de s'abriter derrière un rempart de solitude, plus sûrement dressé encore par l'hostilité, même si cette hostilité blessait et faisait souffrir *l'autre*, l'homme en lui, pour l'instant sacrifié à celui qui "les enfoncera tous dans la boue". Il y a dans l'attitude de Dostoïevski comme une soif, un désir de scandale. Il veut faire la preuve et l'épreuve de sa force, de sa vérité. Il ressent à la fois comme une peur et un vertige, un irrésistible appel au combat et à la guerre, plus fort que les doutes et les angoisses qui ne peuvent précisément se résoudre que dans le défi et le combat. "C'est tant mieux", si le nombre des prétendants, c'est-à-dire des adversaires, grossit (lettre à Michel du 1er avril 1846). Il ne se mettra que davantage en valeur, si la scène est plus disputée et le décor plus riche.

Les coups reçus, les rires et les chuchotements, les trahisons et les bassesses ne sauraient faire revenir Don Quichotte à une "juste" appréciation des choses, ni lui redonner le sens des proportions : cette démesure, au travers de ses incidences comiques, est le nécessaire levain pour que la pâte lève bien. La mesure ne mesure rien d'autre qu'elle-même : elle est la convention-type, étrangère en effet à toute tentative novatrice. Le créateur, le novateur sont toujours seuls : plus que pour le présent, ils travaillent pour le futur, et leur bonheur, s'il existe, est dans la quête pour elle-même.

> Demandez, demandez-leur seulement comment eux tous, tous jusqu'au dernier, ils entendent le bonheur. O, soyez convaincus que Colomb a été heureux non pas quand il a découvert l'Amérique, mais pendant qu'il la cherchait ; soyez convaincus que le summum de son bonheur a été, peut-être, exactement trois jours avant la découverte du Nouveau Monde, quand son équipage en révolte, au désespoir, a failli faire route arrière, vers l'Europe ! Ce n'est pas le Nouveau Monde qui importait, il pouvait aller au diable. Colomb est mort l'ayant à peine vu et ne sachant pas, au fond, s'il l'avait découvert. L'essentiel est dans la vie, dans la vie seulement, — dans le travail de la découverte, incessant et éternel et pas du tout dans la découverte !
>
> L'Idiot, III, V

La solitude s'est, telle une fée, penchée sur le jeune homme et l'a marqué de son sceau pour toute la vie. Voulant se dresser au-dessus de ses contemporains et de son siècle, Dostoïevski était perçu par ses principaux "confrères" comme une sorte de marginal qu'il valait mieux tenir à distance, s'il était vraiment impossible de le réduire. Fiodor Mikhaïlovitch prêtait le flanc comme avec un malin plaisir aux attaques, aimant attiser, envenimer les querelles, les disputes et les conflits : c'était l'air dont il vivait et qui lui convenait le mieux. Dût-il en souffrir, et il en souffrait assurément, cela lui retrempait le caractère, aiguillonnait son inspiration et l'éloignait de surcroît de problèmes intimes qui n'auraient pu être qu'une gêne de plus.

Dans tout son comportement d'écrivain il se situe comme une exception, comme un solitaire surgi de nulle part et qui n'est vraiment solidaire de personne, à moins qu'il ne s'agisse de relais orbitaux de sa propre personnalité (le peuple russe, le Christ dans une certaine mesure). Il n'a nullement le sens d'appartenir à une collectivité autre que celle qu'il intègre en lui-même ("sa" Russie n'est qu'une hypostase de lui-même, la projection des qualités fondamentales de son moi). Roc épars chu dans le futur, pour paraphraser le poète français Mallarmé, il proclame une esthétique et une vérité dont les contours n'apparaissent dans leur finitude qu'à lui seul.

La psychologie de l'orgueil chez Dostoïevski jette une lueur intéressante sur la nature de son moi et surtout sur la nature de la relation à ce moi. Dostoïevski n'est pas vaniteux et ne célèbre aucun culte particulier de lui-même. Son orgueil est un moyen de mobilisation de son moi (valeur *active*) et un moyen d'auto-défense, essentiellement contre le doute qui le ronge sans cesse (valeur *passive*). La primauté du moi chez Dostoïevski est tout entière centrée autour de la notion de différence. Cette notion a deux pôles : un *complexe d'infériorité,* d'incertitude maladive ; un *complexe de supériorité* qui peut tourner à la "présomption". Cette notion de différence, avec deux pôles, a pour fondement une tendance irrépressible à *l'exagération,* procédant d'une évidente *hypertrophie* d'un moi trop centré sur lui-même et manquant d'extériorité.

Exagération dans le sens de *l'indignité* : exagération de ses défauts et de ses faiblesses, de ses lacunes et de ses insuffisances, qui peut conduire à des accès surprenants d'humilité, d'ironie sur soi-même, d'auto-parodie. Dostoïevski, par exemple, conjure ses prétentions, fondées ou non, quant à sa supériorité sur Gogol, en s'identifiant assez souvent lui-même à... Khlestakov, le célèbre *imposteur* du *Revizor*.

Exagération dans le sens d'une *inégalable unicité* qui peut dans sa forme extrême conduire à un processus plus ou moins conscient d'identification de soi au divin [17]. Il arrive ainsi que Dostoïevski tombe dans une sorte d'*ubris prométhéenne.*

En bref, un *moi mal cadré,* mal situé, qui à force de taquiner la notion de mesure, tombe tout naturellement dans la démesure. Le meilleur diagnostic sur le moi de Dostoïevski est au demeurant formulé par Fiodor Mikhaïlovitch lui-même :

> L'extérieur doit être équilibré avec l'intérieur. Sinon, par absence d'éléments extérieurs, l'intérieur prendra trop dangereusement le pas. Les nerfs et l'imagination occuperont trop de place dans l'être. Faute d'habitude, chaque phénomène extérieur apparaît colossal et effraie en quelque sorte. On commence à avoir peur de la vie.
>
> *Lettre à Michel de janvier-février 1847*

CHAPITRE II

Le double jeu de l'identité

*... Je ne connais, Monsieur, que
trop bien moi-même les traits maladifs et mauvais, et même certains
côtés ridicules de mon caractère...*

Lettre à M.V. Rodevitch,
Saint-Petersbourg, 1864

Car JE est un autre.

Lettre d'Arthur Rimbaud
à Paul Demeny, 15 mai 1871

Sans jamais vraiment parler à fond de lui-même, ni surtout du fond de soi, Dostoïevski qui a toujours eu le goût des formules et aimé conjurer les dangers de la prolixité par l'art du raccourci, nous propose de très nombreuses caractéristiques *partielles* de sa personnalité empirique, fragments épars d'autoportraits laconiques, fugitifs, évasifs, qu'il peut être tentant de vouloir relier en un seul tout. Dostoïevski n'est-il pas le premier spectateur et le premier juge de lui-même, d'un être dont il donne souvent le sentiment de parler comme d'un autre ? Comment Fiodor Mikhaïlovitch s'envisageait-il comme personne et quel regard pouvons-nous jeter sur ce *regard réflexif* de Dostoïevski ?

Fiodor Mikhaïlovitch a commencé par l'étonnement — et la peur — d'être soi. Deux sentiments qui dans la vision des choses de Dostoïevski menaient le monde. La peur est une donnée profonde, immédiate de l'être. Connaître la peur, la maîtriser, c'est la source de tout pouvoir, la source du vrai pouvoir. Plus tard le *Grand Inquisiteur* [1] dominera la peur, la domestiquera afin de

régner sans partage. Quant à l'étonnement, c'est l'un des principaux leviers qui permettent de soulever le monde. L'étonnement,
c'est le commencement du mythe et le mythe est l'âme de
l'univers.

Tout au long de sa vie, Fiodor Mikhaïlovitch n'aura que rare-
ment l'occasion d'être en tête-à-tête avec lui-même. Il fallait pour
cela de grandes occasions, de graves crises, d'importants tournants,
de douloureux moments de solitude ou de malheur. Dostoïevski
n'avait par nature aucun goût à se pencher sur lui-même : cela lui
est plutôt désagréable, pénible. En toute hypothèse, il s'agit
seulement de faire le point, de façon réaliste, sobre et nette, de
tirer des enseignements et des conclusions pour l'avenir. Fiodor
Mikhaïlovitch a une conception non statique, mais dynamique de
la relation à soi, le moi se prouvant et se réalisant dans le mouvement et non dans l'instant arrêté. Aussi bien n'est-il jamais tout-à-
fait à l'aise avec lui-même : cet adversaire de la limite et qui n'a
peur de soulever aucun voile chez autrui est beaucoup plus pru-
dent et circonspect lorsqu'il s'agit de lui, surtout en termes écrits.
Verba volant... Il y a visiblement des portes d'accès qu'il n'envisage
en aucun cas d'ouvrir, ni même d'entrouvrir.

Tous les autoportraits et la plupart des autodéfinitions de
Dostoïevski ont couleur défensive et valeur stratégique. Comme
pour désarmer au moins en partie la critique présente ou à venir,
il préférait, à tout prendre, faire lui-même le tour de ses propres
défauts et instruire son propre procès. En fait, il s'agit moins pour
lui de s'exprimer que de corriger l'impression *défavorable* qu'il
peut ou a pu produire, de superposer une image à une autre, pour
faire douter au moins de la première. Tout dépend aussi du *public*
auquel il s'adresse. Devant les êtres auxquels il tient par les liens de
la vie affective et privée, il cherchera davantage à plaider sa cause,
à s'autojustifier. Pour ce qui concerne la majorité des autres, un
minimum de convention suffit. Enfin, avec certains *êtres-repoussoirs*
comme Tourgueniev [2], il peut y avoir volonté délibérée de provocation, avec comme conséquence un certain desserrement du
verrou de la respectabilité. Il s'agit là d'un phénomène plutôt
marginal, d'une sorte de comportement-limite. Dostoïevski tient
essentiellement à une forme minimum d'honorabilité qui l'em-
pêche de tout avouer de ses faiblesses, de ses fantasmes, de ses
éventuelles fautes. Fiodor Mikhaïlovitch s'est toujours soucié de
maintenir une certaine apparence sociale. Mais surtout il est très
susceptible sur le chapitre de la crédibilité : il désire être cru sur
parole pour tout ce qu'il peut écrire ou dire, même et surtout s'il
doute de ce qu'il écrit ou dit.

Toute la relation de Dostoïevski à son moi a valeur opératoire, en fonction des objectifs et des impératifs du sujet. De ce point de vue, il est étonnamment centré, ramassé, concentré : il fait souvent penser à un athlète qui bande ses énergies avant la course ou le saut. Sans cesse préoccupé de lui-même à travers l'image qu'il donne, Dostoïevski pourrait être théoriquement un spécialiste de l'introspection. Or rien de tel ne se produit. Il ne s'analyse lui-même qu'à grands traits ou par secteurs particuliers. Visiblement, il n'aime pas entrer dans le détail : il est allusif dans les circonstances de l'affirmation, évasif, nuancé, incertain. Il semble éprouver une certaine gêne, ou plutôt une sorte de défiance à l'égard de lui-même et de ce qu'il *pourrait* dire. Il paraît redouter sa propre nature, l'immensité de son intelligence, avec son inépuisable dialectique et sa casuistique raffinée. Aussi, plutôt que de s'analyser ou de s'épier, Fiodor Mikhaïlovitch préfère *soliloquer* : il est de l'espèce de ceux qui parlent tout haut avec eux-mêmes, comme le Raskolnikov de *Crime et châtiment* [3] ou l'usurier-poète de *Une Douce* [4] :

> Il erre de pièce en pièce et cherche à comprendre le sens de ce qui s'est passé, à "faire le point de ses pensées". Ajoutons qu'il est un hypocondriaque invétéré, de ces gens qui se parlent à eux-mêmes. Il se parle donc à lui-même, se raconte la chose, essaie de se l'*éclaircir* [5].

Un facteur important qui est également de nature à éloigner l'introspection, si tant est que la tentation ait pu s'en faire sentir, c'est une certaine forme irréductible d'indétermination dans la nature de ce moi et, partant, dans la nature de la relation à ce moi : le moi de Dostoïevski n'est jamais à un moment précis totalement déterminé, ni déterminable. Il est le siège d'un mouvement pendulaire et antinomique incessant : d'une part, il cherche à s'autodéfinir, à s'élucider davantage ; d'autre part, et dans le même temps, il fuit les définitions et redoute la clarté comme d'instinct. D'un côté, certes, la vie oblige à se définir, mais, d'un autre côté, lorsqu'on est défini, la vie s'arrête, ayant épuisé son cours avec sa substance. Il y a inadéquation de l'être et de l'exprimable ; expression signifie limitation. L'indétermination est la zone de conciliation des potentialités. La détermination inclut dans sa loi le dépérissement de l'être.

Alors même qu'une partie de l'être de Fiodor Mikhaïlovitch est en train de se déterminer, une proportion importante de son moi reste flottante, latente, virtuelle. Ce moi est en expansion et en révélation constantes : il ne reste jamais fixe même si *au niveau ontique* une certaine permanence, un certain mode d'être demeurent. Or, justement, *l'ontique n'est pas objet d'investigation psychologique*. Au niveau des manifestations *périphériques* Dostoïevski est sans cesse déconcertant et il était sans doute déconcerté aussi par lui-même. Etait-il, au demeurant, toujours pleinement conscient, c'est-à-dire en fin de compte totalement maître de lui-même ? A de fulgurants instants de lucidité succèdent des états de prostration, d'abattement semi-comateux où la frontière avec le rêve, le délire ou le fantasme tend à s'estomper. La mémoire a du mal à remettre ensuite de l'ordre dans ce chaos, d'autant qu'elle est elle-même lacunaire, régie par des lois d'association étranges qui brouillent les plans *objectifs* pour en reconstruire de nouveaux qui se superposent aux premiers. Cette incertitude, cette indétermination quant au présent, mais aussi par rapport au passé, l'amènent par voie de conséquence à s'accepter en bloc, de crainte d'avoir à se déjuger en détail, ce qui, de fil en aiguille, risquerait de remettre en cause un équilibre toujours fragile.

A une grande lucidité *globale* sur lui-même et sur le monde au niveau du tout, Fiodor Mikhaïlovitch était capable d'allier dans des occasions particulières, mais répétitives, de lourdes erreurs de diagnostic, non seulement sur autrui, mais encore sur lui-même. Ces erreurs proviennent essentiellement du fait que cet homme si pénétrant n'était pas *psychologue* au sens empirique du terme. Il éprouvait constamment de la difficulté à se situer, à *placer son moi,* et ce défaut d'estimation et de localisation est naturellement source de malentendu et d'incompréhension. Seul avec lui-même, Dostoïevski sait à peu près qui il est ; au milieu des autres et du monde, il le sait beaucoup moins, tant il a du mal à établir des relations claires et satisfaisantes. Il réagit souvent à ce malaise par l'agressivité extérieure, mais aussi intérieure, qui crée la distance nécessaire au désengagement que sa prudence ou sa crainte exigent. Fort et précis dans la solitude, ce moi devient incertain et mouvant parmi la multitude. De même qu'il existe chez ses personnages une psychologie différente selon qu'ils sont dans leur chambre ou dans la rue, il y a chez Fiodor Mikhaïlovitch deux psychologies du moi, selon que ce moi se trouve *intra* ou *extra muros.*

Un exemple caractéristique des phénomènes illustrant la *relation oscillatoire* de Dostoïevski à son moi nous est donné par sa lettre à Michel du début de l'année 1847 :

> Comme j'aimerais te voir ! Je suis parfois rongé d'un tel cafard. Il me souvient par moments combien j'ai été maladroit et pénible chez vous, à Revel [6]. J'étais malade, frère. Je me rappelle que tu m'as dit une fois que ma façon de me comporter avec toi excluait l'égalité mutuelle. Ami de mon coeur, ce reproche était tout à fait injuste. Mais j'ai un caractère si mauvais qu'il repousse les autres. Je t'ai toujours estimé plus et mieux que moi. Pour toi et les tiens, je suis prêt à donner ma

vie, mais parfois, alors que mon coeur nage dans la tendresse, il arrive qu'on ne puisse tirer de moi une parole gentille. Mes nerfs refusent de m'obéir dans ces minutes-là. Je suis ridicule et moche, et pour cette raison je souffre éternellement des conclusions injustes que l'on formule à mon sujet. On dit que je suis dur et sans coeur. Combien de fois ai-je été grossier devant Emilia Fiodorovna [7], une si noble femme, qui est mille fois meilleure que moi. Je me souviens que parfois je me mettais exprès en colère contre Fedia [8], alors que je l'aimais dans le même temps encore plus que toi. La seule occasion que j'ai de montrer que je suis un homme avec un coeur et capable d'amour, c'est lorsque les formes mêmes prises par les *circonstances*, le *hasard* m'arrachent de force à l'habituelle banalité. Jusqu'à ce moment-là, je suis moche. Cette inégalité, je l'attribue à la maladie.

Dans cette lettre Dostoïevski trace lui-même deux autoportraits qu'il superpose et qui ne se recouvrent pas. Il admet, dans un premier temps, que les apparences lui sont défavorables : *Je souffre éternellement des conclusions injustes que l'on formule à mon sujet.* Dans un deuxième temps, il proclame hautement qu'il ne s'agit là que d'apparences : en profondeur, il est tout différent. Il ne faut pas confondre ses réactions épidermiques et superficielles avec sa nature foncière qui est humilité (*Je t'ai toujours estimé plus et mieux que moi... Emilia Fiodorovna, une si noble femme, qui est mille fois meilleure que moi*), amour (*mon coeur nage dans la tendresse*) et capacité de sacrifice total (*Pour toi et les tiens, je suis prêt à donner ma vie*).

A propos de cette dernière "capacité", il est intéressant de noter que dans ses oeuvres tardives Dostoïevski lui-même l'entourera de connotations sarcastiques et péjoratives. Ainsi, dans *Une Douce* :

... La magnanimité de la jeunesse... ne vaut pas tripette. Pourquoi ? Parce qu'elle ne lui coûte pas cher, elle est acquise sans avoir vécu, tout cela n'est, en quelque sorte, que les "premières impressions de l'être", mais qu'on vous voie un peu aux actes ! La magnanimité à bon marché est toujours facile, même donner sa vie c'est encore bon marché, parce qu'il n'y a là que "bouillonnement du sang, surabondance de force", désir passionné de beauté [9] !

Ainsi, dans *Les Frères Karamazov* :

L'amour contemplatif aspire à une action d'éclat qui soit prompte, qui satisfasse rapidement et que tous puissent voir. On va alors réellement jusqu'à donner sa vie, mais toujours à condition que cela ne traîne pas trop, que cela se fasse vite, comme au théâtre, et que tout le monde voie l'exploit et le loue.

I, II, 4

Pour justifier sa théorie des deux images, Dostoïevski avance deux explications : la *maladie* et le *manque d'inspiration* ; sa *vraie* nature ne peut se manifester que si *les formes mêmes prises par les circonstances, le hasard, l'arrachent de force à l'habituelle banalité.*

Si la maladie peut être un *alibi commode*, à la limite presque impersonnel, le problème du manque d'inspiration dont Dostoïevski parle en conclusion est de nature à *renverser en sa faveur la proportion des torts objectifs.* Que se profile-t-il en réalité derrière le tableau nuancé et subtil des *regrets* que Fiodor Mikhaïlovitch formule ici ? Ne serait-ce pas tout simplement la *déception*, dans laquelle il n'est effectivement pour rien ? Et c'est pourtant lui-même qu'il accuse ou plutôt qu'il feint d'accuser : son frère Michel vaut plus et mieux que lui, Fedia est aimé encore plus que Michel et quant à Emilia Fiodorovna, la femme de Michel et la mère de Fedia, elle est mille fois meilleure que Dostoïevski. Ainsi donc, pour se défendre contre l'accusation d'inégalité portée contre lui par Michel (*Tu m'as dit une fois que ma façon de me comporter avec toi excluait l'égalité mutuelle*), Fiodor Mikhaïlovitch propose des *relations d'inégalité en sa défaveur.* Echange de situations, échange de rôles en vérité fort suspects. Il ressort de toute manière de cette dialectique, qu'ayant tort en apparence sur les apparences, il n'a pas tort sur le fond. *Il reste même créditeur de l'erreur d'appréciation,* de l'injustice commise en fait à ses dépens (*Ami de mon coeur, ce reproche était tout à fait injuste*).

Nous saisissons là sur le vif une sorte de constante de la relation de Dostoïevski à son moi : reconnaissant tout d'abord volontiers des torts apparents, relevant de la pure forme, il s'absout ensuite sur l'essentiel, considérant enfin comme positif pour autrui le solde de son comportement. Les concessions sont tactiques et, par une sorte de renversement dialectique spontané, conduisent immanquablement à la justification de celui qui a eu l'habileté de se présenter lui-même en position d'accusé. Dostoïevski ne s'accuse — au demeurant, sans trop exagérer — que pour se justifier ensuite avec usure, à la faveur de substitutions de plans dans lesquelles il est passé maître. Etant d'une fidélité à toute épreuve à sa propre essence, il est certes capable d'osciller, mais sans jamais se dédire sérieusement d'une partie quelconque de lui-même.

Dostoïevski avait commis en 1863 la lourde erreur psychologique de confier l'éducation de son beau-fils, Pavel Issaïev [10], alors âgé de seize ans, à un certain Michel Vassilevitch Rodevitch [11], un fils de pope qu'il avait connu en tant que collaborateur épisodique de sa revue *Le Temps* [12]. Rodevitch devait préparer le jeune homme à entrer au lycée. En fait, le précepteur se manifesta bientôt sous les traits d'un débauché et d'un cynique. Dostoïevski dut précipitamment et non sans scandale lui retirer son pupille. Ce scandale provoqua un échange de lettres au cours duquel l'écrivain fut amené à se défendre contre certaines accusations malignes portées contre lui par Rodevitch. Par une étrange coïncidence, certaines de ces accusations constituent comme par avance une sorte de brouillon de la célèbre lettre dans laquelle le critique Strakhov [13] *se confessera* devant Tolstoï [14] deux ans après la mort de Dostoïevski [15]. La lettre de Rodevitch, à laquelle Fiodor Mikhaïlovitch se crut obligé de répondre, avait été adressée au jeune Issaïev dans l'intention évidente qu'il la communique à son beau-père :

> Prenez la peine, M. Issaïev, de faire savoir à votre père qu'il peut se fâcher contre qui il veut, autant qu'il veut ; qu'il peut écouter aux portes en se dressant sur la pointe des pieds (on ne peut pas toujours garder sa solidité) ; qu'il peut bondir en brandissant quasiment le poing, lorsqu'il ne trouve pas son logement à l'adresse indiquée, bien qu'elle soit fort précise [16] ; qu'il peut crier après tout le monde avec frénésie, comme il crie après son domestique ; mais qu'il peut agir ainsi avec des gens qui le connaissent, parce que ceux-là, vraisemblablement, s'en fichent complètement. Avec les gens qu'il ne connaît pas et qui ne le connaissent pas, il peut se comporter en littérateur, s'il le veut, mais il doit se comporter aussi en être humain. L'étudiant qui est venu chez vous de ma part et auquel votre père a arraché mon livre des mains s'est souvenu à ce propos que les célébrités de la littérature russe n'ont pas le monopole de ce comportement et qu'il arrive parfois à des collégiens de se comporter de la sorte. Je n'ai jamais pris chez vous votre Gogol. Vous avez oublié que je vous l'ai seulement demandé, mais que vous ne me l'avez pas donné. Et puis d'ailleurs, s'il vous manque un livre, vous pouvez vous adresser au diable, pas à moi. Quand je vous ai quitté pour changer de domicile, je vous ai prié à dessein d'emballer mes livres avec moi. Néanmoins, votre père vous a envoyé à maintes reprises inspecter mon domicile. Je ne conteste pas que cette démarche lui fasse honneur. Cela veut dire que c'est un homme fort ponctuel — du moins en ce qui concerne les livres des autres. Pour ne pas mettre votre père dans un accès de rage, vous pouvez — j'y consens — garder chez vous le volume de Meï [17], car autrement il me l'arracherait des mains... Mais il faut absolument me rendre la *Légende des pécheurs* qui se trouve précisément chez vous. Vous m'aviez dit que vous m'enverriez porter ces livres par un domestique, c'est-à-dire par un pauvre domestique.
>
> Dites encore à votre père que, lorsqu'il lance en présence de tiers différentes phrases sur le compte d'autrui, du genre *en finir au plus vite avec M. Rodevitch*, il donne par là le même droit aux autres de lancer diverses phrases sur son propre compte, bien que personne n'aille utiliser un droit aussi méprisable [18].

Dostoïevski se sentit suffisamment visé — ou touché — par ce libelle pour griffonner au brouillon plusieurs versions de la même lettre avant de l'envoyer :

> ... J'écoute aux portes ? A quelles portes ? Quand ? Pourquoi ? Et où avez-vous vu une chose pareille ? Beaucoup de personnes honnêtes me connaissent personnellement et savent si je suis capable d'écouter de la sorte. Vous me reprochez ma nervosité. Je ne connais, Monsieur, que trop bien moi-même les traits maladifs et mauvais, et même certains côtés ridicules de mon caractère, mais je sais aussi que je suis incapable de porter des offenses gratuites. A ce que je vois, vous vouliez apparemment me faire peur en signalant mon manque d'esprit moderne et d'humanité. Vous dites une sottise... et vous ne sauriez me faire peur. Je ne suis pas un enfant. Si je suis irritable (chose que je ne justifie nullement en moi-même), je ne suis pas susceptible, je saurai passer l'éponge sur la maladresse et sur l'offense. Personne ne souffre à cause de moi, parce qu'on voit qu'il ne s'agit que d'une apparence, d'un extérieur, et qu'il n'y a pas de méchanceté. Un très grand nombre de gens ont fini par m'aimer et c'est la grâce que je vous souhaite également... [19].

On rencontre encore la même tactique : céder sur les apparences, récuser les apparences, récupérer les apparences. L'autocritique est chez Dostoïevski la première instance de la justification de soi. L'autodénigrement est l'alibi d'une autosatisfaction discrète, non claironnée, mais profondément enracinée. De l'autosatisfaction évidente et naïve même chez un tel génie, le critique Nicolas Strakhov a cru pouvoir conclure dans sa *lettre-confession* à Léon Tolstoï à l'autoglorification et au culte par Dostoïevski de son propre moi :

> Mais se borner à s'ériger en homme merveilleux, ne promouvoir qu'un humanisme cérébral et littéraire, Dieu que c'est répugnant ! Ce fut réellement un homme malheureux et un mauvais homme, qui s'imaginait être une personne heureuse, un héros, et qui n'aimait tendrement que lui-même [20].

Déjà dans une autre lettre, écrite celle-là du vivant de Dostoïevski, en 1878, Strakhov avait avancé ce grief devant Tolstoï :

> Je n'aime pas la vie autant que l'aime Maïkov [21], et je ne m'aime pas moi-même autant que Dostoïevski [22].

Par un curieux concours de circonstances, Dostoïevski, dans les dernières années de sa vie, considérait *a contrario* Tolstoï comme un modèle d'admiration béate de soi-même :

> Jusqu'à quel point on peut pousser l'adoration de soi-même : Léon Tolstoï [23].

Peut-on sérieusement parler, comme Strakhov, à propos de Dostoïevski, d'autoglorification systématique, de culte obstiné de soi-même ? Si, par moments, Dostoïevski semble se laisser aller à

glorifier sa personne, à célébrer son propre culte, ce n'est jamais
sans une léger soupçon d'auto-ironie qui le sauve de tout narcis-
sisme complaisant. Simplement, il éprouve souvent le sentiment
qu'on ne lui rend pas suffisamment justice : il est alors tenté
de *rétablir les choses* avec une dose au demeurant naturelle de
surcompensation sur le plan psychologique :

> Avec leur réalisme, on ne saurait expliquer la centième partie des faits
> qui se sont réellement produits. Or nous, avec notre idéalisme, nous
> avons même prédit des faits. C'est arrivé. Mon cher, ne riez pas de mon
> amour-propre, mais je suis comme Saint-Paul : "On ne me loue pas,
> alors je me louerai moi-même".
>
> *Lettre à Apollon Maïkov du 23 décembre 1868.*

*Si Dostoïevski se loue, ou paraît en effet s'aimer et s'envisager
avec tendresse, il subsiste presque toujours un doute ou une équi-
voque sur l'identité exacte de celui qu'il loue* : est-ce l'écrivain seul
ou, par le même biais, l'homme à travers l'écrivain, voire même
l'homme en tant que tel, indépendant du créateur ? Il est incontestable que Dostoïevski faisait une différence entre ses deux
modes d'être. En tout état de cause, l'homme en lui était beaucoup moins bien servi que l'écrivain. Sans être toujours — il s'en
fallait même de beaucoup — satisfait de tout ce qu'il écrivait,
Dostoïevski ne se rabaissait jamais lui-même en tant qu'écrivain.
C'était, à franchement parler, l'homme et seulement l'homme qu'il
lui arrivait parfois de dénigrer, quitte ensuite à le réhabiliter,
c'est-à-dire à le rétablir dans ses légitimes mérites et qualités.

*Autoglorification et autodénigrement sont au demeurant
beaucoup plus solidaires qu'il n'y paraît* : il s'agit, en fait, moins
d'un processus cyclothymique (encore que, bien entendu, ce
processus existe), que d'une sorte de dialectique interne. Cette
dialectique, creusant la différence qui sépare d'autrui le moi de
Dostoïevski, en évalue *a contrario la signification et la valeur
sur deux modes opposés, mais complémentaires.* Il ne faut pas
oublier, en effet, qu'autoglorification et autodénigrement ne sont
que les deux sommets d'un triangle qui en comporte un troisième :
l'abaissement relatif d'autrui. L'autodénigrement, pièce centrale
et maîtresse du dispositif, aboutit pratiquement à la réhabilitation
du sujet aux dépens d'autrui, seule victime en fin de compte d'une
médisance stratégique de soi.

L'autoglorification, toujours circonstanciée, ne débouche jamais
sur la franche admiration de soi, péché dont Dostoïevski accusait
précisément Tolstoï. Dostoïevski ne s'admire pas, il se mire avec
délectation et avec toute sa complexité dans les eaux insondables
de la vie et de la création. La vie et la création sont pour lui une

sorte de fantastique miroir dans lequel se reflète sa collection de masques et de visages. *S'il s'aimait, c'était travesti, c'était avec l'excuse d'en aimer un autre, plusieurs autres...* Gorki a bien senti ce jeu complexe de miroirs à travers la confession de Karamora qui sert de sujet au récit du même nom écrit en 1924. En prison, Karamora, révolutionnaire devenu agent provocateur et qui sait qu'il va mourir, écrit :

> Quand on écrit, on se croit meilleur, plus intéressant. Ca enivre. C'est alors que je sens Dostoïevski : cet écrivain s'enivrait profondément de lui-même, du jeu de son imagination, un jeu enragé, tumultueux, hors de toute raison, qui consistait à sentir en soi des personnes multiples.

Dans les dernières années de sa vie, *Dostoïevski incontestablement s'assagit et sa personnalité éclatée a tendance à se constituer en une sorte de personnage fédéral, en modèle, en individu exemplaire qui détient les clés de la vérité sur l'homme, le monde et le nombril du monde qu'est la Russie.* Il n'hésite pas alors à se mettre tout seul dans un plateau de la balance et, plaçant dans l'autre globalement la génération de ses contemporains, à estimer que la balance penche en sa faveur. Mais cet orgueil, pour démesuré qu'il soit, ne s'inscrit pas dans une perspective d'idolâtrie de soi-même. La démarche angoissée de Dostoïevski poursuit un itinéraire tout différent. Idolâtrie signifie culte statique et rien n'est moins statique que la réflexion de Fiodor Mikhaïlovitch qui bascule sans arrêt dans le futur ou se replonge dans les remous du passé, sillonnant les temps prospectivement et rétrospectivement. Ce qui caractérise au fond la relation de Dostoïevski à son moi, c'est *l'insatisfaction sourcée dans l'exigence et la réflexivité.* S'il tend, en effet, à s'ériger vers la fin de sa vie en une sorte de modèle, c'est plus en *modèle objectif d'analyse* qu'en *modèle subjectif de personnalité concrète, empirique.* Certes, il est vrai qu'il n'est d'analyse que portée et supportée par un individu et qu'à ce titre le moi de l'analyste devient nécessairement exemplaire en sa qualité de référence première et de valeur instauratrice qu'il est impossible d'éliminer. L'exigence qui est au centre de la personnalité de Dostoïevski est une exigence supérieure, désintéressée, presque objective. Cette exigence lui a coûté et a coûté à ceux qui ont partagé sa vie d'immenses sacrifices et, en ce sens, on peut presque parler de *continuum unidirectionnel entre autrui et lui.* Elle a consisté, depuis la prise de conscience précoce de sa vocation, à réaliser à tout prix la finalité qu'il portait en lui et pour laquelle il s'est senti très tôt *programmé* :

La naturelle aspiration à une vie pleine d'un homme... qui a conscience de porter des forces immenses.

Lettre à Michel du 19 juillet 1840

De ce point de vue, il y a bien chez Dostoïevski une sorte de culte intérieur du moi dont il est le premier serviteur et le premier prêtre, premier et unique, car pour le reste il n'a besoin que d'*auxiliaires matériels.* Ce qui frappe, c'est que ce culte est modeste, naturel en quelque sorte, et qu'il est le premier à y payer tribut, un lourd tribut. *Ce culte est un culte sans ostentation qui entoure la flamme et lui permet de brûler sans s'éteindre. Il ne donne lieu à aucune exploitation, à aucun profit* : il est désintéressé en lui-même et ouvert à tous ceux qui l'aiment, c'est-à-dire à ceux qui acceptent de porter avec lui ce fardeau qui le dépasse et exige qu'il se transcende.

De là vient une certaine négligence du prêtre vis-à-vis de lui-même en tant que personne privée auxiliaire du culte. "J'ai bientôt cinquante ans", — écrit-il le 31 janvier 1873 [24]. A cette époque, il était dans sa cinquante-deuxième année. La nature particulière de sa mémoire, occultée par les crises d'épilepsie, n'explique pas tout : il s'agit là visiblement de *contingences* auxquelles il n'attachait aucune importance. Dostoïevski était très distrait quant à lui-même, manquait de mémoire à propos des événements essentiels de sa vie. La distraction "n'existant pas", selon le mot célèbre de Husserl, elle ne peut en effet traduire qu'un *manque d'intérêt pratique.* Même le souci social de sa propre réputation — à distinguer du besoin psychologique de respectabilité — est chose tardive chez Fiodor Mikhaïlovitch. Il n'ignorait rien, de toute évidence des bruits qui *suintaient* [25] un peu partout dans les milieux littéraires et qui lui attribuaient la paternité du crime commis par le Stavroguine des *Démons* (le viol d'une fillette au temps de sa jeunesse). Il n'a jamais rien fait pour couper court à ces bruits pourtant fâcheux. Toute sa vie, Dostoïevski s'est complu dans *un relatif laxisme dans le domaine pratique,* tout en se montrant sur le même chapitre fort peu indulgent avec autrui et même avec les êtres proches : quelles exigences, par exemple, à l'égard de son frère Michel !

Dostoïevski est un homme qui, dans le meilleur des cas, tentait de se surmonter. Sans doute y arrivait-il parfois, ponctuellement. Mais pour l'essentiel, sur le fond, il ne voyait guère l'opportunité ni la nécessité de changer : il se prenait tel qu'il était et en prenait, non sans fatalisme, le parti. *On ne constate pas chez lui d'ascèse qui serait liée à un processus organisé de construction ou de perfectionnement de soi.* Tout au plus voit-on apparaître dans les

dernières années un désir de se ranger quelque peu, *une espèce
d'embourgeoisement tardif* liés pour une part au style d'existence
que lui faisait mener sa femme, Anna Grigorievna [26], et pour une
autre part, non négligeable, à la présence d'enfants jeunes [27] qui
auront la charge de le perpétuer.

Si la volonté de se tenir en main existe chez Fiodor Mikhaïlovitch, et elle est en elle-même suffisamment méritoire, c'est
essentiellement au nom de son unité, de la cohérence interne
nécessaire à la sauvegarde d'une santé psychique toujours peu ou
prou menacée. *Malgré les égarements, tel est le fil rouge de toute la
relation de Dostoïevski à son moi : ne pas se laisser envahir ni
déborder, lui qui se connaît comme perpétuel déviant, par les
forces obscures de dissociation qui rôdent en lui et autour de lui,
à la recherche de la brèche toujours possible.* Il se maintient lui-
même sous surveillance, n'ayant pas en sa nature une confiance
très poussée. Il sait qu'il n'a pas d'autre garantie du maintien de
son intégrité que la vérification périodique de ce qu'il pense ou
entreprend. La garantie d'intégrité n'existe d'ailleurs à ses yeux
pour personne : le relâchement du contrôle de soi est la chose la
plus naturelle et la plus ordinaire du monde. *Dostoïevski est donc
fondamentalement défensif. Plutôt que de chercher à se perfec-
tionner, de tenter une éventuelle ascèse, il se bat et se bat même
durement pour le seul maintien du statu quo ante.* Se préserver
pour durer, tel est le but maximum et minimum à la fois qu'en
homme lucide et réaliste il s'assigne à lui-même. Il ne se prend
pas pour plus fort qu'il n'est ; mais il ne se prend pas non plus
pour plus fragile. Faire avec ce qu'on a, faire avec ce qu'on est,
tel est le principe fondamental de ce que l'on pourrait appeler
paradoxalement une certaine *sagesse* de Dostoïevski.

A défaut d'avoir pu ou voulu poursuivre un grand dessein sur
le plan de la personnalité *quotidienne*, Fiodor Mikhaïlovitch s'est
toujours plus ou moins réglé pendant sa vie sur la notion de
promotion et de contrat avec lui-même. Il poursuit et élargit ainsi
une dynamique d'essence sociale héritée de ses parents. Le contrat
consiste à épanouir ses virtualités créatrices dans une perspective
de cohérence et d'efficacité. Il s'agit de se servir au mieux de
l'outil qui vous a été confié. Cette idée de contrat est au demeurant parfaitement *réaliste* : l'homme ne peut pas devenir autre
chose que ce qu'il est ; tout ce qu'il doit, c'est tenter de se réaliser
le mieux possible. *Il n'y a que dans la société que l'on puisse
changer de catégorie ; on ne change pas de catégorie dans l'être.*

La dynamique de la vie de Dostoïevski sur le plan pratique
résulte précisément du conflit toujours latent entre ce *principe
de promotion continue et d'expansion croissante* d'une part et,

d'autre part, un principe non moins fondamental : *le goût et la nécessité du risque, la mise en jeu et en enjeu du moi.* Ce conflit est *l'épine dorsale de toute la construction existentielle implicite de Fiodor Mikhaïlovitch.* Dostoïevski a été fasciné toute sa vie par les interdits et les tabous. L'homme au demeurant, dans sa conception d'écrivain, est par excellence un être qui aspire à la transgression, soit en retournant à l'animalité, soit en niant sa finitude pour s'identifier plus ou moins au divin. Chez Dostoïevski le besoin du risque physique et moral, la passion d'expérimenter sont le piment de l'existence et une exigence fondamentale du moi. Malgré tout son désir de respectabilité, il aime mettre en jeu honneur, dignité, vie : il veut toujours savoir jusqu'où il ne faut pas aller trop loin, il aime taquiner la limite et bousculer la norme. Certes, Fiodor Mikhaïlovitch est un *gagneur* : le jeu consiste à éviter autant que possible de perdre ou de se faire prendre. Significative est, de ce point de vue, cette réflexion de Raskolnikov dans l'*Epilogue* de *Crime et châtiment* qui n'est que l'expression codée des sentiments éprouvés par *Dostoïevski-bagnard* :

> S'il avait honte, c'etait que lui, Raskolnikov, se fût perdu si aveuglément, si incurablement, si obscurément, et si sottement, par on ne savait quelle sentence d'un aveugle destin, et qu'il dût s'humilier et se soumettre devant "l'absurdité" de cette sentence, s'il voulait un peu se calmer.

Or, à moins d'être un tricheur, un pipeur de dés, on ne peut jouer qu'en s'exposant précisément au risque de perdre. Dans la dialectique secrète de la mise en jeu de soi-même, il y a comme en permanence chez Fiodor Mikhaïlovitch une sorte de dissociation antagoniste qui fait précisément tout le sel et le charme de l'entreprise : une part de lui-même, majoritaire sans doute et la plus consciente, tend vers la victoire *(il faut gagner)* ; une autre part, minoritaire et plus obscure, aspire sournoisement et comme par défi à la défaite *(il peut être intéressant de perdre).*

C'est sur ces deux modes que Dostoïevski jouait à la roulette [28].

C'est sur ces deux modes qu'il s'exposait sur le tapis vert de la vie.

CHAPITRE III

La sémiotique du langage et du geste

Même en plein jour et alors que nous sommes ensemble, je ne sais pas communiquer, je suis morose et tout à fait dénué du don de m'exprimer tout entier. La forme, le geste me manquent. Mon défunt frère Michel me le reprochait souvent avec amertume.

Lettre à Anna Grigorievna
du 26 mai 1867

La sincérité vaut bien le geste, n'est-ce-pas ?

L'Idiot, IV, 7

Parmi les grands problèmes, les grandes obsessions du moi de Dostoïevski figurent le corps et la relation à ce corps. Non pas qu'à l'instar d'un Blaise Pascal il considère ce corps comme une *guenille*, il le considérerait plutôt comme un *handicap*. Or, selon une dialectique qui lui est familière, *tout handicap doit d'abord être tourné, puis transformé en instrument de supériorité*.

C'est un fait que Dostoïevski éprouve apparemment de la difficulté à assumer son propre corps, qu'il n'est pas à l'aise dans sa propre peau. L'absence du "don du geste" est à la base de son défaut de communication avec autrui. Son corps le trouble : il est naturellement inquiet de l'impression que ne vont pas manquer de produire son aspect, sa tenue vestimentaire, son manque d'aisance et de spontanéité. Gêné par sa propre gêne augmentée de la gêne réelle ou supposée des autres, il entre dans un cycle infernal pour son amour-propre de dépit agressif et d'humiliation vengeresse. Il y a certainement — entre autres — une origine corporelle et gestuelle à sa brouille avec Tourgueniev, à *la haine quasiment totale qu'il lui vouera en tant que symbole généralisant* :

> Gontcharov ne cessait de me parler de Tourgueniev, si bien que, tout en différant ma visite, je me décidai enfin à la lui faire. J'allai le voir un matin à 12 heures et le trouvai en train de déjeuner. Je vous dirai sincèrement : auparavant déjà, je n'aimais pas cet homme en tant que personne. Le pire de tout, c'est que depuis 1857 (1863 ?) à Wiesbaden je lui ai emprunté 50 thalers (et que je ne les lui ai toujours pas rendus !). Je n'aime pas non plus ses embrassades de pharisien aristocrate : il cherche à vous embrasser, mais c'est sa joue qu'il présente. Ca sent le général à plein nez.
>
> *Lettre à Maïkov du 28 août 1867*

Dans *Les Démons*, où Tourgueniev est caricaturé sous les espèces de Karmazinov, les deux détails du déjeuner et du faux-bond en matière de geste ne seront pas oubliés :

> Piotr Stepanovitch le trouva en train de manger sa côtelette du matin arrosée d'un demi-verre de vin rouge. Verkhovenski était déjà venu chez lui plus d'une fois, et toujours il l'avait trouvé attablé devant sa côtelette que l'autre continuait de manger en sa présence sans jamais rien lui offrir. La côtelette était, d'ordinaire, suivie d'une petite tasse de café. Le domestique qui servait était ganté, en frac, et portait des chaussures souples et silencieuses.
>
> — Ah ! fit Karmazinov en se levant du canapé ; il s'essuya la bouche avec sa serviette et, l'air ravi, il s'avança pour embrasser son visiteur, selon l'habitude caractéristique des Russes devenus très célèbres. Mais Piotr Stepanovitch savait déjà par expérience que Karmazinov faisait mine d'embrasser les gens tout en se contentant de leur présenter la joue ; aussi cette fois fit-il de même, et les deux joues se rencontrèrent. Sans laisser voir qu'il l'avait remarqué, l'autre se rassit sur le canapé et d'un geste affable désigna au jeune homme un fauteuil en face de lui. Piotr Stepanovitch s'y installa commodément...
>
> II, VI, 5

Les problèmes du corps et du geste jouent un grand rôle dans l'oeuvre de Dostoïevski. Souvent la maladie intervient pour résorber ou éloigner des difficultés que le moi corporel a été incapable de régler ou de surmonter. *Essentiellement psychosomatique, la maladie exprime une trahison du corps qui refuse de suivre plus longtemps son maître.* Dans sa vie, Dostoïevski a connu maintes fois pareil processus. Significative est, de ce point de vue, la nature de la crainte qu'il éprouve au moment de partir pour le bagne :

> Jamais encore de telles réserves, saines et abondantes, de vie spirituelle, n'avaient bouillonné en moi, comme maintenant. Mais le corps tiendra-t-il ? Je l'ignore.
>
> *Lettre à Michel du 22 décembre 1849*

De même, les seules vraies craintes de Raskolnikov avant l'exécution de son crime portent sur le corps, sur son corps :

> Au début, d'ailleurs longtemps avant, il avait été occupé par une question : pourquoi presque tous les crimes sont-ils si facilement découverts et trahis et pourquoi les traces de presque tous les criminels sont-elles si clairement marquées ? Il était arrivé peu à peu à des conclusions multiples et curieuses et, à son avis, la cause principale était moins dans l'impossibilité matérielle de cacher le crime que dans le criminel ; c'était le criminel, presque chaque criminel, qui était sujet, au moment du crime, à une certaine chute de la volonté et de la raison, remplacées par une légèreté phénoménale, enfantine, précisément à l'instant où étaient plus nécessaires que jamais le raisonnement et la prudence. Selon sa conviction, cette éclipse de la raison et cette chute de la volonté s'emparaient de l'homme tout comme une maladie, se développaient progressivement et atteignaient leur maximum peu avant l'accomplissement du crime ; elles continuaient sous la même forme à l'instant même du crime et quelque temps encore après, selon les individus ; ensuite elles passaient, tout comme passe n'importe quelle maladie. Quant à savoir si c'était la maladie qui engendrait le crime, ou bien si le crime en vertu de sa nature particulière était toujours accompagné de cette espèce de maladie, il ne se sentait pas encore la force de le décider.
>
> *Crime et châtiment, I, VI*

Raskolnikov, qui éprouve une crainte sourde à l'égard de son propre corps, sait qu'il doit se le concilier d'une manière ou d'une autre ; mais il sait mal comment s'y prendre, tentant assez naïvement de l'exorciser par la suggestion

> uniquement... que ce dessein "n'était pas un crime"...
>
> *Ibid.*

Dostoïevski a une affection et une compréhension toutes particulières pour *son* Raskolnikov. N'est-ce pas dû, au moins en partie, au fait que Raskolnikov se sentait mal dans sa peau et que Fiodor Mikhaïlovitch, précisément, éprouvait la plus vive compréhension à l'égard de ceux qui avaient à lutter avec leur propre corps ? A l'inverse, il détestait cordialement tous ceux qui se croyaient coulés dans un moule harmonieux. Autant il haïssait Tourgueniev dans la vie, autant il haïssait en littérature le personnage de Vronski dans *Anna Karenine* de Léon Tolstoï, se délectant de l'épithète peu flatteuse que Saltykov-Chtchedrine [1] lui avait accolée : "étalon en uniforme" [2].

Lucide à l'égard de lui-même, Dostoïevski se reconnaissait trois graves *défauts* : le manque de mesure, l'absence de geste, une certaine carence de la forme. Trois *défauts* qui fondamentalement n'en font qu'un et dont le corps porte la responsabilité essentielle.

Ce qu'il y a de pire, c'est que ma nature est vile et trop passionnée :
partout et en tout j'arrive à la dernière limite ; toute ma vie, j'ai dépassé
les bornes.

Lettre à Maïkov du 28 août 1867

Mon ange, tu n'imagineras pas ma joie ni mon bonheur quand j'ai lu
à la poste tes deux minuscules missives sur leurs deux petites feuilles
de papier. Je les ai embrassées et j'étais si heureux, si heureux de ton
amour. Il se voyait dans chaque ligne, dans chacune de tes expressions ;
et comme tu sais bien écrire les lettres ! Je suis bien loin de savoir
écrire comme ça et d'exprimer comme ça mon coeur, ce que je ressens.
Même en plein jour et alors que nous sommes ensemble, je ne sais pas
communiquer, je suis morose et tout à fait dénué du don de m'exprimer tout entier. La forme, le geste me manquent. Mon défunt frère
Michel me le reprochait souvent avec amertume.

Lettre à Anna Grigorievna du 26 mai 1867

Cette même pensée sur le geste est perçue de façon encore plus
concrète, presque autobiographique, chez le prince Mychkine
dans le roman *L'Idiot* qui était alors en gestation. Mychkine
l'exprime lors de la soirée chez les Epantchine, juste avant son
attaque d'épilepsie, au moment de l'extase suprême, lorsqu'il
s'efforce d'exprimer son idée "principale" :

Je n'ai pas le droit d'exprimer ma pensée, il y a longtemps que je l'ai
dit /.../. J'ai toujours peur, avec mon allure ridicule, de compromettre
ma pensée et *l'idée principale*. Je n'ai pas le geste. J'ai toujours le
geste contraire, et cela suscite les rires et rabaisse l'idée. Je n'ai pas
non plus le sens de la mesure, or c'est capital ; c'est même le plus
capital... Je sais qu'il vaut mieux pour moi rester assis et me taire.
Quand je me rencogne et me tais, je parais même très raisonnable,
et en outre je réfléchis. Mais aujourd'hui il faut mieux que je parle ;
j'ai pris la parole, parce que vous me regardez avec bonté ; vous avez
un si bon visage ! J'avais promis hier à Aglaé Ivanovna que je garderais
le silence toute la soirée... Mais il y a des moments où je me dis que j'ai
tort de penser ainsi : la sincérité vaut bien le geste, n'est-ce-pas ?

IV, 7

Cette citation de *L'Idiot* n'est qu'un rappel, une répétition d'un
passage antérieur du roman. Comme souvent, il arrive que chez
Dostoïevski les thèmes importants soient *bissés* :

Je sais que je suis... déshérité par la nature. J'ai été malade vingt-quatre
ans, depuis ma naissance jusqu'à ma vingt-quatrième année. Prenez
tout cela comme venant d'un malade, aujourd'hui encore /.../. Il est
des idées, des idées élevées, dont je ne dois pas commencer à parler,
parce que fatalement je ferai rire de moi... Je n'ai pas le geste convenable, je n'ai pas le sentiment de la mesure ; j'ai un autre langage, et
non celui qui correspondrait à mes idées, et pour ces idées c'est un
avilissement. C'est pourquoi je n'ai pas le droit..., de plus je suis ombrageux.

III, 2

Chatov dans *Les Démons* continue la tradition de la *maladresse* de Mychkine qui brise le vase de Chine du salon, alors même que (ou parce que ?) ce *danger* lui a été signalé d'avance par Aglaé :

> Et soudain, au beau milieu d'une phrase de Varvara Petrovna, Chatov se leva, la salua gauchement, rouge de honte, heurta en passant une table en ouvrage de marqueterie qui tomba et se brisa, et sortit enfin, à demi mort de confusion.

I, I, 8

De Chatov il est dit au demeurant :

> Il lui arrivait souvent de perdre le sentiment de la mesure, mais il était le premier à en souffrir.

I, I, 9

Son aspect contraste avec son âme :

> Son aspect était fruste, mais son âme, délicate, je crois.

Ibid.

La pensée de la forme et du geste en tant que don de s'exprimer tout entier est moins anodine qu'elle pourrait paraître. Il s'agit en fait de l'une des pensées maîtresses de la conception du monde de Dostoïevski, d'un des pivots de son esthétique. Dans sa représentation de l'Orient et de l'Occident, l'Européen, le Français en particulier, est opposé au Russe précisément en tant que type humain possédant des formes magnifiquement définies, établies une fois pour toutes, alors que les Russes, pour ce qui les concerne, n'arrivent absolument pas à se trouver une forme convenable, parce qu'ils sont "trop richement doués et de trop de côtés" [3]. *Dostoïevski est ainsi fait qu'il érige un défaut personnel en caractéristique nationale et que cette caractéristique nationale est invoquée comme signe de supériorité.* Vertigineuse dialectique, et pourtant, en effet, Fiodor Mikhaïlovitch s'explique. Il s'explique notamment dans *Le Joueur* :

> ... Vous allez seulement supposer que moi, peut-être, je ne sais pas me poser avec dignité, c'est-à-dire que je suis peut-être un homme qui a de la dignité, mais que je ne sais pas moi-même me poser avec dignité. Vous comprenez qu'il puisse en être ainsi ? Mais tous les Russes sont ainsi et savez-vous pourquoi ? Parce que les Russes sont trop richement doués et de trop de côtés, pour se trouver rapidement une forme convenable. C'est ici une question de forme. Pour la plupart, nous sommes, nous les Russes, si richement doués, que pour avoir une forme convenable il nous faut avoir du génie. Eh bien, le génie ne se trouve pas sous les sabots d'un cheval, c'est généralement une chose extrêmement rare. Il n'y a que chez les Français et puis peut-être chez quelques autres Européens que la forme se soit si bien définie qu'on puisse avoir un air d'extraordinaire dignité, tout en étant le plus indigne des hommes. C'est pour ça que la forme a tant de signification chez

eux. Le Français subira une offense, une véritable offense, une offense partant du coeur, et ne sourcillera pas ; mais il ne supportera à aucun prix une pichenette sur le nez, parce que ça c'est une violation de la forme reçue et sanctifiée par des siècles de convenances. C'est pour ça que nos demoiselles sont si friandes des Français : la forme chez eux est belle. Selon moi, au demeurant, il n'y a là pas de forme du tout, il y a seulement le coq, le coq gaulois.

Chapitre V

La forme nationale du Français, c'est-à-dire du parisien, a commencé à se couler dans le moule de l'élégance alors que nous n'étions encore que des ours. La révolution a hérité de la noblesse. Maintenant, le plus vulgaire des petits Français peut avoir des manières, des façons, des expressions et même des pensées d'une parfaite élégance de forme, sans participer à cette forme ni de sa propre initiative, ni avec son âme, ni avec son coeur : tout cela lui a été donné en héritage.

Chapitre XVII (Ibid)

Le Russe, le peuple russe se définissent à l'opposé par la richesse de leur contenu et de leurs contrastes : *aux formes vides de l'Occident, l'Orient préfère la révélation progressive d'un matériau architecturé par l'Idée et par ceux qui en sont les porteurs aux deux bouts de la chaîne, le génie et le peuple.*

Tout ne nous vient-il pas de Pouchkine ? Son virage vers le peuple, à un stade si précoce de sa carrière, est tellement étonnant et sans exemple, représente pour son temps une parole nouvelle si inattendue, qu'on ne peut guère l'expliquer, sinon par un miracle, que par l'incomparable grandeur d'un génie que, soit dit en passant, nous ne sommes pas encore de taille à pleinement apprécier [4].

On pourrait dire que pour Dostoïevski les formes, à partir d'un certain degré d'autonomie, c'est-à-dire de détachement du processus vivant, marquent, selon la parole de Nietzsche à propos de la corruption, *la saison d'automne d'un peuple.* Esthétique, à son point de départ, la conception des rapports de la forme et du fond trouve un fondement non seulement moral, mais encore philosophique :

Il est des idées non exprimées, inconscientes et seulement senties avec force ; ce genre d'idées, il en est beaucoup qui sont en quelque sorte infuses à l'âme de l'homme. Il en est de même dans l'humanité prise en bloc. Tant que ces idées persistent, fût-ce inconsciemment, dans la vie d'un peuple, tant qu'elles sont ressenties fortement et fidèlement, et dans cette mesure seulement, un peuple peut vivre de la vie la plus vigoureuse et vivante. C'est dans ces aspirations à prendre clairement notion de ces idées latentes que se résume toute l'énergie de son existence [5].

Toute l'originalité unique et irremplaçable de la création littéraire chez Dostoïevski tient au fait que chez lui *la révélation anticipe sur la forme,* provoquant une rupture d'équilibre à la limite du vertige. Avec ce flair étonnant qu'il avait parfois, Strakhov a su définir ainsi la nature très particulière du génie créateur de Dostoïevski :

> L'évidence est là : par le contenu, par l'abondance et la diversité vous êtes le premier chez nous, et Tolstoï lui-même, en comparaison avec vous, est uniforme. Il n'y a pas là contradiction avec le fait que tout ce que vous écrivez a une coloration particulière et vive.
>
> Mais l'évidence est là aussi : vous écrivez principalement pour un public choisi et vous surchargez vos oeuvres, vous les rendez trop complexes. Si le tissu de vos oeuvres était plus simple, leur effet en serait renforcé. Par exemple, *Le Joueur, L'Eternel mari,* ont produit l'impression la plus vive, et tout ce que vous avez investi dans *L'Idiot* l'a été en pure perte. Ce défaut se trouve naturellement en relation avec vos qualités. Un Français astucieux ou un Allemand, possédant la dixième partie de vos richesses, connaîtrait la gloire dans les deux hémisphères et entrerait comme un astre de première grandeur dans l'histoire de la littérature universelle. Et tout le secret, me semble-t-il, consisterait à atténuer la créativité, à diminuer la finesse de l'analyse, à se limiter à un personnage et à une dizaine de scènes, là où il y a vingt personnages et des centaines de scènes. Excusez-moi, Fiodor Mikhaïlovitch, mais je continue de penser que vous n'êtes pas jusqu'à présent le maître de votre talent, vous ne l'adaptez pas en fonction de l'effet maximum à produire sur le public. Je sens que je touche à un grand secret et que je vous donne le conseil le plus absurde qui soit : cesser d'être vous-même, cesser d'être Dostoïevski. Mais je pense que même sous cette forme vous comprendrez ma pensée [6].

Dostoïevski était lui-même fort conscient de l'existence d'une *tension* à l'intérieur de ses forces créatrices. Plus d'un an avant le diagnostic porté par Strakhov, il en avait admis l'argument essentiel :

> Je choisis toujours des sujets au-dessus de mes forces. Chez moi le poète l'emporte sur le romancier.
>
> *Lettre à S.A. Ivanova du 21 octobre 1870*

Fiodor Mikhaïlovitch n'en réagit pas moins avec vivacité au *reproche* de Strakhov en lui répondant ainsi dans sa lettre du 5 mai 1871 :

> Vous avez mis dans le mille en parlant de mon défaut principal. Oui, j'ai souffert de cela et j'en souffre encore ; je n'arrive toujours pas jusqu'à présent (c'est une chose que je n'ai pas réussi à apprendre) à maîtriser mes propres moyens. Une multitude de romans distincts ou de nouvelles se bousculent en moi pour ne former qu'un seul roman, si bien qu'il n'y a ni mesure, ni harmonie. Tout cela est dit par vous avec une étonnante justesse et vous ne pouvez savoir comme j'ai souffert de cela depuis de longues années, car je suis moi-même conscient de ce fait. Mais il y a pire encore : sans tenir compte de mes moyens, je me laisse entraîner par l'élan poétique et j'entreprends d'exprimer

une idée artistique qui est au-dessus de mes forces. (NB. C'est ainsi que la force de l'élan poétique est, par exemple, toujours plus grande chez Victor Hugo que les moyens d'exécution. Même chez Pouchkine, on peut observer des traces d'une pareille dualité). Et ainsi je me perds.

Les circonstances de l'affirmation ne sont jamais simples chez Dostoïevski. Il arrive assez souvent que dans un développement donné une simple observation, un détail, une nuance, renversent la signification apparente du tout. C'est le cas ici de ce *nota bene* : si Victor Hugo lui-même et surtout si *l'intouchable et l'irréprochable Pouchkine* connaissent une pareille dualité, c'est qu'il s'agit en fait d'une loi esthétique imparable. Ici encore il y a *refus de la mesure, de l'harmonie, des proportions soi-disant heureuses*. Il n'existe pas de synthèses idéales ; il n'existe que des synthèses relatives qui, inévitablement, créent une certaine insatisfaction profondément inscrite dans l'ordre des choses.

Ainsi *l'empire des signes* reçoit-il dans l'univers personnel et poétique de Dostoïevski une sanction seconde qui contredit *toutes les apparences*. Il apparaît qu'il excelle par là-même où du jugement général (et parfois du sien) il pèche. Certes, il n'est pas coulé dans un moule élégant, mais il n'a pas le geste qui rassure, en dupant ; il ignore la limite qui interdit au moi profond de s'exprimer. Il choque et déconcerte parce qu'il prétend échapper à la trame serrée des règles qui assurent l'ordre. Mais sur ce point comme bien d'autres il est en harmonie avec *son* peuple.

> Nous, Russes, sommes un peuple jeune ; nous commençons seulement de vivre, bien que nous ayons déjà vécu mille ans ; mais à grand bateau grande croisière. Nous sommes un peuple frais et nous n'avons pas de sanctuaires *quand même**. Nous aimons nos sanctuaires, mais parce qu'ils sont effectivement sacrés. Nous ne les défendons pas seulement pour maintenir à travers eux *l'Ordre** [7].

> Je suis quasi aveuglément certain qu'il n'y a pas dans le peuple russe si grand scélérat et misérable qui ne se qualifie lui-même de misérable et de scélérat ; tandis que chez les autres tel commet une scélératesse qui s'en fait encore gloire, érige sa scélératesse en principe, affirme que c'est en elle que réside *l'ordre** et la lumière de la civilisation, et finit lui-même, le malheureux, par y croire sincèrement, aveuglément et même honnêtement [8].

> **En français dans le texte.*

Ainsi qu'il apparaît, la sémiotique très particulière du moi de Dostoïevski n'est pas sans incidence *sociale*. Toute sa vie Fiodor Mikhaïlovitch a comme inconsciemment et instinctivement refusé le rapport exigé par la société de l'individu à la contrainte par le biais du relais sémiotique des conduites parce que cette société, copieuse de l'Occident, n'était pas une vraie communauté. Toute sa vie Fiodor Mikhaïlovitch a refusé de se laisser piéger par le système en vigueur du geste et de la forme (geste et forme égalant de surcroît mesure, limite). En fait ce système est aussi contraignant et signifiant que celui de la langue ou de la mode, cette mode française par exemple, c'est-à-dire parisienne, dont Dostoïevski a tenté d'analyser dans *Le Joueur* la gestuelle pour en donner la grammaire, le *système des grimaces.* D'une certaine façon, chaque être est une sorte d'acteur qui a besoin du geste et de la forme comme d'autant de signes de reconnaissance lui permettant de s'identifier par l'imaginaire à la nation, au groupe auxquels il appartient. La mimique est le premier signe de la socialisation. Il existe pour tout individu normalement socialisé tout un système de mimiques-modèles programmables et préformées pour une situation donnée et qui sont aussi impératives que les modèles vestimentaires, alimentaires, linguistiques.

Dostoïevski montre, lors de la soirée chez les Epantchine dans la quatrième partie de *L'Idiot*, que les inter-locuteurs de la *bonne société russe* font plus attention à la physionomie, à l'aspect (face et geste), à la *beauté-laideur* du parleur qu'à ce qu'il dit. La signification, le *message* s'en trouvent presque totalement occultés. Une autre signification a cours ou prend le relais, qui relève du code de ce qu'on appelle les expressions. Il n'y a pas à ce niveau de signifié hors contexte. Ce qui compte serait plutôt un rapport indirect, inconscient et d'autant plus fort, à une sorte de tableau binaire de la différence beau-laid, sensé-ridicule, bien-mal pensant. Du temps de Dostoïevski, l'Europe occidentale, la France en particulier, étaient les paradigmes, actualisateurs, entre-teneurs et modificateurs de ce code. La convention de la forme et du geste sont comme un lexique vivant, un index, un *miroir* de société au sens ordinaire de l'esthétique. Il y a un système du visage et des expressions, des gestes et des formes, comme il y a un système de la langue, ou un système de la mode. On peut même en déterminer les signaux en vigueur (par exemple, la *pichenette sur le nez* dans *Le Joueur*). Il existe incontestablement à une époque donnée dans une civilisation donnée tout un code de l'*expression corporelle.*

Il serait intéressant de faire une espèce de film *dictionnaire* des jeux de physionomie des personnages de Dostoïevski, pour montrer le rôle polémiquement sémiologique de cette fonction de la *description-code-suggestion.* Chez Dostoïevski précisément, à la différence de la *sémiotique sociale occidentale,* on ne peut pas faire dire au visage d'un personnage un autre propos que celui que lui fait tenir son texte. A la sémiotique occidentale, *convention-nelle et truquée,* Fiodor Mikhaïlovitch a voulu objectivement opposer une sémiotique nouvelle, *sincère et vivante,* à l'image de la jeunesse de son peuple.

Ainsi la relation de Dostoïevski à son moi détermine-t-elle une dimension objective de la réalité du monde en constituant un para-mètre de son présent et de son avenir.

CHAPITRE IV

La relation au temps

> *Le temps, le temps montre bien des choses ; seul le temps peut apprécier, définir clairement toute la signification de ces époques de notre vie.*
>
> Lettre à Michel du 19 juin 1840
>
> *Et tempus non erit amplius.*
>
> Apocalypse, X, 6

Si le génie est le principe constructeur de la personnalité de Dostoïevski (*Pour la plupart, nous sommes, nous, Russes, si richement doués que pour avoir une forme convenable, il nous faut avoir du génie — Le Joueur, ch. V*), le temps en est l'ordonnateur.

Pour Dostoïevski, le moi est soumis à la loi impérieuse du temps qui est le cadre de son développement et l'âme de son devenir, mais ce moi est appelé en retour à tenter de maîtriser et de surmonter le temps. Soumis au temps, le sujet apprend à se connaître ; maître du temps, il sait se reconnaître. Si tout change, en un autre sens tout recommence. Le temps est à la fois un facteur apparent d'éclatement de la personnalité et la garantie concrète de son unité. C'est qu'il est le vecteur de toute révélation, plus encore que le Verbe il est la vérité des vérités :

---

* Ce chapitre est publié avec l'aimable autorisation de la *Revue philosophique de Louvain* où il est paru sous forme d'article (*Le moi et le temps chez Dostoïevski*), tome 82, quatrième série, n° 53, février 1984, p. 35-54.

Le temps, le temps montre bien des choses ; seul le temps peut apprécier, définir clairement toute la signification de ces époques de notre
vie.

Lettre à Michel du 19 juin 1840

Dostoïevski a toujours le sentiment de commencer ou de recom-
mencer : rien ne lui est plus étranger que la notion de fin. De là,
sans doute, son besoin instinctif de vie future : la fin du corps ne
peut pas et ne doit pas être la fin de tout, la fin *physiologique*
ne saurait s'accompagner de la fin *spirituelle,* de la fin du moi en
tant que moi, car le fini est à la fois le signe et la condition de l'infini. Aussi bien Dostoïevski n'a-t-il jamais eu de conception
linéaire de l'existence, il en a, pourrait-on dire, *une conception
spatio-temporelle cyclique,* comme s'il avait l'impression de survo-
ler sans cesse à des hauteurs variables la même aire. Il est fatal que
dans ces conditions les coups d'ailes se recoupent tôt ou tard
dans leurs arabesques ouvertes sur l'infini. Cette *négation du
vecteur linéaire commencement-fin* est admirablement exprimée
dans la célèbre *Inscription sur l'album d'Olga Kozlova* [1] en date
du 31 janvier 1873 :

J'ai regardé votre album et je vous ai enviée. Combien d'amis à vous
ont inscrit leurs noms sur ce luxueux album ! Combien de vivants
moments de la vie vécue me rappellent ces feuillets ! Je conserve quelques photographies des personnes que j'ai le plus aimées dans la vie,
— et comment se fait-il ? Je ne regarde jamais ces images : pour moi,
je ne sais pourquoi, souvenir signifie souffrance, et même plus l'instant
de ce souvenir est heureux, plus j'en éprouve de la souffrance. Dans
le même temps, malgré toutes les pertes, j'aime la vie ardemment,
j'aime la vie pour la vie et, sérieusement, je me prépare toujours encore
à *commencer* ma vie : j'ai bientôt cinquante ans et je n'arrive toujours
pas à savoir si je termine mon existence ou si je commence seulement
à vivre. Voilà le principal trait de mon caractère ; peut-être aussi de
toute mon activité [2].

Ainsi donc, il y a comme une dissociation entre deux vies et
deux personnalités : l'une (empirique) s'achève ; l'autre (spirituelle) *commence seulement* ou plutôt recommence sans cesse,
régie par la loi d'un éternel retour non mécanique, sans cesse
différencié. Ce thème du changement et du recommencement
considérés comme non seulement positifs, mais nécessaires est
à la base de la célèbre lettre adressée par Dostoïevski à son frère
Michel quelques heures seulement après le *simulacre* d'exécution
capitale. Fiodor Mikhaïlovitch éprouve comme un tressaillement
somatique de libération, à l'idée d'échapper à une nécessité *définitive* (la mort) par une nécessité *provisoire* (le bagne et l'exil). L'idée
lui vient même que l'on peut échapper au moins partiellement

à cette nécessité contingente *par la vertu de la métamorphose* et que cette dernière suppose en première instance réforme de soi pour aboutir au renouveau de soi :

> Oui, c'est vrai ! La tête qui a créé, qui a vécu de la vie suprême de l'art, qui a réfléchi et assimilé les plus hautes exigences de l'esprit, cette tête est désormais coupée de mes épaules /.../. Mais il me reste mon coeur, il me reste la même chair et le même sang, je peux de la même façon aimer et souffrir et regretter et me souvenir et cela c'est quand même la vie. *On voit le soleil* ! /.../*. Jamais encore je n'avais senti bouillonner en moi de telles réserves, abondantes et saines, de vie spirituelle, comme maintenant /.../. Garde-toi bien, reste en vie, pour l'amour de Dieu, jusqu'à ce que nous nous revoyions. J'espère qu'un jour viendra où nous pourrons nous embrasser et nous rappeler nos jeunes années, notre temps antérieur tout en or, notre jeunesse et nos espoirs qu'à cet instant j'arrache de mon coeur tout saignant pour les enterrer /.../. Lorsque je me retourne sur le passé et que je pense au temps perdu en vain, gâché en errements, en fautes, en oisiveté, en incapacité de vivre, quand je pense au peu de cas que j'en ai fait, aux péchés répétés que j'ai commis contre mon coeur et mon esprit, alors mon coeur se met à saigner. La vie est un don, la vie est le bonheur, chaque minute pourrait être un siècle de bonheur. *Si jeunesse savait* !* Maintenant, en changeant de vie, je renais à une forme nouvelle. Frère ! Je te jure que je ne perdrai pas l'espoir et que je conserverai mon esprit et mon coeur en état de pureté. Je renaîtrai à une forme meilleure. Voilà tout mon espoir, toute ma consolation ! La vie de casemate a déjà suffisamment tué en moi de besoins corporels plutôt impurs ; je m'étais mal préservé auparavant. Maintenant les privations ne me font plus rien ; aussi n'aie pas peur que des difficultés matérielles aient raison de moi. Ca ne peut pas arriver. Ah ! Si j'avais la santé ! /.../. Rappelle-toi ce que je t'ai dit : mesure ta vie, ne la perds pas, organise ton avenir, pense à tes enfants. Oh, te voir un jour, un jour te voir, si cela pouvait arriver ! Adieu ! Maintenant je m'arrache à tout ce que j'avais de cher ; c'est dur de quitter ça ! C'est dur de se casser en deux, de briser un coeur en deux. Adieu ! Adieu !... [3].

* En français dans le texte

Fiodor Mikhaïlovitch aurait sans doute volontiers souscrit à l'analyse faite par le philosophe Ferdinand Alquié de la nature de la mémoire : "Il semble donc que le fondement de la mémoire soit l'association des idées ou, plus exactement, la rédintégration. Un ensemble passé tend toujours à se reconstituer autour d'un de ses éléments : d'où certains rappels mécaniques, d'où la reconnaissance, d'où la localisation. La mémoire apparaît en ce sens comme *une force de mort* (souligné par moi — L.A.) : elle tend à laisser revivre en nous ce qui fut, elle offre à notre pensée des associations toutes faites, des liaisons empruntées à l'expérience antérieure. Ses rapports sont des coïncidences" [4].

Force de mort, le temps restitué par la mémoire est également facteur de culpabilité. Certes chez Dostoïevski toutes les catégories de temps ne sont pas coupables au même titre, et il en est même de parfaitement *innocentes*. Ainsi évoque-t-il dans sa lettre à Michel *nos jeunes années, notre temps antérieur tout en or*. Chez Dostoïevski — et cette remarque atteint sa dimension philosophique au niveau de sa conception de l'évolution de l'humanité — *toute préhistoire est par définition innocente même dans la perspective du péché originel*. Mais, à l'autre extrémité, *le temps présent, celui qui échappe ipso facto à la mémoire, est également présumé innocent*. Temps de la prise de conscience, il est la promesse du renouveau à venir. *Le temps coupable, c'est le passé proche*, c'est-à-dire la seule catégorie de temps qui ne puisse être encore suffisamment maîtrisée pour être récupérée, celle qui prétend faire obstacle à l'aiguillage suivant. C'est cet *entre-deux* que Fiodor Mikhaïlovitch a eu toute sa vie tendance à laisser entre parenthèses et même, à la limite, à *sanctionner*. Cette frange de passé immédiat, corrupteur des promesses que porte l'instant présent, endosse à elle seule *la responsabilité globale*. La relation toute particulière que Dostoïevski entretient avec le temps lui permet de différer le plus longtemps possible la charge de cette responsabilité en la reléguant à des moments privilégiés de *bilan organisé*. Ce bilan est lui-même saisi à travers une perspective dynamique de renouvellement qui permet de remettre l'ardoise à neuf au nom de l'avenir et d'un désir sincère de changement. Dostoïevski fait à cet égard comme le serpent périodiquement peau neuve. *Le serpent subtil* [5], tel est au demeurant le titre d'un des chapitres des *Démons*. Du serpent Fiodor Mikhaïlovitch a en effet la sagacité et la démarche sinusoïdale, sans parler, métaphoriquement, du *sang froid* en certaines grandes occasions.

La vie constitue pour Fiodor Mikhaïlovitch une sorte d'équation permanente : l'instant présent bascule sans cesse dans l'instant à venir et, en deçà de l'instant présent, le passé converge, tel un faisceau, pour éclairer l'instant futur, tout en restant lui-même dans une ombre propice aux arrangements avec la mémoire. La solution permanente de l'équation, c'est *le changement, la métamorphose*. Grâce au changement et à la métamorphose, le passé se trouve occulté dans ce qu'il peut avoir d'embarrassant ou de gênant, et la crise de l'instant présent se trouve résolue. Protégé par les deux *temps parfaits* du vrai bonheur et de la réconciliation avec soi que constituent *le passé éloigné et le futur proche*, Dostoïevski n'a nul besoin de pénaliser outre mesure le passé récent : il se contente de le dépasser, de le déclasser en quelque sorte. Fiodor Mikhaïlovitch a toujours eu une extraordinaire faculté d'*oublier* ce qui le gênait : ce qui est fait est révolu. Mieux encore, ce qui est évoqué, même de façon très allusive et inextricablement enveloppée, est voué à la disparition ou à la déshérence. La moindre énonciation a vertu expiatoire. Le présent doit se garder d'insulter l'avenir, comme il n'a pas le droit de mettre en cause le *vrai* passé. Son rôle est d'être un simple maillon entre deux authentiques réalisations de soi ; sa vocation est de dépérir et de laisser la place. A quoi rimerait, en vérité, de demander des comptes à une tête qui est *désormais détachée de mes épaules ?*

L'instant présent, fût-il par la suite *déclassé*, ne se laisse pas pour autant totalement éliminer. Certes, en devenant le passé, il s'embellit, il se pare de grâces nouvelles, mais parfois il subsiste malgré tout un *déchet* que la mémoire complice s'efforce de refouler dans les limbes. Ce genre de déchet a toutefois une tendance naturelle à vouloir remonter à la surface *sous la forme codée* de motifs musicaux, de visions, d'humeurs, d'associations sensorielles. Dostoïevski a su admirablement décrire ce processus dans un récit romanesque fait oralement en présence de Sophia Kovalevskaïa [6]. Celle-ci le rapporte dans ses *Souvenirs* et ce texte est d'autant plus intéressant qu'il constitue sans l'ombre d'un doute l'un des noyaux de la future *Confession* de Stavroguine et qu'il reflète de façon plus ou moins codée des faits à jamais mystérieux qui se sont produits dans la vie de Dostoïevski et qui *suintent* non seulement à travers son oeuvre, mais surtout à travers les *légendes* qui l'ont entouré jusqu'à sa mort et ont subsisté par-delà sa tombe.

> Parfois, Dostoïevski était très réaliste dans ses propos, oubliant complètement qu'il parlait en présence de jeunes filles. Il lui arrivait de plonger ma mère dans l'épouvante. Ainsi, par exemple, un jour, il se mit à raconter une scène d'un roman qu'il avait conçu encore du temps de sa jeunesse. Le héros, un propriétaire foncier d'âge moyen, avait reçu une éducation solide et raffinée, avait séjourné à l'étranger ; c'était un lecteur de livres intelligents, un acheteur de tableaux et de gravures. Dans sa jeunesse il avait fait la noce, mais ensuite il s'était assagi, s'était pourvu de femme et d'enfants et jouissait du respect de tous.
>
> Un jour, il se réveille dès l'aube, le soleil s'infiltre par les fenêtres de sa chambre ; tout autour de lui est impeccable, de bonne qualité, confortable. Et il se sent lui-même impeccable, respectable à tous points de vue. Dans tout son corps est infusée une sensation de satisfaction et de paix. Comme un authentique sybarite, il retarde le moment du réveil pour prolonger le plus possible cet état agréable de bonheur végétatif complet.
>
> S'étant fixé à une étape intermédiaire entre le sommeil et la veille, il revit en pensées différents bons moments de son dernier voyage à l'étranger. Il voit de nouveau l'étonnant rais de lumière qui tombe

sur les épaules nues de Sainte-Cécile [7] dans la galerie du musée de Munich. De fort intelligents passages d'un livre récemment lu, *De la beauté et de l'harmonie universelles,* lui reviennent aussi à l'esprit.

Soudain, au coeur même de ces rêves et de ces sensations agréables, il commence à éprouver une gêne, quelque chose d'intermédiaire entre une douleur intérieure et une inquiétude. C'est le genre de choses qui arrivent à ceux qui souffrent de vieilles blessures par armes à feu dont on n'a pas extrait la balle : une minute auparavant rien ne fait mal et brusquement l'ancienne blessure vous élance, vous élance et vous élance.

Notre propriétaire foncier commence à réfléchir et à supputer : qu'est-ce que ça pourrait bien être ? Pour avoir mal, il n'a pas mal ; il n'a aucun chagrin. Or on dirait que quelque chose lui gratte le coeur et c'est de pire en pire.

Il commence à croire qu'il doit se rappeler quelque chose, et voilà qu'il fait des efforts et bande sa mémoire... Et soudain, en effet, il s'est souvenu, mais sous une forme si vivante, si réelle, et il a éprouvé de tout son corps un tel dégoût à ce souvenir, que la chose s'était semble-t-il produite hier, et non pas vingt ans en arrière. Or néanmoins, pendant ces vingt ans tout entiers, la chose ne l'avait jamais inquiété de la moindre façon.

Il s'était souvenu qu'une fois, après une nuit de débauche, excité par des compagnons saoûls, il avait violé une fillette de dix ans. Lorsque Dostoïevski eut prononcé ces paroles, ma mère n'eut plus qu'à joindre les mains :

— Fiodor Mikhaïlovitch ! Pitié ! Il y a des enfants ici ! [8] — supplia-t-elle d'une voix désespérée.

Je n'avais pas alors moi-même compris le sens de ce que Dostoïevski avait dit, j'avais simplement compris à l'indignation de maman que ce devait être quelque chose d'affreux [9].

La rédintégration des déchets de la mémoire qui intervient lorsque le contrôle de la volonté se relâche est particulièrement déprimante. Elle détermine une réaction de durcissement, si l'état de veille reste suffisamment vigilant (Raskolnikov au début de l'*Epilogue* de *Crime et châtiment*), ou le plus souvent une situation de *dislocation intérieure* [10], comme par exemple chez *l'anti-héros* des *Notes d'un souterrain* (*A propos de neige fondue*) ou chez le Stavroguine des *Démons*, notamment dans sa *Confession* (*Chez Tikhone*).

A l'autre bout du *voyage involontaire en Sibérie*, c'est-à-dire à la sortie du bagne en 1854, le thème du changement et du recommencement, de la *renaissance*, considérés comme éminemment nécessaires et positifs au départ, en 1849, est envisagé sous les mêmes couleurs et pratiquement dans les mêmes termes. L'accent est mis sur la *déculpabilisation* au sens psychologique et moral. La contrainte subie a été bonne et salutaire, elle a permis à une personnalité en crise de se redresser, de se réhabiliter face à elle-même :

Seul moralement, je réexaminais toute ma vie passée, j'analysais tout jusqu'aux moindres détails, je m'enfonçais par la réflexion dans ce passé, je me jugeais d'une façon implacable et sévère et j'en arrivais à certains moments à bénir le sort de m'avoir envoyé cette solitude, sans laquelle n'auraient pu se produire ni ce jugement sur moi-même, ni cette révision sévère de ma vie antérieure [11].

Et voici que grâce étant rendue au changement ainsi intervenu, c'est le recommencement sur d'autres bases qui se trouve maintenant glorifié :

Et quelles espérances firent alors battre mon coeur ! Je croyais, je décidais, je me jurais que ma vie à venir ne connaîtrait plus ni ces fautes, ni ces chutes de jadis. Je me traçai tout un programme d'avenir et résolus de le suivre fermement ; une foi aveugle naquit en moi que j'exécuterais tout cela et que je pouvais l'exécuter... J'attendais, j'appelais au plus vite la liberté : je voulais m'éprouver à nouveau, dans un nouveau combat. Par moments, j'étais pris d'une impatience fébrile /.../. Oui, à la grâce de Dieu ! La liberté, une nouvelle vie, la résurrection d'entre les morts... Quel instant merveilleux ! [12]

Sévèrement condamné en première instance, le passé proche redevient, par la vertu d'un de ces retournements dialectiques dont Dostoïevski a le secret, un élément d'appréciation positif : c'est ce passé-là qui, *en raison même de ses fautes et de ses chutes,* devient la pierre angulaire d'une construction nouvelle au nom de laquelle il faut *bénir le sort.* En épurant et en transformant le passé, l'avenir rachètera ce passé dont il est indirectement le produit. Le présent a pour rôle d'offrir sa garantie et de donner sa bénédiction à l'opération de *conversion du passé.* De même que chez Dostoïevski la critique de soi est la première instance de la justification de soi, la critique du passé est la première instance de la récupération du passé. Fiodor Mikhaïlovitch est un homme qui garde tout et ne jette rien. Au lieu de renier ou d'expulser, il déclasse dans un premier temps le matériau gênant, avant de le sublimer *alchimiquement* grâce à une opération stratégique de synthèse et de reconversion. Sur ce plan, Dostoïevski est aux antipodes psychologiques d'un Chatov, l'un des personnages des *Démons* :

J'ai compris [13], j'ai compris. Si j'ai insisté, c'est parce que j'aime beaucoup notre ami, *notre irascible ami**, et me suis toujours intéressé... A mon avis, cet homme a trop brusquement changé ses anciennes idées, peut-être un peu trop jeunes, mais justes néanmoins. Et il profère maintenant tant de choses extravagantes sur *notre sainte Russie**, que j'attribue depuis longtemps cette cassure dans son organisme — impossible de s'exprimer autrement — à quelque crise survenue dans sa vie de famille, plus exactement, à son mariage malheureux...

Les Démons, I, III, 4

**En français dans le texte.*

Il est vrai que Chatov

> était un de ces idéalistes russes, qui, illuminés soudain par une immense idée, en sont restés comme éblouis, souvent pour toujours. Ils ne parviennent jamais à dominer cette idée, ils y croient passionnément, et dès lors toute leur existence n'est plus, dirait-on, qu'une agonie sous la pierre qui les a à demi écrasés.
>
> *Ibid.*, I, I, 8

Fiodor Mikhaïlovitch est tout le contraire d'un Chatov : chez lui précisément *il n'y a jamais de cassure.* C'est un pragmatique doublé d'un expérimentateur professionnel. C'est un dégustateur d'idées, comme il y a des dégustateurs de vin. Pour lui, une situation, une action ou une idée ne sont ni bonnes ni mauvaises en elles-mêmes. On en juge d'après leurs résultats et leurs fruits. Une action apparemment mauvaise peut s'effacer et même être considérée comme positive *au point qu'on puisse en remercier Dieu,* si elle est génératrice de création au sens large du terme. Chez Dostoïevski, il existe une sorte de primat de la notion de créativité, identifiée pour l'essentiel à la notion de valeur. Une telle morale à fondement *esthétisant* ne va pas naturellement sans une certaine dose de *laxisme* au moins apparent.

Cette relation psycho-idéologique au temps éclaire en particulier toute son attitude vis-à-vis de son passé de *petrachévien* [14], qu'il n'a jamais condamné, ni renié en tant que tel, même si en effet Dostoïevski a profondément évolué par la suite. Cette même relation éclaire tout son comportement de joueur impétinent. Dans les deux cas, le rôle de l'avenir est encore et toujours de *rattraper le passé,* ce qui dispense tout naturellement d'avoir à se dédire de ce passé *sans lequel la sève de la création ne serait pas montée aussi haut dans l'arbre* ; sans cette sève au demeurant, l'organisme aurait été en effet mutilé, comme celui de Chatov, la vie aurait été coupée en deux ou tronçonnée en plusieurs morceaux. Il y aurait eu par voie de conséquence *tragédie de la création,* alors que Dostoïevski, même malheureux dans l'existence, a été l'un des créateurs les plus heureux qui se puisse imaginer, bien plus heureux par exemple qu'un Tolstoï. Il n'y a pas, de surcroît, dans la vie de Fiodor Mikhaïlovitch de temps forts que l'on puisse opposer à des temps ordinaires. Si tant est que *l'ordinaire* soit une notion dostoïevskienne, il ne diffère pas qualitativement ni substantiellement de *l'exceptionnel* : seul varie le diapason, l'oscillateur reste le même.

Dostoïevski emprisonné à la forteresse Pierre-et-Paul, Dostoïevski au bagne, puis relégué en Sibérie, Dostoïevski joueur, Dostoïevski écrivain, Dostoïevski au quotidien vivent en fonction des mêmes mécanismes, en fonction d'une même analyse du temps. Ces mécanismes de *vivisection du temps* se perçoivent concrètement, deviennent étonnamment palpables dans ses fameuses *lettres de la roulette* qu'il envoie à sa femme Anna Grigorievna quand il s'absente pour aller jouer. Ainsi dans la lettre écrite le 4 avril 1868, à neuf heures et demie du soir, comme il le précise aussitôt au-dessous de la date : Fiodor Mikhaïlovitch arrête toujours la pendule à l'heure des bilans !

... Et en premier lieu, sache, mon ange, que s'il ne s'était pas produit maintenant, ce sale et vil événement, cette perte de 220 francs pour rien, il n'y aurait peut-être pas eu l'étonnante, la superbe pensée qui m'a rendu visite maintenant, et qui va servir à *notre salut commun* définitif ! Oui, mon amie, je crois que peut-être Dieu, dans son infinie miséricorde, a fait cela pour moi, vil débauché et misérable petit joueur, pour me ramener à la raison et me sauver du jeu, sauvant par là-même Sonia et toi, nous tous, pour tout notre avenir !

Ecoute donc.

Cette pensée s'était vaguement présentée à moi, avant même que je parte pour venir ici ; mais elle n'était pas bien claire et je n'aurais eu aucune raison de la réaliser, s'il n'y avait pas eu cette *secousse*, s'il n'y avait pas eu cette perte inqualifiable de nos dernières miettes. Et maintenant, je vais la réaliser. Je t'avouerai que j'ai même tardé d'écrire à Katkov [15], ce qu'il aurait fallu faire depuis déjà une semaine (pour m'excuser à cause de mon retard). J'attendais le résultat de mon voyage ici /.../. Dans cette lettre, je lui expliquerai sur un ton tout à fait direct et sincère toute ma situation. Cette lettre sera à ce point franche et droite que, me semble-t-il, je n'aurai aucune peine à l'écrire /.../. Je vivrai dans la solitude complète jusqu'à la fin de mon roman. La solitude et la tranquillité me sont pour cela nécessaires /.../. Tout espoir est dans ce roman [16] et dans son succès. Je veux y mettre mon âme et peut-être aura-t-il du succès. Alors tout mon avenir sera sauvé /.../. Ainsi je lui écrirai : c'est de vous, Michel Nikiforovitch, que dépend tout mon avenir ! Aidez-moi maintenant à bien finir ce roman (et il me semble qu'il sera bon), soutenez-moi maintenant /.../. Ania, ma chérie ! Je ne sais pas ce que tu en penseras, mais moi, *toute cette présente idée* me plaît. Katkov m'aidera sûrement, j'en suis persuadé, j'en suis certain /.../. Mais conviens-en, conviens-en, ô ma joie, que s'il n'y avait pas eu maintenant cette lamentable perte au jeu, je ne me serais pas décidé à faire ce *pas* qui nous libérera de tout et que je considère maintenant comme sûr. Seigneur, mais peut-être faudra-t-il encore remercier Dieu pour cet accident qui m'a maintenant définitivement fixé sur mon seul espoir, mon travail /.../. Et si tu savais comme tout cela m'a maintenant tranquillisé brusquement et avec quelle foi et quel espoir je vais écrire demain ma lettre à Katkov. Ce ne seront plus les lettres d'avant ! Je me sens maintenant si allègre, si allègre ! /.../. Elle (cette merveilleuse pensée) m'est venue à 9 heures ou aux environs de 9 heures, alors que j'avais tout perdu et que j'étais parti me promener dans l'allée. (C'est la répétition exacte de ce qui s'était passé à Wiesbaden [17] lorsque, après avoir perdu, j'ai imaginé *Crime et châtiment* et pensé à nouer des relations avec Katkov. C'est le destin ou c'est Dieu).

Ainsi, à *neuf heures et demie du soir,* le nouveau présent qui n'est déjà plus le passé immédiat purifie ce dernier en le transformant en source d'avenir créateur et générateur de bien, avenir qui coïncide parfaitement avec le passé éloigné (*C'est la répétition exacte de ce qui s'est produit à Wiesbaden*). Ainsi la boucle du temps se trouve-t-elle une fois de plus bouclée, en dessinant une arabesque parfaite et en escamotant au passage l'insignifiant accident (*la perte inqualifiable de nos dernières miettes*).

Le critique Strakhov qui a longuement et assidûment fréquenté Dostoïevski (en gros, pendant les vingt dernières années de sa vie), a fini par interpréter ce genre d'accomodements avec le temps comme une lacune grave du sens moral. Selon Strakhov, il manquait à Fiodor Mikhaïlovitch une case morale essentielle : celle du *repentir.*

> ... Même une minute de repentir véritable peut tout effacer ; et si je me souvenais de quelque chose de semblable chez Dostoïevski, je lui pardonnerais et me réjouirais pour lui [18].

> Comment un changement peut-il se produire chez un homme, lorsque rien ne peut pénétrer dans son âme au-delà d'une certaine limite ? Je dis bien : rien, au sens exact du terme ; c'est ainsi que cette âme m'apparaît [19].

Il n'est pas niable que le problème de la relation de Dostoïevski au repentir peut constituer, par approfondissement de l'analyse, une approche intéressante de la personnalité de Fiodor Mikhaïlovitch.

Que constatons-nous dans l'univers romanesque de Dostoïevski ? C'est un *privilège* de ses personnages principaux que d'ignorer le repentir et de ressusciter (hypothétiquement, il est vrai) en sautant cette case. Ainsi Raskolnikov reçoit-il de l'auteur non pas le repentir, mais un songe, une révélation onirique des conséquences qu'entraîneraient ses principes, s'ils étaient appliqués à l'échelle de toute l'humanité :

> Oh, si le sort lui avait envoyé le repentir, un repentir brûlant, brisant le coeur, chassant le sommeil, un de ces repentirs dont les tourments effroyables font miroiter devant vous la corde ou le gouffre ! Oh, combien il l'aurait accueilli avec joie ! Les tourments et les larmes, c'est aussi la vie. Mais il n'avait aucun repentir de son crime.
>
> *Crime et châtiment, Epilogue*

C'est au contraire une *caractéristique* des personnages secondaires que, précisément, de se repentir. Ainsi le Gania Ivolguine de *L'Idiot (IV, I)* :

L'aveu qu'il se faisait noblement à lui-même que toute son angoisse n'était que de la vanité continuellement foulée aux pieds lui était un terrible tourment. Ce ne fut qu'après un long temps qu'il vit clair et qu'il se convainquit de la tournure sérieuse qu'auraient pu prendre les choses avec une créature aussi innocente et aussi singulière qu'Aglaé. Le remords le rongeait ; il quitta son service et se plongea dans l'ennui et le découragement.

Le repentir suppose dans tous les cas que l'on se réfère à une certaine discipline de vie : il exprime la conscience douloureuse de l'écart commis et traduit l'ardent désir de revenir à la règle transgressée. Le repentir signifie donc retour en arrière par rapport à une norme fixe. Or chez Dostoïevski on ne trouve jamais qu'une esquisse de retour, aboutissant presque immédiatement à un bond en avant, à une projection de soi dans le futur. D'autre part, en fonction d'une conception du temps essentiellement dynamique et projective, il estime que l'homme véritable doit, tout au long de sa vie, se référer à des normes variables s'il veut rester libre. Le repentir a pour effet de bloquer le temps : il n'assure pas l'ouverture de l'âme vers un progrès possible. Autrement dit, il est stérilisant ; il est l'expression d'une conscience faible qui, incapable de se mettre réellement en jeu et en question, préfère se retrancher dans une position finalement commode, passive, qui n'exige aucun effort particulier. Dostoïevski qui, dans son non-repentir, n'excluait pas au demeurant quelques remords superficiels et passagers, devait flairer dans cette notion même de repentir un parfum de catholicisme latin, d'esprit jésuite. De toute évidence, ce n'était pas pour lui une idée vraiment russe, digne de *la vastitude de l'homme russe* [20].

Dostoïevski n'a jamais aimé la discipline ; il est toujours resté sceptique quant à ses résultats concrets. Aussi récuse-t-il les normes objectives, c'est-à-dire les normes imposées de l'extérieur. Le fond de sa pensée sur ce sujet transparaît dans sa polémique de 1880-1881 avec K-D. Kaveline [21], historien et publiciste libéral :

> Les idées morales existent. Elles surgissent du sentiment religieux, mais ne peuvent jamais être justifiées par la seule logique /.../. Les idées morales *existent* (l'ordre du coeur, l'ordre du Christ), mais quant à prouver qu'elles sont morales, c'est impossible... [22]

En l'absence de normes qui puissent se justifier ou se prouver objectivement, Dostoïevski a naturellement recours à l'ordre de la transcendance, au lien direct avec elle : *C'est le destin ou c'est Dieu*, comme il l'écrit à Anna Grigorievna le 4 avril 1868. En l'absence d'une autodiscipline qui *ne peut jamais être justifiée par la seule logique,* la nécessité d'un juge-arbitre *personnel* se fait périodiquement sentir. Ce juge-arbitre n'est pas, quoi qu'ait voulu croire ou faire croire Dostoïevski, la collectivité au milieu de laquelle il vivait, n'est pas ce peuple russe dont il se disait *frère* au sortir de son expérience sibérienne. Dans le jugement potentiel qu'il est toujours prêt à porter sur lui-même, Fiodor Mikhaïlovitch ne se réfère à aucune autorité *humaine*, si prisée soit-elle. Ce statut de solitaire, interlocuteur direct et privilégié *du destin ou de Dieu,* est l'un des aspects les plus *orgueilleusement signifiants* de la personnalité de Dostoïevski.

Si Fiodor Mikhaïlovitch *ignore le repentir*, c'est aussi pour un motif plus empirique, plus pragmatique : psychologiquement, sinon moralement, il s'engage tout entier dans le moindre de ses actes ; son investissement dans l'être et dans l'action est total au niveau de chaque détail. Chaque manifestation de lui-même a valeur égale d'expression de sa personnalité. Il lui paraît naturel et normal d'assumer tous les accidents de sa propre essence. Du strict point de vue de la nécessaire cohérence avec soi-même, le repentir et le reniement (deux notions étonnamment confondues chez Fiodor Mikhaïlovitch) sont un non-sens qui recèle de surcroît les plus grands risques. Se dédire de soi, c'est s'auto-mutiler ; pire qu'un crime, c'est une faute. C'est reconnaître que l'on ne savait pas ce que l'on faisait. C'est nier ce qui a été, c'est tronquer la perspective et se tromper de jugement. Seule la somme des actes définissant la totalité d'un comportement peut être objet de sentence : *les sous-ensembles flous* intègrent les accidents de parcours sans prétendre à l'autonomie d'une sanction. Seule une vie entière a un sens, qui est global et rétrospectif. Tout événement particulier n'a de signification qu'ultérieure et ultime, par rapport au tout achevé. Il y a chez Dostoïevski à tous les niveaux de la représentation et de l'analyse *primat de la catégorie de totalité par rapport aux parties, le tout n'étant effectivement pas égal à la somme des parties.* Le monde et l'individu évoluent beaucoup plus qu'il ne changent : Fiodor Mikhaïlovitch n'échappe pas à cette règle. La ligne brisée de son comportement est demeurée toute sa vie organiquement soudée, ce qui rend aléatoire toute tentative de *périodisation* de son existence, d'opposition d'une phase à une autre. Les variantes et les leitmotive ne sont là que pour mieux illustrer l'unité de la partition.

Cette partition ne va pas naturellement sans discordances, ni sans couacs. Le non-repentir n'exclut pas une certaine forme d'attitude de vigilance critique à l'égard de soi-même, de condamnation ponctuelle de telle ou telle mauvaise action. Aussi bien Dostoïevski procède-t-il périodiquement à des bilans qui sont autant de réajustements pragmatiques au sein d'une conception d'ensemble du moi dans le temps. Le moi présent a d'autant moins d'autorité sur le moi passé qu'il n'est qu'un moi en sursis. Fiodor Mikhaïlovitch connaît certes des *moments* d'auto-dénigrement comme il connaît des *moments* d'auto-glorification, mais il ne s'agit là que d'*oscillations* par rapport à un moi constant, au centre plus structuré et plus dur, finalement plus harmonieux qu'on ne l'estime généralement. Sur le fond, Dostoïevski ne se renie jamais, et sur la forme il s'assume toujours pleinement. C'est un des secrets fondamentaux de sa personnalité que de rester fidèle à lui-même à travers des sincérités successives et apparemment contradictoires. Cette persistance et cette persévérance dans l'être, fidèles aux intuitions et aux impulsions initiales [23], permettent d'échapper aux perpétuelles tentations de dissociation que secrète peu ou prou la dispersion temporelle. Il n'est pas exclu, au demeurant, que Dostoïevski ait été amené à accentuer et à systématiser sa propre cohérence par réaction contre l'excès de diversité, la multitude de personnages qu'il sentait en lui, et en faveur de la personne unique et irremplaçable qui réclamait instamment ses droits.

Strakhov a été le premier, sinon le seul, à noter la présence chez Fiodor Mikhaïlovitch d'un principe d'intangibilité : il existerait bel et bien selon lui — et nous faisons nôtre son analyse — une sorte de *noyau dur au centre de son moi* qui échapperait à l'emprise du temps et à ses pièges :

> On voyait se manifester en lui avec une extraordinaire clarté un dédoublement de nature particulière qui consistait en ceci : l'homme s'abandonne avec beaucoup de vivacité à certaines pensées et certains sentiments, mais garde dans l'âme un point de vue immuable et hors d'atteinte, à partir duquel il se regarde lui-même et regarde ses pensées et ses sentiments. Il parlait lui-même parfois de cette propriété et l'appelait *réflexivité*. La conséquence d'une telle structure mentale est que l'homme garde toujours la possibilité de juger ce qui emplit son âme ; que différentes dispositions d'esprit et différents sentiments peuvent défiler dans son âme sans la posséder totalement et que, de ce centre mental profond, émane une énergie qui vivifie et transforme toute l'activité et tout le contenu de l'esprit et de la création [24].

Cette *réflexivité*, ce *centre mental profond*, ce *point de vue immuable et hors d'atteinte* irradient les zones essentielles de l'être chez Dostoïevski : la vie intellectuelle et affective, la création. Sous les apparences du désordre et de l'agitation, Fiodor Mikhaïlovitch est en réalité étonnamment centré, concentré sur lui-même. Stavroguine jette *a posteriori* une intéressante lueur sur ce type de comportement en écrivant dans sa lettre d'adieu à Dacha :

> Le généreux Kirillov n'a pu supporter son idée et il s'est fait sauter la cervelle ; mais je vois bien qu'il était généreux parce qu'il n'avait pas toute sa raison. Jamais je ne peux perdre la raison et jamais je ne pourrai croire en une idée comme lui...
>
> *Les Démons, Conclusion*

Jamais, en effet, Dostoïevski *ne peut perdre la raison*, comme *jamais*, au demeurant, il *ne peut croire en une idée* jusqu'au bout. Là est le secret de la conservation et de la sagesse cachée de Fiodor Mikhaïlovitch . Aux pires moments de son existence, c'est la présence de ce *centre mental profond* qui l'a gardé et l'a sauvé. Ce noyau dur, situé hors du temps et de son emprise, lui a permis dans les instants critiques de redresser la barre prête à lui échapper.

L'ataraxie en profondeur de Fiodor Mikhaïlovitch se manifeste dès les lettres adressées à son frère Michel depuis la forteresse Pierre-et-Paul où il attend de passer en jugement :

> Je ne désire qu'une seule chose, la santé ; l'ennui, ça passe, et puis une bonne disposition d'esprit ne dépend que de moi seul.
>
> *Lettre à Michel du 18 juillet 1849*

Voici Dostoïevski partant pour le bagne :

> ... Et en quatre traîneaux, précédés par un courrier impérial, nous quittâmes Saint-Pétersbourg. J'avais le coeur lourd et sous l'afflux de sensations variées j'éprouvais une sorte de vague à l'âme, je me sentais dans un état indéterminé. Mon coeur vivait dans une espèce d'agitation, et pour cette raison il me faisait mal, habité qu'il était par une sourde angoisse. Mais l'air vif me ranima et comme on éprouve habituellement avant chaque nouveau pas dans la vie une sorte d'animation et de vigueur, j'étais au fond de moi fort calme et je regardais fixement Saint-Pétersbourg en passant devant les maisons éclairées pour la fête, et en prenant congé de chacune d'elles en particulier.
>
> *Lettre à Michel du 22 février 1854*

Voici Dostoïevski réchappé du bagne :

> L'éternelle concentration en moi-même, dans laquelle je me réfugiais loin de l'amère réalité a porté ses fruits.
>
> *Ibid.*

Voici Dostoïevski veillant le corps de sa première femme, Maria Dmitrievna Issaïeva, et improvisant de nuit un traité sur l'immortalité de l'âme :

> 16 avril. Macha repose sur la table. Reverrai-je Macha ? Aimer un être humain *comme soi-même*, selon le précepte du Christ, est impossible. La loi de la personnalité nous lie sur terre, le *moi* fait obstacle... [25].

Voici enfin Dostoïevski à la roulette, ruinant sa famille et ses derniers espoirs :

Tu n'as absolument aucun souci à te faire pour moi. Ma santé est *excellente*. Ce désordre nerveux que tu crains en moi, n'est que physique, mécanique ! Ce n'est pas d'un ébranlement moral qu'il s'agit. Cet état, c'est ma nature même qui le réclame, je suis ainsi fait. Je suis nerveux, je ne peux jamais être tranquille, même sans ça !

Lettre à Anna Grigorievna du 22 mai 1867

Cet homme de lave, aux tumultueuses passions, recèle quelque part en lui-même un centre adamantin, à l'éclat froid, aux facettes coupantes. Fiodor Mikhaïlovitch est en profondeur un homme de calcul, précis, méticuleux, *un inventeur de théories et de systèmes* qui doivent piéger le jeu, la vie, la mort. Et s'il arrive en effet que ce *centre de calcul* soit souvent balayé par les tempêtes du coeur, sa pérennité n'est jamais remise en cause : c'est lui qui assure la cohérence de l'éternel expérimentateur.

Piéger le temps, telle a été, entre autres, l'une des obsessions majeures de cet homme de divertissement. Dostoïevski a appris à jouer avec le temps, il a toujours plus ou moins cherché à l'intérioriser pour le dominer :

> — ... S'il savaient qu'ils sont heureux, ils seraient heureux ; mais tant qu'ils ne savent pas qu'ils sont heureux, ils ne sont pas heureux. Voilà toute l'idée, l'idée tout entière, et il n'y en a pas d'autre.
> — Quand avez-vous découvert que vous étiez heureux ?
> — La semaine dernière, mardi, non, mercredi, car c'était déjà la nuit.
> — A quelle occasion ?
> — Je ne m'en souviens pas. Je marchais de long en large dans la chambre... Qu'importe ! J'ai arrêté ma montre : il était deux heures trente-cinq.
> — Comme signe que le temps devait s'arrêter ?
> Kirillov ne répondit pas.
>
> *Dialogue entre Kirillov et Stavroguine, Les Démons, II, I, 5*

Ces recherches et ces expériences sur le temps sont tout à fait dans la ligne de celles que Fiodor Mikhaïlovitch poursuivait personnellement. On en trouve déjà le germe dans les lettres qu'il écrivait à son frère Michel depuis la forteresse Pierre-et-Paul :

> La vie est un don, la vie est le bonheur, chaque minute pourrait être un siècle de bonheur.
>
> *(22 décembre 1849)*

> D'une façon générale, mon temps s'écoule d'une façon extraordinairement inégale, ou bien il passe trop vite, ou bien il traîne.
>
> *(18 juillet 1849)*

Dans la perspective de Dostoïevski l'homme mesure le temps aussi bien qu'il est mesuré par lui. Fiodor Mikhaïlovitch saisit son moi comme une sorte de substance fixe, peu sensible aux modifications et aux changements, mais insérée dans le flux capricieux et fascinant du temps. En présence de ce flux, deux types de relation sont possibles.

Une première relation au temps consiste à le subir, malgré le risque évident pour le sujet d'aliéner au moins partiellement sa propre identité. A le subir et même à le provoquer s'il ne va pas assez vite, à l'accélérer pour l'obliger à dévoiler ses batteries : savoir plus vite, savoir le plus tôt possible, échapper à une intolérable incertitude, sont des tentations permanentes. Un temps ralenti comporte pour l'âme un danger de déstructuration.

La deuxième relation est à l'opposé de la première : elle consiste à refuser de se laisser mesurer par le temps (le refus de toute mesure externe est une donnée immédiate de la personnalité de Fiodor Mikhaïlovitch) pour tenter au contraire d'en être la mesure. De là le désir constant chez lui d'intérioriser le temps, de l'intérioriser pour le maîtriser, de le maîtriser pour le dépasser. Plutôt que de se laisser déstructurer par le temps, il était tentant de déstructurer le temps lui-même en démultipliant à l'infini ses rythmes et ses durées : il y a le *temps fou* que rien, semble-t-il, ne peut arrêter ; le *temps mort* qui est comme la préfiguration du *temps arrêté*, du *temps aboli* promis par l'Apocalypse (prédiction qui n'a cessé d'obséder l'esprit de Fiodor Mikhaïlovitch) ; le *temps pointu* ou la *fulgurance de l'instant* qui permettent d'intégrer l'éternité, c'est-à-dire d'insérer l'infini au coeur du fini. *La notion de qualité, c'est-à-dire d'intensité, devient concurrente de celle de quantité, c'est-à-dire de durée aveugle* et finit même par la supplanter.

Mais l'écoulement du temps n'est pas niable et le vertige qu'en éprouve Dostoïevski tient à cette double mesure qu'il lui donne *simultanément* : celle du *tourbillon* et celle de l'*immobilité*. Entre ces deux extrêmes, le temps paraît se dissoudre ou plus exactement s'enfouir, à l'image de ces rivières souterraines dont les eaux résurgentes ne ressortent tout à coup qu'en des points secrets d'émergence. L'éclatement kaléidoscopique du temps, comme donnée fondamentale de la perception de Dostoïevski, explique et conditionne la philosophie du temps qui lui est propre : il est en quelque sorte le *théoricien des deux temps*. Le présent signifie dissociation, éclatement, souffrance ; il est le temps de la crise, de l'attente, de l'incertitude et de l'angoisse, à moins qu'il ne nie sa contingence au profit d'un instant privilégié, détaché du flux inexorable qui corrode tout. Le passé et le présent ont, quant à eux, une valeur identique : ce sont des temps *pleins,* des temps *parfaits* par rapport à ce temps éminemment *imparfait* que constitue le présent. Ils signifient la réconciliation, l'unité, l'intégrité

et l'identité retrouvées. Le passé et le futur sont des temps maî-
trisés, alors que le présent ne cesse de se dérober et cherche, tel
Pluton, à faire descendre sa victime aux enfers. Dostoïevski est
par nature profondément *passéiste* et, dans la même mesure,
il est profondément *futuriste*. Durement et contradictoirement
engagé dans le présent, il est toujours porté à idéaliser le monde
d'où il vient et le monde tel qu'en lui-même enfin il se changera.
La *double venue symbolique du Christ* sur la terre, destinée à
commencer et à clore les temps, encadrait de ses parenthèses
mystiques un éternel présent irrémédiablement condamné à
disparaître. Ce schéma temporel était bien fait pour séduire
l'imagination d'un Fiodor Mikhaïlovitch quotidiennement aux
prises avec le temps-Léviathan.

La nature très particulière de la mémoire de Dostoïevski, expli-
cable en partie par son état d'épileptique, ne justifie pas à elle
seule la carence chez lui de la mesure chronologique : elle est
elle-même le reflet de sa perception du temps. La clé de la réflexion énigmatique de Stravroguine *tous les calendriers mentent*
(*Les Démons, III, III, 1*) est incontestablement autobiographique.
Le temps des calendriers est un temps irréel, faux, qui distille
à l'âme le poison mortel de l'ennui. Pour Dostoïevski *le temps
s'écoule d'une façon extraordinairement inégale (Lettre à Michel
du 18 juillet 1849)* : il est une succession, une alternance de traits
plats, qui sont des temps morts, et de points au coeur desquels la
concentration de la sensation et de l'expérience vécue atteint
une densité presque insoutenable. Fiodor Mikhaïlovitch vit intensément, ponctuellement et secrètement entre de longues plages de
temps suspendu. La vie, tout comme l'action romanesque qu'elle
reflète, avance par bonds à l'intérieur de zones de stagnation. Ce
temps qui ne procède que par zigzags n'est que la matérialisation
extérieure et approximative de la durée qui, elle, est une donnée
immédiate de la conscience, une expérience strictement intime.
C'est la densité qui est la véritable mesure spirituelle du temps qui,
détaché du sujet, n'est que le *temps menteur des calendriers*.
A ce niveau, le rapport siècle-minute peut parfaitement s'inverser :
une minute peut durer, c'est-à-dire valoir plus qu'un siècle. Cette
inversion des rapports mathématiques est la clé du *mystère des
temps et des délais* :

> Et ainsi soit-il, ainsi soit-il, même si cela ne devait arriver qu'à la fin
> des siècles, car cela seul doit s'accomplir ! Et il ne faut pas se laisser
> troubler par le mystère des temps et des délais, car ce mystère appar-
> tient à la sagesse de Dieu, à Sa prescience et à Son amour. Et ce qui,
> dans le calcul de l'homme, peut paraître encore éloigné est peut-être,

par la prédestination divine, à la veille de s'accomplir, est peut-être à nos portes. Et ainsi soit-il, ainsi soit-il !

Les Frères Karamazov, I, II, 5

La maîtrise du temps comme expression particulière de la maîtrise du sujet était chez Dostoïevski une des conditions essentielles d'accès au bonheur d'être soi. Ce *bonheur* n'a pas échappé à l'oeil sagace de Strakhov, mais il l'a, semble-t-il interprété à contresens :

Lui-même se considérait à l'instar de Rousseau comme le meilleur et le plus heureux des hommes [26].

C'est pourtant le même Strakhov qui dans ses *Souvenirs sur F.M. Dostoïevski* avait trouvé sans le savoir la clé de ce bonheur qui n'est ni physique, ni moral, mais spirituel : autant la relation de Fiodor Mikhaïlovitch à son moi du divertissement (au sens pascalien) est variable, autant la relation à son moi profond est stable. La sensation de bonheur procède de cette stabilité et de ce contraste à la fois.

Parlant de son être inséré dans le flux du temps et l'envisageant sur le plan affectif et physique, juge lucide de sa maladie, de ses défauts, de ses émotions — *qui l'auraient rendu pitoyable et ridicule s'il n'avait été de surcroît si méchant et si intelligent* Strakhov *dixit)* [27] —, Dostoïevski semble toujours évoquer quelqu'un d'autre, une sorte de frère indigne, qu'il faut supporter et sur lequel on doit veiller (en attendant, éventuellement, de le réhabiliter). Il ne se sent pas réellement concerné par les faits et gestes de cet autre, même s'il doit les assumer comme un legs inaliénable.

Mais celui qui s'envisage ainsi comme double est un moi réflexif parfaitement construit et intérieurement harmonieux qui universalise hors du temps et réconcilie les potentialités associées de l'être et de l'univers dans une symbiose proche de la perfection. *Tête parfaite et parfait diadème.* C'est cette tête-là, c'est ce moi-là qui éprouvent le bonheur d'être ce qu'ils sont, partout, en toutes circonstances. Il suffit d'un presque rien pour être heureux, et se suffire à soi-même, une fois ce minimum matériel assuré, est la chose la plus naturelle du monde :

... On m'a de nouveau autorisé les promenades dans le jardin, où il y a presque dix-sept arbres. Et c'est pour moi tout un bonheur. En outre, je peux avoir maintenant une bougie le soir et voilà un autre bonheur.

*Lettre de la forteresse Pierre-et-Paul
à son frère Michel, 27 août 1849*

C'est le bonheur d'être total, car c'est le bonheur de l'être total. Tout procède et émane de lui : il ne peut jamais compter que sur lui-même. L'être à vocation universelle ne peut au demeurant qu'être solitaire : cette solitude est comme un reflet de l'éternité en lui.

Chapitre V

Le subjectif et l'objectif

> *L'homme est la mesure de toutes choses.*
>
> Protagoras, cité par Diogène Laërce, Vies, doctrines et sentences des hommes illustres, 9, 51.
>
> *... Non seulement l'original n'est pas "toujours" un cas particulier, mais c'est souvent lui, en fait, et nul autre, qui détient la quintessence du tout...*
>
> Dostoïevski, Avant-propos aux Frères Karamazov

Dostoïevski a passé sa vie à opposer son moi, sa vérité, aux autres moi et aux autres vérités. On éprouve le sentiment que cette notion d'opposition est essentielle et cruciale. Tout se passe comme si l'affirmation du moi de Fiodor Mikhaïlovitch et de sa vérité restait subordonnée à l'inacceptation de principe du moi et de la vérité des autres ; comme si Dostoïevski ne se déterminait en fin de compte qu'*a posteriori*, échappant ainsi au piège d'une opposition stérile au monde extérieur. Le principe de sa démarche — créateur et dynamique — est l'*insatisfaction* à l'égard de tous et de tout et aussi, naturellement, à l'égard de lui-même. Il ne s'élimine pas de sa propre méthode, comme voulait l'insinuer Strakhov, il ne s'exempte pas de ce nouveau discours plus cartésien qu'il n'y paraît, nouvelle *Méditation* à l'usage des temps modernes caractérisés par les progrès foudroyants de la science et de la technique. Lui aussi, il se révoque en doute : il est en procès avec lui-même, comme il est en procès avec les autres. Eternellement exigeant et méfiant, il traque partout la fraude, la supercherie, la fausseté, partout et jusqu'en lui-même. Dostoïevski est un homme sans complaisance d'aucune sorte : ce qu'il fait, pense et dit, a été brûlé au grand feu des épreuves, des expériences et des illusions qui ont marqué non seulement son siècle, mais plus de deux mille ans d'histoire. En fin de compte, il s'oppose moins au monde qu'il n'oppose le monde au monde lui-même. De même, il n'oppose pas simplement son moi au moi des autres, il oppose aussi son moi à son moi. Tout Dostoïevski est dans ces confrontations dialectiques qui font moins jaillir d'hypothétiques vérités que de salubres viatiques contre les mensonges et les erreurs qui menacent la condition humaine dans son progrès, sinon dans sa survie même. La personnalité de Fiodor Mikhaïlovitch constitue à cet égard une sorte d'immense réactif qui fait vivre et éclater la personnalité d'autrui, tout en permettant d'analyser les accidents de l'histoire. C'est cela le dépassement du subjectif chez Dostoïevski, c'est cela son *universalisme*. Et comme symboliquement, cet universalisme s'exprime esthétiquement et stylistiquement par la décomposition systématique des circonstances de l'affirmation : il énonce, puis relativise, minimise et se retire sur la pointe des pieds. Tout comme l'individu, l'énoncé n'est pas une fin, mais un moyen, une partie, un élément du Tout.

Malgré toute son immense réticence à l'égard de Dostoïevski [1], Tolstoï ne pouvait s'empêcher de reconnaître cet universalisme. Dans sa lettre à Strakhov du 3 septembre 1892, il observe :

> Vous dites que Dostoïevski s'est dépeint à travers ses personnages, en s'imaginant que tous les hommes étaient comme lui. Eh bien ! Le résultat est que, même dans ces personnages d'exception, nous nous reconnaissons non seulement nous, ses compatriotes, mais encore des étrangers se reconnaissent. Plus on creuse en profondeur pour y puiser, plus ce que l'on découvre est commun à tous, proche et familier.

Tolstoï répondait ainsi à la lettre que lui avait adressée Strakhov le 29 août précédent. Le critique y renouvelait, en les aggravant, ses reproches de subjectivisme à l'égard de Dostoïevski, déjà amorcés dans ses *Souvenirs sur F.M. Dostoïevski*. Strakhov y écrivait neuf ans plus tôt :

> Dostoïevski est le plus subjectif des romanciers qui se puissent concevoir : il créait presque toujours ses personnages à son image. Il n'atteignait que rarement la pleine objectivité. Pour moi qui le connaissais de près, la subjectivité de ses représentations était très évidente et c'est pourquoi l'impression produite par ses oeuvres était toujours réduite de moitié, alors qu'elles produisaient sur d'autres lecteurs une impres-

sion frappante, comme s'il s'agissait de personnages tout à fait objectifs.

Souvent même il m'étonnait et j'avais peur pour lui en le voyant décrire certains de ses états maladifs et sombres. C'est ainsi, par exemple, que dans *L'Idiot* se trouvent décrites des crises d'épilepsie, alors que les docteurs prescrivent aux épileptiques de ne pas se fixer sur de tels souvenirs, qui peuvent déclencher une crise, aussi bien que peut la déclencher le spectacle d'une telle crise chez un autre. Mais Dostoïevski ne reculait devant rien et quoi qu'il pût représenter, il était lui-même fermement persuadé d'élever son objet à la dignité de perle de la création, de lui conférer une pleine objectivité. Plus d'une fois, il m'est arrivé de m'entendre dire qu'il se considérait comme un parfait réaliste, que les crimes, les suicides et toutes les perversions morales qui constituent la thématique habituelle de ses romans, sont des phénomènes constants et ordinaires de la réalité, et que simplement nous omettons de les remarquer. Ainsi convaincu, il se lançait hardiment dans la peinture de tableaux affreux ; personne n'est allé aussi loin dans la représentation de toutes sortes de déchéances dans l'âme humaine. Et il atteignait son but, c'est-à-dire qu'il réussissait à donner à ses créatures assez de réalité et d'objectivité pour que les lecteurs soient frappés et se laissent séduire. Il y avait dans ses tableaux tant de vérité, d'exactitude et de profondeur psychologiques, qu'ils devenaient compréhensibles même à des gens auxquels ses thèmes étaient complètement étrangers.

Souvent il me venait à l'esprit que s'il se rendait clairement compte lui-même avec quelle force la subjectivité colore ses tableaux, cela l'empêcherait d'écrire ; s'il avait remarqué le défaut de sa création, il n'aurait pas pu créer. C'est ainsi qu'une certaine dose d'aveuglement de soi était en l'occurence nécessaire, comme c'est le cas pour presque chaque écrivain [2].

Neuf ans plus tard, dans sa lettre à Tolstoï du 29 août 1892, Strakhov ne fait que renchérir sur son accusation essentielle, visiblement solidement ancrée dans son esprit :

Dostoïevski, en créant ses personnages à son image, a peint une foule de personnages malades et demi fous, tout en étant fermement persuadé qu'il s'inspirait directement de la réalité et que telle était précisément l'âme humaine.

Pour mieux éclairer son grief, Strakhov — qui décidément ne manque pas d'audace — ose se mettre en parallèle avec Dostoïevski et avance les arguments suivants qui ont involontairement le mérite de poser le problème dans toute son ampleur et toutes ses incidences :

Je suis incapable de parler de mes affaires personnelles, ni de mes goûts personnels : j'aurais honte de le faire, j'aurais honte d'être occupé de moi-même et d'occuper les autres de ma personnalité. Il me semble toujours que cela ne saurait intéresser les autres, et c'est pourquoi je prends en charge leurs problèmes, leurs préoccupations, ou je traite de questions communes, objectives. Ou bien, pour dire les choses autrement : je suis réellement enclin à la modestie. Je ne me considère pas, à l'instar de Rousseau ou de Dostoïevski, comme le modèle du genre humain : au contraire, je vois fort clairement ma faiblesse et mon indigence et c'est pourquoi j'apprécie hautement tout ce qui chez autrui est force et compétence. Et puis surtout, je recherche toujours la mesure commune des sentiments et des pensées, je ne me laisse pas entraîner par mes humeurs de l'instant et je ne prends pas mes opinions ni mes émotions pour la norme, l'exemple et la loi /.../. Je ne peux pas ne pas m'objectiver moi-même, je suis trop peu épris de ma personne et j'aperçois au moins en partie mes défauts...

En clair, Strakhov, dans sa diatribe, pose deux postulats complémentaires. Le premier est que Dostoïevski récuse pour lui-même la norme générale, commune. Le second est qu'il érige en norme supérieure et unique sa propre norme. Cette norme se réduit en fait aux exigences de son moi, nonobstant ce que ces exigences peuvent avoir de provisoire ou d'instantané. Strakhov, ce disant, écarte tout naturellement l'hypothèse qu'une norme ainsi circonscrite puisse être projetée avec valeur ou signification objectives, à plus forte raison collectives. Il se trouve que Dostoïevski et en partie Tolstoï pensaient le contraire.

Comme souvent, Strakhov passe à côté d'un grand *mystère personnel* sans pouvoir en comprendre le sens. Dostoïevski fait dire à Aglaé dans son roman *L'Idiot : Vous n'avez pas de tendresse : rien que la vérité ; par conséquent c'est injuste.* Et il lui fait ajouter dans le même passage : *... Il y a deux esprits : l'esprit principal et celui qui ne l'est pas* (troisième partie, chapitre VIII). Strakhov appartient à la catégorie des gens *sans tendresse* et qui ne possèdent pas *l'esprit principal.* Il a tout simplement raison du point de vue de la *vérité commune,* ce qui est dérisoirement insuffisant en présence d'une personnalité aussi exceptionnelle que celle de Fiodor Mikhaïlovitch.

Dans la conception de Dostoïevski il paraît évident que la norme générale et commune ne saurait s'appliquer mécaniquement à l'ensemble des individus. Cette sorte de *moyenne arithmétique* dont Strakhov parle dans sa lettre comme d'un idéal, était l'une des bêtes noires de Fiodor Mikhaïlovitch, sans préjuger cette fois des *humeurs de l'instant.* Dostoïevski pensait à l'opposé, consciemment et de toute l'intensité de son être, que c'était à l'individu de réinventer sans cesse la norme pour que la norme puisse vivre, c'est-à-dire exister. Et c'est à des gens comme Strakhov, entre autres, qu'il adressait son apostrophe finale des *Notes d'un souterrain :*

... Je sais que vous allez peut-être m'en vouloir de vous dire cela, que vous allez peut-être crier, trépigner : "Contentez-vous de parler de vous-même, pour ainsi dire et de vos propres misères, dans votre souterrain, mais de là, défense de dire *"nous tous !"*. Permettez, messieurs, je ne me sers pas de ce *"nous tous"* pour me justifier. En ce qui me concerne personnellement, j'ai simplement poussé jusqu'à l'extrême limite dans ma propre vie ce que vous n'avez jamais osé pousser même à moitié, et encore, en prenant votre frousse pour de la raison, ce qui vous servait de consolation, alors qu'en fait vous vous trompiez vous-mêmes. Si bien que finalement, je parais plus vivant que vous. Mais regardez donc plus attentivement ! C'est que nous ne savons même plus où le vivant est demeuré vivant, ce qu'il est, comment il s'appelle. Laissez-nous seuls, sans livres, et aussitôt, nous nous embrouillerons, nous nous perdrons : nous ne saurons plus à quoi nous raccrocher, à quoi nous tenir ; qu'aimer et que haïr, que respecter et que mépriser. Nous en sommes au point d'être las d'être des hommes, des hommes pourvus de vraie chair et de vrai sang qui ne sont qu'à *eux seuls* ; nous en avons honte, nous le considérons comme un déshonneur et aspirons à nous confondre au sein d'une "humanité commune" qui n'a jamais existé. Nous sommes des êtres morts-nés ; d'ailleurs cela fait longtemps que nous ne naissons plus de parents vivants, ce qui, dans le fond, nous satisfait chaque jour davantage. Nous y prenons goût. Bientôt, nous aurons inventé le moyen de naître d'une idée...

Toute notion de norme objective, indépendante de l'être subjectif, et s'imposant à lui mécaniquement de l'extérieur est un non- sens pour Fiodor Mikhaïlovitch. On ne sépare pas ce que la réalité a uni. Dostoïevski a sa conception, toute dialectique, des rapports du sujet et du réel. Sans cesse occupé de lui-même, mais aussi, en même temps, de l'univers, il approfondit les deux analyses simultanément, en se servant de la même méthode, estimant qu'il existe un continuum parfait entre le *moi* et ce qui l'entoure ("le contact avec d'autres mondes"). L'énigme et le mystère de l'homme (qui suis-je ? où vais-je ?) reflètent l'énigme et le mystère de l'univers. L'être et l'univers ont partie liée et leur loi fondamentale — celle de *l'autorévélation* — est identique. Le sujet fait partie du réel au même titre que le réel fait partie du sujet : l'approfondissement de la connaissance de l'un passe par l'approfondissement de la connaissance de l'autre. La relation est donc ambivalente, à cette réserve près que l'impulsion fonda- mentale, sous la forme de *l'interrogation,* procède du sujet et que le réel ne réagit qu'à la *sollicitation en profondeur* du sujet. Le mystère du réel passe par le mystère du sujet connaissant, mais c'est le mystère du sujet qui reste fondamental et premier, puisque le sujet sert à la fois de levier pour soulever l'univers et d'étalon pour le mesurer. *L'homme est la mesure de toute chose,* — Dos- toïevski est conscient d'emblée de cette vérité, tout en sachant que la notion de *mesure* est évidemment subordonnée à l'existence de *toute chose.* L'homme est un fragment épars, mais privilégié de la Création. A lui de déchiffrer son propre mystère, en déchiffrant dans le même temps le mystère de l'univers ; à lui de réinventer sans cesse la norme — cette création perpétuelle — pour approfondir son harmonie avec l'harmonie de l'ordre secret du monde.

Contrairement à ce que *suggère* Strakhov, Dostoïevski n'est pas introverti, mais extraverti, ou plutôt il est dialectiquement les deux à la fois. Introverti, il porte une attention extrême à ce qui se passe en lui-même. Extraverti, il apparaît comme essentiellement tourné vers le monde extérieur. Fiodor Mikhaïlovitch bouscule ici, comme souvent, les schémas de la psychologie classique.

Introverti, Dostoïevski est comme fasciné par lui-même, fasciné par ses propres contrastes, par les ruptures qu'il porte en lui. Il s'assume non seulement comme *mesure* de toute chose, mais comme *responsable* de toute chose. L'histoire de l'humanité et la condition humaine se reflètent en lui aussi parfaitement que le soleil dans la goutte d'eau qu'il irise. Il est l'exception et le modèle, le modèle parce que l'exception. L'unique est l'hypostase de l'universel et Fiodor Mikhaïlovitch perçoit sa personnalité comme un maillon particulièrement sensible de la chaîne humaine, comme une zone de fracture à l'intérieur de la Création.

Extraverti cependant, Dostoïevski ne considère nullement l'intérêt qu'il se porte à lui-même comme une fin en soi. Ce qui l'intéresse, c'est le sort et l'avenir de l'homme à travers les destinées de l'humanité. S'il se cherche effectivement à l'intérieur de lui-même, il sait qu'il ne pourra se trouver qu'*ailleurs*, car une grande partie du mystère de l'homme échappe à l'homme lui-même. En plus de la clé terrestre de l'être humain, il y a une *clé cosmique*. Si Fiodor Mikhaïlovitch se perçoit, essentiellement à travers sa vocation de romancier, comme un médiateur, voire même comme un intercesseur, cela signifie qu'il est le révélateur, le médium d'une réalité qui lui est extérieure, qu'il s'agisse de Dieu ou de l'humanité globalement saisie à travers son destin collectif.

Dans la conception de Dostoïevski, *le personnel est le centre focal du collectif à condition que le personnel soit original et singulier.* Cette idée est exprimée par lui en toute clarté dans son *Avant-propos* aux *Frères Karamazov,* lorsqu'il présente au lecteur son héros, Alexéi Fiodorovitch Karamazov :

> C'est un homme singulier et même un original. Il est vrai que ces traits ôtent plutôt qu'ils ne confèrent le droit à l'attention, aujourd'hui que tous aspirent à unifier les particularités et à trouver un sens, quel qu'il soit, au tohu-bohu universel. Or, l'originalité est précisément le cas particulier, individuel, n'est-il pas vrai ?
> Eh bien, si vous contestez la justesse de cette thèse, si vous répondez

"non" ou "pas toujours", je reprendrai quelque espoir en ce qui touche l'importance de mon héros. Car non seulement l'original n'est pas "toujours" un cas particulier, mais c'est souvent lui, en fait, et nul autre, qui détient la quintessence du tout, ce tout dont se sont détachés pour un temps ses contemporains, saisis par on ne sait quel vent de passage.

L'intérêt que Dostoïevski porte à son propre *moi* est moins un intérêt individuel (sur ce plan, il se démarque en effet radicalement d'un Léon Tolstoï), qu'un *intérêt à résonance collective* : il a tendance à se considérer comme une sorte de point crucial où se rencontrent et se télescopent les lignes de force du développement historique et spirituel de l'humanité à travers le passé, le présent et l'avenir. Cette relation quasi eschatologique à son *moi* entrait, comme souvent chez lui, dans une perspective sub-rationnelle à construction syllogistique : Fiodor Mikhaïlovitch adorait la structure du syllogisme, mariage fantastique du logique et de l'irrationnel.

1) Je représente dans la Russie en crise, telle que je la vois et la vis, une zone hyper-sensible où cette crise de civilisation se creuse et s'affine.

2) Dans l'humanité en crise, telle que je la vois et la vis, la Russie constitue une sorte de pôle critique : elle est le point de convergence et de focalisation des chemins croisés qui, à travers le présent, relient le passé de l'humanité à son avenir, c'est-à-dire simultanément à son apogée et à son agonie.

3) Je suis donc le destin expérimental à travers lequel s'expriment le devenir du monde et le destin global de l'humanité.

Quel que soit le sujet des réflexions ou des méditations de Dostoïevski, il le rapporte toujours à sa propre substance. L'histoire universelle tend à lui apparaître comme une péripétie de sa propre biographie. Et cet homme qui se méfiait par-dessus tout des certitudes et des évidences croyait à une certaine forme d'infaillibilité personnelle, non pas au niveau du détail, mais sur le fond, globalement.

Fiodor Mikhaïlovitch n'aimait pas les miroirs et aucun complexe narcissique ne l'a jamais sérieusement tenté. Il n'était amoureux ni de son visage, ni de son image. Il était simplement, dans ses minutes d'orgueil et d'euphorie, heureux d'être lui-même et de se sentir vertigineusement immense. Mais cette sorte d'orgueil-là n'est pas vraiment subjectif. Dostoïevski, au demeurant, est ainsi fait qu'il n'oppose ni ne sépare jamais objectif et subjectif : ces deux notions s'entrelacent et se compénètrent, ce sont des notions-limites qui ne sauraient se rencontrer à l'état pur. L'orgueil qu'a pu avoir Fiodor Mikhaïlovitch, c'est précisément de faire entrer telle quelle sa subjectivité dans le grand flux du réel, en franchissant les frontières de son être pour s'engager dans ce processus du fini qui débouche sur l'infini. Ce qui l'intéresse, c'est l'émergence concrète de son être aux lois du cosmos.

Ainsi Dostoïevski réconcilie-t-il, ou tente-t-il de réconcilier l'en-soi et le pour-soi : la clé est à l'intérieur du sujet, mais ce que cette clé permet d'ouvrir est situé à l'extérieur du sujet. Il est vrai cependant que dans cette nécessaire complémentarité du subjectif et de l'objectif, du *dedans* et du *dehors*, Dostoïevski accordait la primauté au subjectif : l'objectif permet d'investir le subjectif, mais non de le révéler, alors que le subjectif est ambivalent, hybride en quelque sorte. Il recèle toujours à l'intérieur de lui-même une parcelle d'objectif, ce qui lui permet de se déplacer à sa guise de part et d'autre d'une limite qui est pour lui seul franchissable dans les deux sens.

CHAPITRE VI

Autrui comme non-moi

*Chacun pour soi, tous contre toi,
et Dieu pour tous. Il est naturel
qu'après cela l'espoir qui reste à
l'homme soit très mauvais.*

Lettre de F.M. Dostoïevski
à P.A. Karepine, fin août 1844

*Aimer un être humain COMME
SOI-MEME, selon le précepte du
Christ, est impossible. La loi de
la personnalité nous lie sur terre, le
MOI fait obstacle.*

Carnets de F.M. Dostoïevski,
16 avril 1864

Il existe chez Dostoïevski une sorte d'allergie innée à autrui. Se
fondant sur son expérience d'homme, l'écrivain estimait qu'il
s'agissait là d'une *loi de nature* à laquelle il était pratiquement
impossible d'échapper, à moins d'être le Christ lui-même. Même
deux êtres *simples* comme Kirillov et Chatov n'ont pas pu résister
à la redoutable épreuve qui consistait à vivre ensemble pendant
quatre mois en Amérique. Dostoïevski aime généralement bisser
ses thèmes : celui-ci est répété trois fois dans *Les Démons* :

> ... C'est alors que nous sommes restés sans travail, Kirillov et moi,
> et avons passé quatre mois couchés côte à côte dans une cabane. Il
> ruminait ses idées, moi, les miennes /.../. Nous ne nous parlons jamais.
> Chatov et moi nous ne nous voyons pas.
> — Vous êtes fâchés ?
> — Non, nous ne sommes pas fâchés, nous nous évitons. Nous som-
> mes restés trop longtemps étendus côte à côte en Amérique /.../.

Habitant la même maison, Chatov et Kirillov ne se voyaient presque jamais et s'il leur arrivait de se rencontrer, ils ne se parlaient pas, ne se saluaient pas : ils avaient trop longtemps vécu côte à côte en Amérique.

Les Démons, I, IV, 4 - II, VI, 6 - III, V, 1

Les *amoureux de l'humanité* n'échappent surtout pas à cette loi. Ainsi ce médecin dont le *starets* Zossima raconte le douloureux aveu :

C'était un homme déjà âgé, d'une intelligence certaine. Il parlait avec franchise..., bien qu'en plaisantant, avec tristesse d'ailleurs : "J'aime l'humanité, disait-il, mais, ce qui m'étonne en moi, c'est que plus j'aime l'humanité en général, moins j'aime les hommes en particulier, je veux dire séparément, en tant qu'individus. Dans mes songeries, je forme souvent des desseins passionnés pour servir l'humanité, je me serais peut-être fait crucifier pour l'humanité, s'il l'avait fallu, et cependant je ne suis même pas en mesure de vivre avec quelqu'un deux jours dans la même chambre, je le sais par expérience. A peine est-il près de moi que déjà sa personnalité commence à peser sur mon amour-propre, à gêner ma liberté. En l'espace de vingt-quatre heures, je peux prendre en haine le meilleur des hommes : celui-ci parce qu'il reste à table trop longtemps, celui-là parce qu'il est enrhumé et se mouche sans cesse. Je deviens, disait-il, l'ennemi des hommes dès que ceux-ci me frôlent. Mais toujours, plus je hais les hommes en particulier, plus je brûle d'amour pour l'humanité en général".

Les Frères Karamazov, I, II, 4

Ce type de phobie devait être bien ancré chez Fiodor Mikhaïlovitch lui-même, puisqu'il constitue l'un des leitmotive de la *garniture romanesque* de ses oeuvres. Les propos du médecin rapportés par le *starets* Zossima sur *l'homme qui reste à table trop longtemps* sont particulièrement illustrés dans *Les Démons* par la scène demeurée célèbre du repas pris par Piotr Stepanovitch en présence de Lipoutine :

Piotr Stepanovitch prit un cabinet particulier. Assis à l'écart dans un fauteuil, dépité et furieux, Lipoutine dut le regarder manger. Cela dura plus d'une demi-heure. Piotr Stepanovitch ne se pressait pas et mangeait avec un plaisir évident. Il sonna à plusieurs reprises le garçon, se fit apporter de la bière, puis une moutarde spéciale, et toujours sans adresser la parole à Lipoutine. Il semblait plongé dans de profondes réflexions ; il pouvait en effet faire deux choses à la fois : manger de bon appétit et réfléchir. Dans sa haine, Lipoutine n'avait plus la force de détourner les yeux de Piotr Stepanovitch : c'était véritablement maladif. Il comptait chacun des morceaux de bifteck que l'autre expédiait dans sa bouche ; il le haïssait pour la manière dont il ouvrait cette bouche, dont il mâchait, dont il savourait les morceaux les plus gras, il haïssait le bifteck lui-même. Finalement, sa vue se troubla, la tête commença à lui tourner, des frissons lui coururent dans le dos.

(III, IV, 2)

Comment surmonter ce genre de réactions épidermiques spon-
tanées, de répulsions à caractère purement physique au départ
mais dégénérant bien vite sur le plan psychologique et affectif ?
Comment lever cette sorte de malédiction qui semble peser si
facilement sur autrui ? C'est le sens de l'appel douloureux que
Madame Khokhlakova lance dans *Les Frères Karamazov* au *starets*
Zossima :

> Voyez-vous, j'aime l'humanité à tel point que je songe quelquefois,
> me croirez-vous, à tout abandonner, tout ce que je possède, à laisser
> Lisa et me faire soeur de charité. Je ferme les yeux, je pense, je réflé-
> chis, et dans ces instants-là je sens en moi une force invincible. Aucune
> plaie, aucun ulcère purulent ne me feraient peur. Je les panserais, je
> les laverais de mes propres mains, je serais la garde-malade de ces mal-
> heureux, je suis prête à baiser ces plaies /.../. Oui, mais pourrai-je
> mener longtemps une pareille vie ? /.../. Et si le malade dont tu laves
> les plaies ne te répondait pas immédiatement par de la reconnaissance ?
> Si au contraire il se mettait à te tourmenter avec ses caprices, s'il ne
> voulait ni apprécier, ni remarquer ton charitable service, s'il se mettait
> à crier après toi, à réclamer grossièrement, si même (comme cela arrive
> souvent avec ceux qui souffrent beaucoup) il allait se plaindre de toi
> à l'un de tes supérieurs, que feras-tu ? Ton amour survivra-t-il, oui ou
> non ? Eh bien, figurez-vous que j'ai conclu, en frémissant, que s'il est
> une chose qui peut refroidir sur-le-champ mon amour *agissant* pour
> l'humanité, c'est l'ingratitude. Bref, je travaille pour un salaire, j'exige
> un salaire immédiat, c'est-à-dire des éloges et de l'amour en échange de
> mon amour. Sinon, je ne veux aimer personne !

(I, II, 4)

Ainsi donc, même si l'on arrive au prix d'efforts héroïques et
parfois surhumains à aimer autrui malgré sa laideur, cet amour
forcé est un *sacrifice* qui mérite *salaire* : aimer autrui n'est en fin
de compte que la forme prise par le désir d'être aimé ou reconnu
de lui. C'est une mise de fond, sinon un marchandage. Qu'il est
loin et difficile cet *amour agissant* par lequel doit passer inévitablement le respect de la personne d'autrui et de ses droits ! En
réponse à *Madame Khokhlakova* le *starets* Zossima, pourtant
autorité morale suprême, ne se montre guère encourageant, affir-
mant évasivement que seule la conscience d'un échec peut en
définitive équivaloir à un relatif succès :

> L'amour agissant, lui, c'est du travail et une longue patience, c'est
> même une science pour certains. Mais je prévois qu'à l'instant même
> où vous verrez avec horreur que malgré tous vos efforts, non seulement
> vous ne vous êtes pas rapprochée du but, mais que vous semblez même
> vous en être éloignée, à cet instant même, je vous le prédis, vous attein-
> drez ce but et verrez clairement sur vous la force miraculeuse du Sei-
> gneur, du Seigneur qui ne cessait de vous aimer et vous conduisait
> mystérieusement.

(I, II, 4)

Avec franchise, avec tristesse d'ailleurs et, cette fois, sans *plaisanter,* Fiodor Mikhaïlovitch a pu constater lors de circonstances tragiques de sa vie que les paroles du *médecin* reflétaient une sorte de vérité axiomatique. Veillant le corps de la défunte Maria Dmitrievna, sa première femme, il écrit dans le courant de la nuit du 15 au 16 avril 1864 :

> Aimer un être humain *comme soi-même,* selon le précepte du Christ est impossible. La loi de la personnalité nous lie sur terre, le *moi* fait obstacle [1].

Dostoïevski estimait le problème de la relation à autrui suffisamment crucial et fondamental pour engager à ce sujet une polémique de fond avec la philosophie, jugée par lui naïve, de Léon Tolstoï :

> Bolkonski s'est amendé au spectacle de la jambe dont on amputait Anatole et nous avons tous pleuré sur cet épisode, mais l'homme du *Souterrain,* le vrai, ne se serait pas amendé [2].

Or que représente, en termes de réalité vraie, la conception tolstoïenne de la vie par rapport à celle de l'homme du *Souterrain* ?

> Nos talentueux écrivains qui ont représenté à un haut niveau d'expression artistique la vie des milieux de la moyenne société qui incarne les principes de la famille, Tolstoï, Gontcharov, ont cru représenter la vie de la majorité : à mon sens, ils n'ont fait que représenter la vie d'exceptions. C'est tout le contraire, leur vie est la vie des exceptions ; la mienne est une vie de portée générale /.../. Le *Souterrain,* le *Souterrain,* le poète du *Souterrain,* les feuilletonistes ont répété cela comme quelque chose d'humiliant pour moi. Pauvres imbéciles ! C'est là ma gloire, parce que là est la vérité... [3].

Comment Fiodor Mikhaïlovitch en est-il venu à une pareille *vérité* ? Si l'on fait une coupe verticale de la relation de Dostoïevski à autrui, ou plutôt de la relation d'autrui à Dostoïevski, le bilan, tout au long de sa vie, est d'une rare négativité.

Autrui comme symbole généralisant de la malveillance fait irruption pour la première fois dans la vie d'un adolescent qui *jusqu'à présent ignorait ce que signifiait l'amour-propre blessé* en la personne de ce professeur d'algèbre qui, pour se venger des *grossièretés* de son élève, s'est opposé à son passage dans la classe supérieure [4].

Le relais a été pris par P.A. Karepine, son tuteur, qui refusait au jeune Dostoïevski de lui allouer les sommes dont il avait *besoin.* A une étape critique de sa formation, le futur écrivain fera sur ce personnage une sorte de fixation particulièrement grave sur le plan psychique, moral et métaphysique :

Chacun pour soi et Dieu pour tous ! Tel est l'étonnant proverbe imaginé
par ceux qui ont eu le temps de vivre un peu. De mon côté, je suis
prêt à admettre toutes les perfections d'un aussi sage principe. Mais le
fait est que ce proverbe a été modifié au début même de son existence.
Chacun pour soi, tous contre toi, et Dieu pour tous. Il est naturel
qu'après cela l'espoir qui reste à l'homme soit très mauvais.

Lettre à P.A. Karepine, fin août 1844

Une nouvelle *race* d'autrui se présente ensuite, et pour longtemps, *l'autrui littéraire,* la pire de toutes les engeances : Belinski
et son *oligarchie,* le cercle du *Contemporain* [5] avec notamment
Tourgueniev, Nekrassov, Panaïev, qui après avoir fêté Dostoïevski
n'ont cessé par la suite de le persécuter par de méchantes moqueries
et de perfides épigrammes. Les gens du *Contemporain* se réunis-
saient souvent chez les Maïkov, les deux frères Apollon et Valerian
et leur mère Eugénie Petrovna [6]. Une lettre d'excuses, adressée
par Fiodor Mikhaïlovitch à cette dernière, donne un aperçu
éloquent des tensions et des éclats qui pouvaient se produire en
pareille société :

Je m'empresse de vous présenter mes excuses ; je sens que je vous ai
quittée hier si précipitamment que c'en fut incorrect, sans même prendre
congé de vous : je ne m'en suis souvenu que lorsque vous m'avez hélé.
Je crains que vous ne pensiez que j'ai été brusque et (je vous l'accorde)
grossier avec je ne sais quelle étrange intention. Mais j'ai fui d'instinct,
pressentant la faiblesse de ma nature, qui ne peut pas ne pas exploser
dans des situations extrêmes et exploser précisément en donnant lieu
à des extrémités, *hyperboliquement.* Vous allez me comprendre : il
m'est déjà difficile, en raison de la faiblesse de mon système nerveux,
de supporter des questions ambiguës et d'y répondre, de ne pas entrer
précisément en fureur parce que ces questions sont ambiguës, de ne pas
entrer en fureur par-dessus tout contre moi-même, parce que je n'ai pas
su faire en sorte que ces questions fussent directes et moins impa-
tientes ; et enfin, il m'est en même temps difficile (j'en prends conscience) de conserver mon sang-froid, en voyant devant moi une majorité
qui, à ce que je me rappelle, a agi contre moi avec exactement la même
impatience que celle avec laquelle j'ai moi aussi agi à son égard. Il va
de soi que, naturellement, il en est résulté un tumulte, des deux côtés
des hyperboles ont jailli, à la fois conscientes et naïves, et je me suis
enfui instinctivement, craignant que ces hyperboles ne prissent des
proportions encore plus grandes... Mais jugez de toute la faiblesse de
la nature d'un homme tel que moi ! J'ai pris la plume pour m'excuser,
tout simplement et en toute humilité, et, sur ces entrefaites, me voici
en train d'écrire ma justification en bonne et due forme... ! Mais,
sentant véritablement que j'ai été brusque, pénible, et que j'ai été une
cause de dépit *pour vous,* je recours à toute votre patience et vous
demande de m'excuser. Je suis persuadé que vous comprendrez toute
l'importunité de ces excuses : je tiens trop à votre bonne opinion pour
ne pas avoir peur de la perdre. Peut-être cette lettre est-elle superflue,
il est possible que j'exagère selon mon habitude, il est possible que dès

la première minute vous m'ayez excusé sans m'accuser ; mais cette peur excessive, cette crainte pour moi en face de vous vous montreront, si vous m'autorisez à le dire, le degré de respect filial que j'ai toujours éprouvé à votre égard...

Lettre à Eugénie Petrovna Maïkova, 14 mai 1848

A cet autrui hypocritement policé et perfidement raffiné succède sans transition l'autrui de l'horreur pure et simple, l'autrui du bagne. Quels qu'aient pu être par la suite les changements d'éclairage, les modifications de couleurs, les substitutions de plans, les bouleversements orchestraux à l'intérieur de la *partition sibérienne,* les faits restent ce qu'ils sont, évoqués dans leur cruelle et sinistre nudité dès les premières lettres écrites par Fiodor Mikhaïlovitch au sortir de la *Maison des morts.* Ainsi, dans cette toute première lettre, adressée à Michel le 22 février 1854, une semaine environ après la fin d'un cauchemar de quatre ans :

> J'ai fait la connaissance des bagnards déjà à Tobolsk, et puis ici, à Omsk, je me suis installé pour passer quatre années de ma vie avec eux. C'est un peuple grossier, irrité et aigri. La haine des seigneurs dépasse chez eux toutes les limites et c'est pourquoi ils nous ont accueillis, nous les nobles, avec hostilité et en se réjouissant avec méchanceté de notre malheur. Ils nous auraient mangés, si on les avait laissés faire. Au demeurant, tu peux juger de l'efficacité de la protection, alors qu'il fallait vivre, boire et manger, dormir avec ces gens pendant plusieurs années, et alors qu'on n'avait même plus le temps de se plaindre, tant les brimades de toutes sortes étaient innombrables. "Vous les nobles, nez de fer, vous nous avez crevé les yeux. Avant, le maître faisait souffrir le peuple, et maintenant, c'est le dernier des derniers, il est devenu comme nous", — voilà le thème qui a duré quatre ans. Cent cinquante ennemis ne pouvaient se lasser dans leurs persécutions, ça leur faisait plaisir, c'était pour eux une distraction, une occupation, et s'il y avait une seule chose pour nous sauver du malheur, c'était l'indifférence, la supériorité morale qu'ils ne pouvaient pas ne pas comprendre et qu'ils respectaient, et le refus de nous soumettre à leur volonté. Ils gardaient toujours conscience que nous leur étions supérieurs.

La crudité toute réaliste des faits est confirmée dans une lettre à l'ingénieur-général E.I. Totleben [7] du 24 mars 1856, soit deux mois après la sortie de Dostoïevski du bagne d'Omsk :

> Vint pour moi la période du bagne, quatre ans d'une vie triste et terrible. Je vivais avec des brigands, avec des êtres dépourvus de sentiments humains et aux principes dévoyés ; je n'ai vu et ne pouvais voir rien de réjouissant au long de ces quatre ans : il n'y avait que la seule noire réalité et la plus hideuse. Je n'avais auprès de moi aucun être avec lequel je pusse échanger la moindre parole d'intimité ; j'ai souffert la faim, le froid, les maladies, le travail au-dessus de mes forces et la haine de mes compagnons les brigands qui se vengeaient sur moi de ma qualité de noble et d'officier.

Les traumatismes subis tout au long de ces quatre années ne seront pas près de s'effacer. Dans ses *Souvenirs*, particulièrement dignes de foi, qui ont trait au Dostoïevski de l'été 1866, Von-Focht témoigne :

> De son séjour au bagne en Sibérie, Dostoïevski ne nous a jamais rien raconté. Il n'aimait absolument pas en parler. Nous le savions tous et jamais personne ne s'est décidé à engager une conversation sur ce sujet [8].

Le retour de Dostoïevski à Saint-Petersbourg en décembre 1859 va marquer les retrouvailles avec *autrui littéraire*. Après autrui *dépourvu de sentiments humains et aux principes dévoyés* Fiodor Mikhaïlovitch retombe dans les filets, pour ne pas dire la jungle, d'*autrui policé*. Les mêmes causes produisant les mêmes effets, tout recommence comme par le passé et l'histoire se répète cruellement. La même *majorité* est en place, avec Nekrassov et Tourgueniev ; Belinski, il est vrai, a disparu (il est mort le 26 mai 1848), mais il est en quelque sorte remplacé par celui qui allait devenir bientôt aux yeux de Dostoïevski le *vieillard satirique* [9], Saltykov-Chtchedrine. Les laborieuses négociations avec Nekrassov, auquel pourtant Dostoïevski, auréolé de ses souffrances de condamné *politique*, s'était spontanément adressé, échouent : Nekrassov refuse la première oeuvre importante de Dostoïevski, *Bourg Stepantchikovo*, sur laquelle Fiodor Mikhaïlovitch fondait beaucoup d'espoir. *Le Songe de l'oncle* paru dans *La Parole russe* en mars 1859 n'ayant constitué de son propre aveu qu'un modeste *essai*.

Mutatis mutandis, le faux retour de Dostoïevski par la faute de Nekrassov rappelle le faux départ par la faute de Belinski. Dans les deux cas, Fiodor Mikhaïlovitch accuse durement le coup et change brutalement de cap. Le cycle des polémiques, des attaques personnelles, des sarcasmes va s'enclencher de nouveau. Les épigrammes venimeuses voleront aussi bas dans les années soixante qu'elles avaient volé dans les années quarante. En 1846 Tourgueniev et Nekrassov s'étaient mis à deux pour écrire contre Dostoïevski une très méchante charge intitulée *Envoi de Belinski à Dostoïevski* [10]. En 1863 Saltykov-Chtchedrine prendra tout naturellement le relais en publiant dans la revue *Le Sifflet* une épigramme féroce contre Fiodor Mikhaïlovitch à propos de ses articles du *Temps*, intitulée *Fedia le suffisant* [11].

Dans ce contexte d'attaques incessantes — Dostoïevski oublie les coups portés par lui pour ne compter que les coups reçus —, de difficultés de toutes sortes, matérielles et morales, Dostoïevski en arrivera dans ses moments de découragement à regretter la

Maison des morts. C'est du moins ce qu'il *avoue* au baron A.E.
Vrangel [12], son ami et protecteur de Semipalatinsk :

> O, mon ami, je retournerais avec plaisir au bagne pour autant d'années,
> si je pouvais seulement payer mes dettes et me sentir de nouveau
> libre.
>
> *Lettre du 9 avril 1865*

Ce sentiment d'insécurité, cette atmosphère de tracasserie et de
malveillance ne quitteront plus Dostoïevski jusqu'à la fin de ses
jours. Ainsi, dans une lettre écrite à l'une de ses correspondantes
occasionnelles, Maria Alexandrovna Polivanova [13], le 18 octobre
1880, soit trois mois avant sa mort, Fiodor Mikhaïlovitch se plaint
dans les termes suivants :

> J'ai réussi à fâcher tout le monde contre moi, à me faire haïr de tous.
> Ici, dans le monde littéraire et les revues, ils ne se contentent pas de
> m'insulter comme des chiens (toujours à cause de mon *Discours* [14],
> toujours à cause de ma tendance) mais ils répandent encore clandes-
> tinement sur moi des ragots indignes et diffamatoires [15].

Un mois avant sa disparition, Dostoïevski renchérit encore sur son
cri de détresse dans une lettre adressée à un médecin de province :

> Sous prétexte que je prêche Dieu et les valeurs populaires, on cherche
> ici par tous les moyens à me rayer de la surface de la terre.
>
> *Lettre à A.F. Blagonravov du 19 décembre 1880*

Aussi n'est-il pas étonnant qu'au fil des années, sous l'effet
cumulé de l'adversité implacable du présent et des lois particulières de l'imagination et de la mémoire de Fiodor Mikhaïlovitch,
les souvenirs du bagne s'épurent progressivement, jusqu'à devenir
une source d'inspiration positive et de renouveau spirituel. Autrui-
bagnard va devenir le meilleur autrui qui se puisse concevoir et
même rêver. Il se constitue peu à peu en *anti-autrui modèle*
par opposition à toute la réalité empirique qui entoure depuis
lors Dostoïevski. Cet anti-autrui, par valorisation rétrospective
et différentielle, va former l'axe central de toute la *conversion*
de Fiodor Mikhaïlovitch qui signifie essentiellement *conversion
à lui-même par anti-autrui interposé.*

A ses détracteurs *libéraux* des années 1875-1876, Dostoïevski
répond dans ses *Carnets* :

> Prenez le compte rendu sur la *Société de propagande* [16] à laquelle
> j'ai eu le malheur d'appartenir, on n'y indique que trop nettement
> comment j'ai su me comporter sans me laisser infléchir par mon avan-
> tage. Ce n'est pas à vous de reprocher à Dostoïevski d'avoir changé
> de convictions.
>   Mais vous me direz que le Dostoïevski de maintenant et le Dostoïev-
> ski d'alors, ce n'est pas la même chose. Ayant adopté certaines con-

victions (chrétiennes et non slavophiles) et m'étant uni de mon mieux avec notre peuple (dès le bagne j'ai senti combien j'étais séparé de lui, le brigand m'a appris beaucoup de choses), je n'ai en rien modifié mes idéaux et je crois, simplement je ne crois plus à la commune, je crois au royaume de Dieu. Là-dessus, je suis prêt à discuter, mais avec d'autres que vous. Vous ne pouvez pas me comprendre, et c'est pourquoi je ne m'explique pas avec plus de détail, mais sachez que je suis tout de même *plus libéral que vous* et même beaucoup plus. Car le libéralisme de gens comme vous, c'est de la réaction absurde. J'appartiens pour une part moins aux convictions slavophiles qu'aux convictions orthodoxes, c'est-à-dire aux convictions de nos paysans, c'est-à-dire aux convictions chrétiennes. Je ne les partage pas pleinement, je n'aime pas leurs préjugés ni leur ignorance, mais j'aime leur coeur et tout ce qu'ils aiment. Depuis le bagne [17].

E.M. de Vogüé [18] rapporte :

En soutenant sa thèse favorite sur la prééminence du peuple russe, il lui arrivait parfois de dire à des femmes, dans les cercles mondains où on l'attirait : "Vous ne valez pas le dernier des moujiks" [19].

Derrière *le dernier des moujiks* il n'est pas difficile de voir se profiler l'ombre du *dernier des bagnards. Lui au moins était chrétien, pas ces femmes.* Dostoïevski avait terriblement besoin qu'autrui fût chrétien, ne fût-ce qu'à l'état sauvage (comme Claudel a dit de Rimbaud qu'il était *un mystique à l'état sauvage*), fût-ce surtout précisément à l'état sauvage.

Ce qui frappe dans ces propos fondamentaux de Fiodor Mikhaïlovitch qui sous-tendent toute sa cohérence et expriment comme le cri de sa personnalité profonde, c'est à quel point la dimension de la valeur est étonnamment psychologique.

Reste une dernière interrogation, la suprême et cruciale question : le brigand du bagne était-il un *anti-autrui modèle* ou un *autrui-alibi* ? Mais Dostoïevski était-il fondamentalement homme à faire une distinction tranchée entre ces deux concepts ?

Chapitre VII

Les catégories de l'Autre

> *Quand je me souviens de tous ces*
> *Vrangel, Latkine, Reisler et de*
> *beaucoup d'autres choses encore*
> *plus importantes qu'eux, je ne sais*
> *plus où j'en suis et je m'embrouille.*
>
> Lettre de F.M. Dostoïevski
> à Anna Grigorievna, 17 mai 1867

On ne pouvait entrer dans l'univers intime ou familier de Dostoïevski que comme *hôte de passage*, sous trois espèces : les nécessités matérielles, la participation signifiante à la comédie humaine, les besoins sélectifs de l'affectivité. Ces trois facteurs se compénètrent à des degrés divers et constituent trois conditions dont deux au moins devaient être remplies absolument.

Le niveau affectif, de toute évidence le plus important, est curieusement assez lâche et son diapason est particulièrement large. Cela va de *l'amitié matérielle*, plus ou moins teintée d'idéologie, relativement stable, sinon très fiable, à *l'amour-passion*, aussi fulgurant que fugitif, en passant par la curiosité intellectuelle ou psychologique, toujours présente, mais vite assouvie. L'amitié amoureuse l'emportant naturellement sur l'amitié simplement matérielle, et l'intérêt psychologique l'emportant même sur la curiosité intellectuelle, il n'est pas étonnant de constater que la relation de Dostoïevski à *autrui féminin* possédait un statut privilégié. Mais surtout, il existe un petit noyau d'êtres situés fondamentalement à part, les seuls avec lesquels Fiodor Mikhaïlovitch communiquait vraiment, se risquant même à des expériences d'osmose et de transfusion de sa propre substance : la catégorie des *siens* au sens fort du terme, par opposition à celle formée par tous les étrangers. Les liens du sang ou ceux créés par la cooptation amoureuse étaient les seuls qui fussent vraiment résistants. On voit émerger ici au premier plan trois figures : Michel Dostoïevski [1], le frère aîné, copie ratée et *alter ego matériel* de Fiodor, mais pour lequel ce dernier gardera toute sa vie une affection sans faille ; Maria Dmitrievna [2], la difficile compagne de Sibérie, qui fera jaillir chez Dostoïevski les flots douloureux d'une insupportable tendresse ; Anna Grigorievna [3] enfin, la seconde épouse, la *gardienne du temple,* celle qui partagera la vie de l'écrivain pendant les quatorze dernières années, ce qui signifie en clair qu'elle acceptera totalement de lui donner la sienne, finissant à force de dévouement par déclencher chez son exigeant époux le suave prurit de l'enthousiasme amoureux.

Dans l'approche d'autrui par Dostoïevski l'élément qui l'emporte au temps de sa jeunesse c'est la participation signifiante de l'autre à la comédie humaine. Fiodor Mikhaïlovitch est alors littéralement aimanté par tout ce qui est fortement typé ou lui semble originalement programmé. On voit se manifester chez lui l'ardent désir de faire le tour des grandes questions de l'existence sur des exemplaires vivants, d'en expérimenter concrètement les solutions possibles. La connivence esthétique de tous bords qu'il recherche l'amène à une sorte d'éclectisme fondamental dans lequel sa personnalité se dissoudrait s'il ne réagissait secondairement au moment voulu, avec une brutale vigueur, par la rupture.

De Chidlovski [4] à Spechnev [5], le schéma est le même. Chidlovski, le *romantique absolu,* a séduit Fiodor Mikhaïlovitch par la richesse contrastée d'une nature pré-karamazovienne. Spechnev, le *révolutionnaire absolu,* l'a fasciné grâce à sa capacité fantastique de risque. Et si Dostoïevski a été arrêté et condamné pour subversion en 1849, ce fut bien plus en victime de ses fréquentations et de ses expériences inopportunes qu'en acteur historique au comportement politique bien défini. Il faut constater que cette lignée d'envoûtements ponctuels s'arrêtera pour l'essentiel avec la période sibérienne. Si, d'un certain point de vue, elle culmine au bagne dans ce vivier du crime d'où émergent certaines grandes figures du *malheur absolu,* on peut la considérer comme pratiquement éteinte une fois Dostoïevski libéré de la *Maison des morts.* Dans la deuxième partie de sa vie, son intérêt pour autrui se limitera davantage aux secteurs matériel et affectif, la curiosité intellectuelle ou même psychologique tournant le plus souvent à l'auto-confirmation. Le seul intérêt nouveau et profond qu'il nourrisse se concentre sur certaines figures de proue du monachisme russe. Encore convient-il de préciser que cette curiosité a une coloration essentiellement livresque, à quelques exceptions près, fort significatives au demeurant. La fascination pour la *sainteté absolue* et ses diverses approches est dans la mouvance naturelle de l'expérience passée. Mais dans cette communication avec un monde familier depuis l'enfance on n'aperçoit jamais clairement la ligne de partage entre les exigences d'une foi qui cherche à s'enraciner davantage et les besoins d'une inspiration romanesque avide d'élargir son champ d'investigation et soucieuse de cultiver avec soin l'étude d'une variante symptomatique de la nature humaine. Toujours est-il que Dostoïevski s'intéresse alors de très près à la légendaire figure de Tikhone Zadonski [6], saint évêque du XVIIIe siècle, à l'itinéraire spirituel de Paul le Prussien [7], et qu'en compagnie du jeune philosophe Vladimir Soloviov [8] il ira rendre visite en juin 1878 au *starets* Ambrossi [9] retiré dans un *désert* célèbre, l'*Optina* de Kozelsk, situé dans la région de Kalouga.

Le dénominateur commun des échanges de Dostoïevski adulte avec autrui, quand il fait de cet autrui un prochain par un acte toujours délibéré, c'est l'intérêt que cet autrui, coopté à titre provisoire, peut présenter pour lui. Il ne se soucie guère de réciprocité dans l'échange, estimant que l'intérêt légitimement suscité par sa personne le dégage de toute autre dette ou obligation. En contrepartie d'un service matériel, Fiodor Mikhaïlovitch accepte simplement le contact pour ce qu'il vaut. Autrui demeure fondamentalement un auxiliaire dont la survie dépend toujours de ce qu'il a à monnayer. Telles sont les conditions et telle est la justification de son intrusion, s'il n'y a pas de raisons spéciales, strictement répertoriées au demeurant, à une familiarité ou à une intimité que Fiodor Mikhaïlovitch fuyait comme d'instinct.

L'ingratitude est une notion césarienne : Dostoïevski incarnait ce principe au suprême degré. L'exemple de l'histoire de ses relations avec le baron A.E. Vrangel est, entre autres, hautement significatif à cet égard. Il acquiert une vertu symbolique. Ce n'est pas sans stupéfaction, en effet, que nous lisons sous la plume de Dostoïevski dans une lettre à Anna Grigorievna en date du 17 mai 1867 l'appréciation suivante :

> Quand je me souviens de tous ces Vrangel, Latkine, Reisler et de beaucoup d'autres choses encore plus importantes qu'eux, je ne sais plus où j'en suis et je m'embrouille.

Alexandre Egorovitch Vrangel [10], le vieil ami de Semipalatinsk, qui avait tant fait pour Fiodor Mikhaïlovitch pendant les dures années de Sibérie qui avaient suivi sa libération du bagne, est nommé ici, en premier, au nombre des créanciers les plus vils et les plus insupportables, à côté d'usuriers professionnels, les Latkine et les Reisler. Et cet impitoyable déclassement d'une amitié des plus durables et des plus efficaces ne s'explique pas seulement par le fait que sa dette, ainsi qu'il l'écrit à Ivanova-Khmyrova [11], sa nièce, dans sa lettre du 20 mars 1869, est "une dette d'honneur sans billet à ordre". Simplement, Vrangel a fait son temps et assumé son rôle : cette survivance d'un passé révolu exaspère Dostoïevski.

Déjà, aussitôt rentré de Sibérie, Fiodor Mikhaïlovitch s'était empressé d'oublier son ami : il aurait eu pourtant pleinement l'occasion de le remercier en lui consacrant en retour un peu de cette attention qu'on avait eu la bonté de lui prodiguer sans compter aux heures noires de son infortune. Dostoïevski et Vrangel avaient fait connaissance à la fin de l'année 1854, lorsque Vrangel arriva à Semipalatinsk en qualité de procureur de la province. Le baron n'était encore qu'un homme jeune, âgé de vingt-quatre ans (Dostoïevski en avait trente-trois). Mais dès son enfance Vrangel avait lu les livres de Fiodor Mikhaïlovitch publiés avant sa condamnation en 1849. Ces livres lui avaient plu et maintenant Vrangel était heureux de lui accorder toute son aide, y compris financière. Les deux hommes se lièrent très vite d'une réelle amitié et lorsqu'au bout d'un an Vrangel changea d'affectation, une correspondance active se noua entre eux, le baron poursuivant assidûment ses démarches à Saint-Pétersbourg pour adoucir le sort de son infortuné protégé. Faisant le bilan de cette liaison si profitable à Dostoïevski, le critique A.S. Dolinine a pu écrire :

> Pour Dostoïevski, dans sa période sibérienne, Vrangel a été un soutien solide et sûr ; il l'a soutenu non seulement moralement, mais encore matériellement. Grâce à lui, Dostoïevski commença à être reçu dans le monde de la haute administration civile, ce qui soulagea d'un coup radicalement les dures conditions de sa vie de soldat. A Vrangel, homme suffisamment cultivé, souple et réceptif, il faisait part de ses pensées et de ses sentiments, lui confiant ses émotions les plus intimes ; à travers lui et grâce aux vastes relations de son ami, il s'est efforcé avec insistance d'améliorer son sort [12].

Pourtant, par la vertu magique de la nécessité matérielle, Vrangel vécut une seconde fois dans l'univers de Dostoïevski. Ce fut en 1865, bien des années plus tard, lorsque l'écrivain, après l'interdiction de sa revue L'Epoque [13], s'était mis à chercher désespérément quelqu'un qui pût lui venir en aide financièrement. Il se souvint alors de Vrangel qui accepta tout de suite de lui prêter de l'argent à l'automne de cette même année. C'est sur la question du remboursement de cette dette qu'une correspondance à peine ébauchée cessa définitivement et que s'arrêtèrent *ipso facto* les dernières relations.

Il faut bien constater que l'amitié ou même une intimité vraie entre hommes n'entraient pas fondamentalement dans les perspectives ou les possibilités de Dostoïevski. Fiodor Mikhaïlovitch n'était pas de ceux qui aiment avoir des amis pour l'amitié elle-même, bien qu'il appréciât toujours au plus haut point les attentions d'autrui à son égard. Un engagement formel et révocable à merci lui semblait suffisant de son propre côté. Il semble que le noeud du problème soit là, en effet : Fiodor Mikhaïlovitch est toujours content et même avide de recevoir une aide ou un encouragement. Sensible aux gestes de sympathie et aux marques de considération, il en a même à la limite physiquement besoin. Mais précisément, dans la meilleure hypothèse, autrui n'est pour lui que cette aide, cet encouragement, ce geste de sympathie ou cette marque de considération d'autant plus précieux et même nécessaires que sa position matérielle ou professionnelle ne cesse d'être ou de lui paraître fragile et menacée. La personnalité vivante, autonome d'autrui n'entre pas, quant à elle, durablement ni essentiellement dans le champ de son affectivité.

Strakhov, autre intime de Dostoïevski qu'il fréquenta pendant toute la durée des années soixante, a certes tous les défauts que l'on peut imaginer et notamment celui que Fénelon a su décrire ainsi : "Il est indigne d'un honnête homme de se servir des débris d'une amitié qui finit pour satisfaire une haine qui commence" [14]. Il n'en est pas moins exact qu'il a incontestablement lutté pour obtenir de Dostoïevski une amitié au moins formelle que la durée et la qualité de leurs relations semblaient devoir imposer d'elles-mêmes.

La clairvoyance n'étant pas forcément l'apanage de la vertu, Strakhov a su donner une magistrale analyse du *comportement moyen* de Fiodor Mikhaïlovitch à l'égard d'autrui, pourtant intime et privilégié, en quête de se constituer en prochain :

> Son invincible méfiance lui faisait parfois voir en moi un homme animé d'une espèce d'hostilité à son égard, insuffisamment bien disposé envers lui et cela me causait du chagrin. *Il est injuste*, pensais-je, *il pourrait connaître mes sentiments et croire en eux.* Je m'efforçais de vaincre son irritation, à coup sûr par trop teintée d'amour-propre, je faisais quelques assauts en vue d'un plus grand rapprochement et jusqu'au dernier moment j'ai toujours rêvé, comme d'un grand bonheur, à la possibilité de rétablir pleinement notre mutuelle sympathie du début. Je me considère volontiers comme coupable de n'avoir pas su et de n'avoir pas pu y réussir pleinement ; je suis persuadé que de son côté il existait un même désir [15].

Pieuse supposition, à moins qu'il ne s'agisse d'une clause de style. Cette main tendue, parmi tant d'autres, n'intéressait pas Dostoïevski et Strakhov est obligé de placer au début de ses *Souvenirs sur F.M. Dostoïevski,* dont l'intention avouée reste panégyrique, l'étonnante réserve que voici :

> Ici une remarque d'ordre général s'impose : dans ces notes et celles qui suivent, le lecteur ne doit pas voir une tentative de représentation exhaustive de l'écrivain décédé ; je m'y refuse carrément et expressément. Pour moi, il est trop proche et trop incompréhensible [16].

L'étrange, en ce qui concerne Strakhov, n'est pas qu'il ait fini par éprouver de l'aversion et même de la haine pour Dostoïevski, mais que ces sentiments se soient déclarés si tardivement, après être restés sous le boisseau pendant tant d'années. Fiodor Mikhaïlovitch tenait incontestablement Strakhov sous une espèce de charme ambigu et de dépendance inavouable dont le second faisait les frais en espérant toujours redresser la situation. Avec le temps, cette *inégalité dans les rapports* dont se plaignait déjà si amèrement Michel, le propre frère de Dostoïevski, lui est apparue de plus en plus insupportable et attentatoire à sa dignité. Le comportement de Fiodor Mikhaïlovitch à son égard n'était pas non plus exempt d'une ironie teintée de perversité sur un autre plan, plus intime et plus secret. Dostoïevski n'ignorait pas les relations privilégiées qui unissaient Strakhov à Léon Tolstoï ; il les connaissait et les encourageait, poussant littéralement à la roue. Il y avait là comme une association à trois dont les deux principaux protagonistes, Dostoïevski et Tolstoï, n'avaient pas de relations personnelles et même ne se virent jamais [17]. On était ici à deux doigts du vaudeville classique, version littéraire du *ménage à trois.*

Avant sa célèbre lettre à Tolstoï du 28 novembre 1883, écrite près de trois ans après la mort de l'écrivain et dans laquelle il se dédit de tout ce qu'il peut y avoir de positif dans ses *Souvenirs,* Strakhov a longtemps cherché des circonstances atténuantes à la mauvaise humeur et aux constantes dérobades de Fiodor Mikhaïlovitch. Curieusement, ce sont celles-là mêmes qu'Anna Grigorievna invoquera plus tard à la fin de ses *Mémoires* pour défendre son défunt mari contre des critiques restées vives et concordantes parmi ceux qui l'avaient connu. La maladie, les crises d'épilepsie, les difficultés matérielles de toutes sortes expliqueraient une *apparence de comportement* qui ne concerne pas le fond des choses. La raison tardivement mise en avant par Strakhov, une fois le processus de *déboulonnage* entrepris, ne satisfait pas davantage l'esprit : Dostoïevski aurait été atteint d'une sorte de blocage affectif empêchant qui que ce soit de pénétrer *au-delà d'une certaine limite* [18].

Ces deux analyses, peu crédibles en elles-mêmes (l'une est trop superficielle, l'autre trop systématique) recèlent cependant une part de vérité chacune, qu'il est possible de réunir. Il est incontestable que la nature et la manière d'être de Dostoïevski, excluant la possibilité d'une appréhension stable de sa personnalité, en rendant extrêmement hasardeuses des relations de type *normal* (déjà Belinski en avait fait la remarque) à cause de la trop grande amplitude de son comportement, créaient une sorte de barrière entre autrui et lui. Cet obstacle à une communication franche et directe était au demeurant transformé par Dostoïevski en moyen de défense et de protection contre toute investigation indésirable.

Mais il y a autre chose, de plus sérieux et peut-être de plus grave. Le maître-mot de Dostoïevski à l'égard d'autrui est : *pas le temps*. L'amitié, comme tout sentiment profond, a besoin d'espace et de temps pour s'épanouir et se fortifier. Or Fiodor Mikhaïlovitch a toujours été un homme essentiellement *pressé*. Certes, il y a en lui du Chatov, *notre irascible ami*, comme disait en français Stepan Trofimovitch (*Les Démons, I, III, 4*). *Avant de raisonner avec Chatov, il faut commencer par le lier*, disait en plaisantant Stepan qui au demeurant l'aimait beaucoup (*ibidem, I, I, 8*). Mais il y a aussi — métaphoriquement — du Loujine : *C'est un homme occupé et dans les affaires, et maintenant il doit rentrer vite à Pétersbourg, parce que pour lui chaque minute est précieuse* (*Crime et châtiment, I, III*). Il y a aussi — tout aussi métaphoriquement — du Piotr Verkhovenski qui se presse éternellement *on ne sait où*, reprise évidemment perfide du *thème-idée* de Belinski défini ainsi par Dostoïevski : *l'homme le plus pressé de toute la Russie* [19]. Ici comme souvent, on oserait dire comme toujours, Fiodor Mikhaïlovitch voit la paille dans l'oeil du voisin et ne voit pas la poutre dans le sien.

Mais cette notion impériale de *pas le temps* en recouvre subrepticement une autre, plus impériale encore : *pas besoin*. C'est vrai aussi que Dostoïevski connaît une sorte de carence affective en matière d'amitié, même si certaines marques extérieures d'une amitié non requise le flattent et l'encouragent. On ne devient jamais l'ami de Dostoïevski : on intéresse et on cesse d'intéresser ; on est nécessaire et on ne l'est plus. Certes Fiodor Mikhaïlovitch est le contraire d'un indifférent et sait même se montrer étonnamment pour ne pas dire étroitement sélectif, mais tout choix est chez lui conjoncturel, a valeur stratégique en quelque sorte.

Certains naturellement intéressent beaucoup plus que d'autres, intéressent beaucoup plus durablement que d'autres et sont donc plus proches du soleil, aux avant-postes de son échiquier personnel. Mais aucune de ces relations n'a été menée jusqu'à son terme ; toute fréquentation ou correspondance a *sans exception aucune* capoté un jour *avec ou sans raison*. Peu regardant sur le chapitre de ses obligations, il était peu assuré de la fidélité de ses "amis", ce qui lui a valu d'innombrables trahisons. Lui-même n'était guère plus fiable aux yeux de ses plus proches compagnons et l'initiative de la rupture ne venait pas toujours de lui. C'est ainsi qu'Apollon Nicolaïévitch Maïkov, le plus constant et le plus fidèle de tous ceux qui l'ont fréquenté, finit par rompre avec lui au bout de trente ans, parce qu'il *n'est pas sûr* que Dostoïevski ne revienne pas au moins en partie sur son évolution passée pour réhabiliter, par contraste avec l'actualité, certaines valeurs méconnues ou injustement condamnées des années quarante.

Pas plus qu'il ne sollicitait l'amitié pour elle-même, il ne recherchait d'alliance. *Homme-de-l'une-seule-pensée*, profondément persuadé que *l'unique est l'hypostase de l'universel*, il n'est sensible qu'aux délices des rencontres brèves et fulgurantes auxquelles s'attachent la grâce et le privilège de la *minute*. Ces instants cruciaux qui pour lui valent toute une vie sont comme des océans de lumière dans la nuit profonde des désaccords et des malentendus permanents. Plus encore qu'aux rencontres du présent, ce passéiste-né était sensible aux retrouvailles au coeur du passé, idéalisant par contraste avec le monde où je suis *le monde d'où je viens*. Telle est l'explication de cet étonnant retour à Nekrassov, nimbé d'une stupéfiante tendresse, que provoque la brutale disparition de ce dernier. Jamais de son vivant Dostoïevski n'avait eu l'ombre d'un sentiment amical pour lui : il l'aurait même cordialement détesté. Et voici que par la grâce de cette mort, Fiodor Mikhaïlovitch renoue avec sa propre affectivité d'autrefois, revit ce temps désormais aboli où il a tant investi et tant enfoui de lui-même. Nekrassov bénéficie donc de ce retour de tendresse sur soi qui entraîne une lucidité nouvelle, sereine et poétique. Que pèse le présent à côté d'instants d'une densité pareille, où l'être communique enfin avec l'être, sans barrière et sans obligations ? Que pèse ce présent dont le propre est de s'épuiser et de dépérir sans cesse, tant qu'il n'est pas restitué et régénéré par une perspective de dépassement où les valeurs se cristallisent enfin ? Qui dit présent, dit querelle et rupture. Qui dit passé, dit réconciliation et retrouvailles. L'intimité tardive avec Constantin Pobedonostsev [20] dont l'essentiel de l'activité politique se situera après la mort de l'écrivain, et la belle amitié avec le jeune philosophe Vladimir Soloviov auraient-elles franchi le cap des années quatre-vingt ? Il est permis d'en douter, au regard de toute la vie passée de Fiodor Mikhaïlovitch qui n'a jamais cessé de flairer dans les pièges subtils de l'amitié la sourde menace de l'aliénation de soi-même.

Epuisant progressivement la substance de ses contemporains pour mieux se retrouver en tête-à-tête avec lui-même, Dostoïevski ne cesse de creuser sa propre solitude. Il apparaît déjà qu'à partir de la deuxième moitié de sa vie sa curiosité de l'humain est moins vive, moins motivée : il vivra désormais essentiellement de l'approfondissement incessant de l'expérience acquise et de la régurgitation du passé. Son isolement croissant l'amène à se retirer sur la montagne. Au *Temps* et à *L'Epoque,* où il était entouré de collaborateurs nombreux, succède *Le Journal d'un Ecrivain* dont il assume seul la rédaction de tous les articles dans les domaines les plus divers. Au bout de cette solitude, il connaîtra lui aussi sa *nuit de Nekrassov* : il y aura sa rencontre fulgurante, *pour une minute,* avec la Russie, à l'occasion de ses funérailles [21], une Russie qui de son vivant lui avait d'abord préféré Tourgueniev et ensuite Tolstoï. L'instant suivant, le charme avait disparu et commençait déjà la traversée du désert. Mais pour un moment cet homme seul s'était trouvé à la croisée des chemins de ses compatriotes, à la croisée des destins de son pays. Ce furtif mais grandiose hommage posthume est toujours la grâce ultime que l'Histoire accorde aux génies prophétiques et solitaires.

Dostoïevski a côtoyé tout au long de sa vie des centaines, des milliers de personnes et il ne s'est intéressé qu'à un tout petit nombre d'entre elles. Parmi ces dernières, une grande majorité n'est entrée chez lui que par les fourches caudines de son univers matériel : êtres-fonctions, auxiliaires occasionnels, appendices de sa biographie personnelle. Et n'ont finalement franchi la porte étroite de son univers personnel qu'un nombre infime d'individus, essentiellement à la faveur de contacts matériels momentanément sublimés. Fiodor Mikhaïlovitch semble traiter autrui en fin de compte comme la partie la moins intéressante de lui-même : celle qui sert de vecteur à l'essentiel, c'est-à-dire à la révélation de ce qu'il porte en lui. Prêtre modeste mais exigeant de son propre culte, qu'il associe au besoin de création qui le torture intérieurement, Dostoïevski néglige les serviteurs du temple dans les moments où il n'en a pas ou plus besoin. Son excuse est de faire partie lui-même, en tant qu'être dédoublé, de ces serviteurs, de ces parias, de ces êtres-fonctions qui ont pour seule fin de servir un grand dessein qui les transcende. Transcendé lui-même par ce grand dessein, souvent plus mal loti que ses propres auxiliaires, il a au moins un privilège qu'autrui ne saurait posséder : celui de l'immanence. Ainsi, à égalité apparente de traitement, se marque toute la distance qui sépare inexorablement le maître du serviteur.

CHAPITRE VIII

Le pôle de la féminité

En effet Vassine, avec toute son intelligence, ne comprenait rien aux femmes, si bien que tout un cycle d'idées et de phénomènes lui demeurait inconnu.

F.M. Dostoïevski,
L'Adolescent, I, IX, II

Toute l'erreur de la "question féminine" consiste à diviser l'indivisible, on prend l'homme et la femme séparément, alors qu'il s'agit d'un organisme unique, homogène. "Ils les a créés homme et femme".

Carnets de F.M. Dostoïevski,
1880

Par le coeur, les formes de sa sensibilité, les particularités de son psychisme, Dostoïevski était beaucoup plus proche de la variante féminine de cet être pourtant *indivisible* que constitue à ses yeux l'homme. Il n'y a rien d'étonnant à ce que la seule personne que Fiodor Mikhaïlovitch ait jamais qualifiée d'*ami éternel* ait été précisément une femme, son orageuse maîtresse des années soixante, Apollinaria Souslova [1].

Jastrjembski [2], un des compagnons d'étape de Dostoïevski sur la route du bagne de Sibérie, a formulé sur lui l'observation suivante :

Dostoïevski appartenait à cette catégorie d'individus dont *Michelet** a dit : *que tout en étant le plus fort mâles, ils ont beaucoup de la nature* *féminine**. Cette circonstance explique le côté de ses oeuvres dans lequel on voit de la cruauté dans le talent ainsi que le goût de faire souffrir... [3].

* *En français dans le texte*

Entre Dostoïevski et l'univers féminin, il existe plus qu'une connivence, une sorte de consonance psychologique. Consolant son *ami* Vrangel d'un échec amoureux, il brosse l'étonnant portrait de femme suivant :

> ... J'ai envie de formuler encore une dernière opinion : ne vous êtes-vous pas trompé définitivement sur son compte ? Peut-être, vous êtes-vous persuadé qu'elle pouvait vous donner ce qu'elle est dans l'impossibilité de donner vraiment à qui que que ce soit. Précisément, vous avez pensé chercher en elle de la constance, de la fidélité et tout ce qui fait l'amour *vrai* et total. Or il me semble qu'elle n'est pas capable de cela. Elle n'est capable que de donner une minute de plaisir et de bonheur total, mais seulement une minute ; elle ne peut promettre davantage et si elle l'a promis, c'est parce qu'elle s'est trompée elle-même et l'on ne peut l'en accuser. Aussi, acceptez cette minute, soyez lui en reconnaissant et — c'est tout. Vous la rendrez heureuse si vous la laissez en paix. Je suis persuadé qu'elle est elle-même de cet avis. Elle aime le plaisir plus que tout, elle aime la *minute* et, qui sait, peut-être calcule-t-elle le moment où cette minute prendra fin. Une seule chose est mauvaise, qu'elle joue avec le coeur des autres ; mais savez-vous jusqu'où s'étend la *naïveté* de ces créatures ? Je pense qu'elle est persuadée de n'être coupable en rien ! Je crois qu'elle pense : "Je lui ai donné du bonheur ; sois donc satisfait de ce que tu as reçu, car ça ne se retrouve pas toujours et peut-on qualifier de mauvais *ce qui a été* ? De quoi donc n'est-il pas satisfait ?". Si l'on se soumet et si l'on est satisfait, ces créatures sont capables de nourrir pour vous (d'après mes souvenirs) une amitié pour toujours infinie et sincère et même, à l'occasion d'une rencontre, de recommencer l'amour.
>
> *Lettre du 9 mars 1957*

Ce portrait, tout intuitif, ressemble à s'y méprendre à un autoportrait. Tout y est — ou presque — de la manière d'être et de la façon d'aimer de Fiodor Mikhaïlovitch. De la *minute* à la *naïveté* au demeurant passablement retorse, en passant par l'aveu significatif : *peut-on qualifier de mauvais ce qui a été ?* Pareille adhérence à soi-même par autrui féminin interposé a de quoi laisser songeur.

Quand il arrive à Dostoïevski de s'épancher un tant soit peu dans ses *Lettres,* d'entrouvrir la porte de la confidence, de desserrer le verrou de son *intimité,* cela n'arrive qu'avec des correspondantes féminines. Lui d'ordinaire si *matériel,* si *extérieur* avec ses correspondants masculins, se montre tout à coup beaucoup plus à l'aise, plus expansif devant une femme. Il se sent visiblement plus proche, plus en harmonie, et de toute façon plus en confiance avec les divers types de femmes que la vie lui propose : la jeune fille, la maîtresse, la femme déjà adulte, la mère de famille. La communication devient aussitôt plus facile : il sent qu'il a des chances d'être compris, que la barrière qui le sépare d'autrui est soudain plus diffuse. L'intuition et la sensibilité de Fiodor Mikhaïlovitch se branchent sur des réseaux familiers. Sans doute les femmes étaient-elles à ses yeux moins *abstraites* que les hommes (une majorité, mais pas toutes !), plus proches en tout cas de la vie vraie, c'est-à-dire de la *vie vivante* caractérisée par Versilov dans *L'Adolescent* comme *non pas livresque et factice, mais au contraire gaie et sans ennui* (II, II, 2). Il est à noter que dans la suite de ce même roman Arcade Dolgorouki, fils illégitime de Versilov, fera coïncider cette notion avec une personne, Catherine Nicolaevna Akhmakova :

> — Cette femme... — ma voix trembla tout à coup — écoutez, André Pétrovitch, écoutez : cette femme est ce que vous avez dit tantôt chez ce prince de la "vie vraie", vous vous rappelez ? Vous avez dit que cette vie vraie est quelque chose de si franc et de si simple, qui vous regarde si droit, que précisément à cause de cette droiture et de cette netteté il est impossible de croire que ce soit ce que nous avons cherché toute notre vie avec tant de mal... (II, V, 2).

Cette vie vraie, immédiate, spontanée, organique est pour Dostoïevski consubstantielle à la fois aux valeurs de la terre et à celles de l'enfance, cautions suprêmes et système privilégié de références au cœur de son panthéon intime.

On a déjà pu observer la grande franchise de la lettre d'excuses qu'il a adressée le 14 mai 1848 à Eugénie Petrovna [4], la mère des frères Maïkov, dont il appréciait, paraît-il, particulièrement les coiffes.

A sa sortie du bagne, Dostoïevski écrit coup sur coup deux lettres, l'une à Michel, son frère, l'autre à Natalia Von-Vizina [5], la femme du décembriste qui avait volontairement suivi son mari en déportation. Dans sa longue lettre à Michel du 22 février 1854, Fiodor Mikhaïlovitch s'étend longuement sur les circonstances de sa vie de bagnard, tout en se montrant très évasif quant au contenu même et au résultat de l'expérience vécue.

> Qu'est-il advenu de mon âme, de mes croyances, de mon intelligence et de mon cœur pendant ces quatre années, je ne t'en dirai rien. Ce serait un trop long récit.

En revanche, dans la lettre qu'il envoie à Natalia Von-Vizina quelques jours plus tard en cette même fin de février, il se montre enclin à lui livrer ces mêmes confidences qu'*il n'a pas eu le temps* de faire à Michel.

Avec quel plaisir je lis vos lettres, ma très inappréciable N.D. [6]. Vous les écrivez remarquablement, ou pour mieux dire, vos lettres émanent directement de votre coeur, si bon et si humain, avec facilité et sans effort /.../. Je ne sais, mais à lire votre lettre je crois deviner que vous avez retrouvé avec tristesse les lieux d'autrefois. Je comprends cela : j'ai plusieurs fois pensé que si jamais je retournais là-bas, je recueillerais dans mes impressions plus de souffrance que de liesse. Je n'ai pas vécu votre vie et je n'en connais pas grand-chose, comme tout un chacun lorsqu'il s'agit de la vie d'autrui, mais le sentiment humain nous est commun à tous et, me semble-t-il, lorsque l'exilé rentre chez lui, il doit fatalement revivre dans sa conscience et son souvenir tout son malheur passé. Cela ressemble à une balance sur laquelle on pèse et on apprend le poids précis et véritable de tout ce qu'on a souffert, supporté et perdu, de tout ce que de braves gens nous ont enlevé. Mais que Dieu vous prête encore longue vie ! J'ai appris de plusieurs personnes que vous étiez très croyante, N.D. Ce n'est pas à cause de votre foi, mais parce que j'ai moi-même éprouvé et ressenti ces choses profondément, que je vous dirai qu'en de pareils moments on a, comme une *herbe desséchée*, soif de foi, et que cette foi, on la trouve, parce que le malheur fait jaillir la lumière de la vérité. Je vous dirai à mon sujet que je suis un enfant du siècle, enfant de l'incroyance et du doute jusqu'à ce jour, et le serai même (je le sais) jusqu'à la tombe. Que de souffrances effrayantes m'a coûtées et me coûte encore aujourd'hui cette soif de croire qui est dans mon âme d'autant plus forte qu'il y a davantage en moi d'arguments contraires. Et cependant, Dieu m'envoie parfois des instants où je suis parfaitement tranquille : dans ces instants, j'aime et je trouve que les autres m'aiment, et c'est dans ces instants-là que je me suis composé un Credo dans lequel tout pour moi est clair et sacré. Ce Credo est simple, le voici /.../. Mais il vaut mieux cesser de parler de ces choses. Au demeurant, j'ignore pourquoi certains sujets de conversation sont complètement bannis de l'usage en société : si on commence à en parler, cela semble froisser les autres. Mais passons...

Il est significatif que cette profession de foi, touchant au plus profond de l'intimité de Fiodor Mikhaïlovitch, ait été faite devant une femme. Michel aurait-il compris ? Etait-il prêt à recevoir pareil aveu *complètement banni de l'usage en société,* même s'agissant d'êtres aussi proches ? La réserve dont Dostoïevski fait souvent preuve vis-à-vis de son frère, et *a fortiori* vis-à-vis *d'étrangers,* n'est-elle pas à la mesure de la crainte d'être mal ou insuffisamment compris ?

Dans une lettre à Vrangel du mois d'avril 1865, Fiodor Mikhaïlovitch semble pour une fois *craquer* sous le poids du double malheur qui vient de s'abattre sur lui (il a perdu coup sur coup entre avril et juillet 1864 sa femme, Maria Dmitrievna, et son frère préféré, Michel). Sur le point de céder au flot du sentiment, il réalise subitement qu'il est incapable de franchir une certaine *limite,* ce que pour une fois il avoue à son correspondant.

Je vous ai tout décrit et je vois que je ne vous ai pas exprimé l'essentiel, la vie de mon esprit et de mon coeur, et que je n'en ai même pas donné un aperçu. Ainsi en sera-t-il toujours, tant que nous nous exprimerons par lettres. Je ne sais pas écrire de lettres et je ne sais pas écrire *sur moi* en respectant la *mesure.*

Le contexte psychologique et les sous-entendus de cette déclaration se comprennent mieux à la lumière d'un passage à la fois semblable et très différent d'une lettre écrite à S.A. Ivanova-Khmyrova en date du 29 août 1870.

J'ai affaire parfois à tant de tracas, de désagréments, de charges de toutes sortes, que je n'ai la force de me mettre à rien, encore moins de me mettre à écrire une lettre. Il n'y a que mes oeuvres que je sois obligé d'écrire et que j'écrive dans quelque disposition d'esprit que je me trouve, et encore parfois n'y résisté-je pas et laisse tout tomber. Ma vie n'est guère plaisante. Cette fois, je veux vous expliquer divers éléments de ma situation, encore que la principale raison pour laquelle je n'aime pas les lettres est qu'il est difficile d'y parler après tant d'années de séparation de sujets qui sont importants pour moi et d'être compris. On ne peut écrire que des lettres d'affaires, à des personnes avec lesquelles on ne se trouve pas en relation de coeur.

Dostoïevski vient de lancer ici, comme négligemment, ce maître-mot de *relation de coeur,* condition unique et absolue de toute communication réelle. La communication n'est pas pour lui la *convergence masculine des cerveaux et des idées,* c'est l'*union par le coeur, nécessairement avec une femme.*

Dans le cycle des *Lettres* écrites par Fiodor Mikhaïlovitch pendant son *deuxième exil* [7], à l'Ouest (1867-1871), la correspondance échangée avec S.A. Ivanova-Khmyrova a une valeur toute particulière dont A.S. Dolinine a fort bien saisi la portée et la signification.

Ce fut, d'une manière générale, l'une des plus remarquables correspondantes de Dostoïevski. Dans un certain sens, dans la mesure où il l'honorait de sa sincérité, il faut placer Ivanova à côté de Maïkov, peut-être même au-dessus. Si Dostoïevski dans les lettres de cette période, plongé dans un état permanent de très grande inquiétude, s'orientait moins en fonction de la personnalité du destinataire que dans les autres périodes, ce seul fait augmentant déjà la crédibilité de ces lettres sur le plan des faits, il devait rester d'autant plus lui-même dans sa correspondance avec cette toute jeune fille à l'âme si belle, qu'il appelait sans rire le moins du monde sa conscience et devant laquelle il se confessait, avouant certains de ses actes, effectivement comme devant sa propre conscience. Il l'aimait et la respectait pour la luminosité de son esprit et la finesse de son intuition, au point de lui faire part de ses pensées les plus intimes et de ses projets. Il était sûr qu'elle le comprendrait. Et en même temps, il pouvait ne pas tenir compte d'elle comme il devait malgré tout tenir compte de Maïkov, à plus forte raison de Strakhov /.../. Les lettres de Dostoïevski à Maïkov, Ivanova-Khmyrova et Strakhov sont colorées diversement sur le plan émotionnel. Devant le premier, par exemple, il ne retient pas sa colère, son mépris, sa haine corrosive envers toute une série de personnes, en particulier envers Tourgueniev et Belinski ; le diapason de ses passions est assez large. Avec Ivanova il est beaucoup plus doux, plus lyrique. Avec Strakhov enfin, le ton est tout à fait différent. Il ne l'estime visiblement ni suffisamment proche, ni particulièrement intuitif ; il se comporte avec lui comme s'il restait un peu sur ses gardes [8].

Il faut placer Ivanova à côté de Maïkov, peut-être même au-dessus. On mesurera la signification de ce rapprochement et de la préférence accordée malgré tout à Ivanova, si l'on garde à l'esprit la qualité exceptionnelle, pour ne pas dire unique, des relations entretenues par Fiodor Mikhaïlovitch Dostoïevski avec Apollon Nicolaïévitch Maïkov pendant une période de trente ans, en gros entre 1845 et 1875. En dehors de Michel Dostoïevski, son frère, Maïkov fut le seul homme avec lequel Fiodor Mikhaïlovitch sentît une affinité psychologique et une connivence intellectuelle à la limite ultime de ses possibilités intimes. Mais, comme l'explique si finement Dolinine, *l'obligation sociale de tenir compte* court-circuitait au plus haut niveau la qualité aussi bien que la possibilité d'une vraie communication qui ne saurait se développer qu'en raison inverse de cette *obligation de réserve entre hommes.* Grâce à la différence d'âge (25 ans), grâce à son appartenance au groupe familial, grâce enfin à son sexe (le statut social de la femme n'étant pas à l'époque un statut d'égalité), Ivanova échappait naturellement aux trames serrées de l'*ordre établi.* Son charme et ses qualités personnelles faisaient le reste.

Sur le plan privilégié de la relation de Dostoïevski à *autrui intime au féminin,* la lettre la plus intéressante de sa correspondance avec sa nièce S.A. Ivanova-Khmyrova est sans aucun doute celle du 13 janvier 1868. C'est un homme de 47 ans qui écrit à une jeune fille de 22 ans : avant de lui décrire, avec un luxe de détails et de précisions auquel même Maïkov n'aura pas droit, le complexe esthético-philosophique fondamental qui préside à l'écriture de son nouveau roman *L'Idiot,* il fait le point sur le délicat problème de leur *amitié.*

> Ma chère, adorable amie Soniétchka, j'ai gardé le silence malgré votre insistante prière pour que je vous écrive. Et cependant, en dehors du fait que je ressentais un besoin particulier et vif de parler *avec vous* (ne fût-ce que pour la seule raison de la nécessité *absolue* de vous répondre sur un point de votre lettre et d'y répondre tout de suite, le plus tôt

possible), il fallait répondre. Dites-moi : comment a pu venir à votre esprit, chère amie de toujours, que j'aie quitté Moscou fâché contre vous et sans vous tendre la main ! Comment pareille chose est-elle possible ? Bien sûr, j'ai une mauvaise mémoire et je ne me rappelle pas les détails, mais j'affirme catégoriquement que *rien* de tout cela n'a pu se produire et que c'est simplement une impression que vous avez eue. En premier lieu, de raison il n'a pu y en avoir aucune : je sais cela comme deux et deux font quatre. En second lieu et principalement : est-ce que je romps si facilement avec mes amis ? C'est comme ça que vous me connaissez, mon ange ! Que j'ai eu mal en lisant cela ! Vous auriez *dû*, Sonia, essayer de comprendre combien je vous estime et vous respecte et combien je fais cas de votre coeur. Des êtres comme vous, je n'en ai pas rencontrés beaucoup dans ma vie. Vous me demanderez : par quoi, pour quelles raisons me suis-je à ce point attaché à vous ? (Vous demanderez si vous ne me croyez pas). Mais, ma chère, il est terriblement difficile de répondre à ces questions. Je me souviens de vous pratiquement depuis que vous étiez petite fille, mais j'ai commencé à vous examiner et à reconnaître en vous un être rare, un être particulier et rare, un coeur superbe, il y a seulement en tout quatre ans : c'est surtout pendant l'hiver où est morte Maria Dmitrievna que j'ai appris à vous connaître. Vous rappelez-vous ma visite après tout un mois où j'avais été malade, alors que j'étais resté très longtemps sans vous voir toutes ? Je vous aime toutes, mais vous en particulier. Machenka [9], par exemple, je l'aime énormément pour son charme, sa grâce, sa naïveté, le charme de ses manières ; quant à son coeur, j'ai appris tout récemment à quel point il était sérieux (ô, toutes vous avez du talent et vous êtes distinguées par Dieu). Mais c'est à vous que je suis particulièrement attaché, et cet attachement se fonde sur une impression particulière qu'il est très difficile d'anatomiser et d'expliquer. Ce qui me plaît, c'est votre retenue, le sens élevé et inné que vous avez de votre dignité personnelle ; j'aime la conscience de ce sentiment (ô, ne le trahissez jamais, ni en rien ; allez droit votre chemin, sans compromis dans l'existence). Consolidez en vous vos bons sentiments, parce qu'il faut tout consolider ; il suffit de faire une seule fois un compromis avec son honneur et sa conscience pour qu'il reste durablement un point faible dans l'âme. Dès lors, si la vie esquisse devant vous une difficulté d'un côté et de l'autre un avantage, vous vous écartez aussitôt de la difficulté pour vous tourner vers l'avantage. Je ne prononce pas ici une phrase de caractère général ; ce que je dis maintenant est pour moi-même une source de douleur et si je vous ai parlé de point faible, c'était peut-être par expérience personnelle. J'aime peut-être précisément en vous ce qui constitue en moi le défaut de la cuirasse. J'aime particulièrement en vous cette solidité dans la constitution du sentiment de l'honneur, dans votre regard sur les choses et vos opinions, cette démarche, il va de soi, totalement naturelle et dont vous n'êtes encore que peu consciente, parce qu'en raison de votre jeunesse encore extrême, vous n'avez pas pu prendre conscience de tout. J'aime aussi votre intelligence calme et claire qui sait tout distinguer avec précision et voir avec sûreté. Mon amie, je suis d'accord avec tout ce que vous m'écrivez dans vos lettres ; mais que je sois d'accord avec votre accusation, selon laquelle la moindre hésitation ait pu se produire dans mon amitié pour vous, cela jamais ! Peut-être faut-il tout simple-

ment expliquer les choses par une vétille quelconque, une minute de
nervosité due à mon mauvais caractère, mais aussi bien cette minute-là
n'a-t-elle *jamais* pu se rapporter à vous personnellement, mais à quelqu'un d'autre ; ne m'offensez donc jamais avec de pareilles accusations !

La personnalité de Sophia Ivanova sert ici comme de réactif à
celle de Dostoïevski : la relation privilégiée à autrui tourne toujours chez lui à la relation à soi-même. La raison profonde de
l'amitié et même — pourquoi pas ? — de l'amour qu'il éprouve
pour sa nièce est qu'il se voit en elle tel qu'il était, ou s'imagine
avoir été, *Aux chers lieux d'autrefois revus après ces choses,*
comme dira Verlaine ; tel aussi qu'en lui-même enfin il se réin-
ventera et se réimaginera plus tard à travers le personnage romanesque d'Aliocha Karamazov. Mais le surprenant ici, c'est surtout
l'étrange aveu de Fiodor Mikhaïlovitch (qui n'avoue jamais rien
d'aussi secret) concernant la *maladie de sa conscience.* L'allusion
est forte *(ce que je dis maintenant est pour moi-même une source
de douleur),* mais reste suffisamment imprécise pour demeurer
à jamais énigmatique. De quoi peut-il s'agir ? De son comportement public, après sa sortie du bagne d'Omsk, animé du désir
de donner toutes les cautions possibles au pouvoir en place ? De
son comportement privé, antérieur à son arrestation en 1849 ?
Evoquant en 1873 dans son *Journal d'un écrivain* les *suprêmes
minutes* qui étaient censées précéder *la sentence de mort par
fusillade,* il fait discrètement allusion au *repentir* que *quelques-uns
d'entre nous... éprouvèrent peut-être... de telle ou telle mauvaise
action qu'ils avaient commise (de celles que chaque homme sent
toute sa vie peser secrètement sur sa conscience)...* La réponse est
impossible à donner, à supposer même qu'il faille la chercher
parmi les deux hypothèses indiquées et pas ailleurs, en sorte que
le mystère plane et planera toujours.

Il reste que cette *confidence même inachevée* ne pouvait être
faite qu'à une femme et à une femme naturellement très proche.
Il était sûr qu'elle le comprendrait, écrit joliment Dolinine, qu'elle
le comprendrait, c'est-à-dire qu'elle au moins *ne le jugerait pas.*
Dostoïevski avait sans cesse la hantise d'être jugé parce que mal
compris. Et toute la douleur du monde se lit dans la célèbre
réflexion de Marmeladov à Raskolnikov.

> C'est entendu, c'est entendu, je suis un gredin, mais elle (Catherina
> Ivanovna, mon épouse) a le coeur haut, et elle est pleine de sentiments
> ennoblis par l'éducation. Et pourtant... ô, si elle pouvait avoir pitié
> de moi ! Mon cher Monsieur, il faut pourtant que tout homme ait au
> moins un coin où on le prenne en pitié ! Catherina Ivanovna a beau être
> une dame au grand coeur, elle est injuste...
>
> *Crime et châtiment, I, II*

Ma chère amie de toujours, dit Dostoïevski à Sophia Ivanova. Pour la petite histoire, on retiendra tout de même qu'elle non plus n'a pas mené son parcours jusqu'à son terme. *L'amitié de toujours* ne résistera pas longtemps au retour des Dostoïevski en Russie. *Il se produisit*, selon Dolinine, *des ragots qu'il est difficile d'éclaircir vraiment, mais qui portaient apparemment sur des faits d'ordre matériel, et ils ne tardèrent pas à rompre* [10].

Si c'est à une femme que Dostoïevski a confié son *Credo*, à une femme qu'il a entrouvert le *verrou de sa conscience*, c'est encore à une femme qu'il livrera le *secret de son dédoublement*.

> Qu'est-ce que vous écrivez au sujet de votre dédoublement ? Mais c'est le trait le plus ordinaire chez les gens... qui ne sont pas, au demeurant, tout à fait ordinaires. Ce trait est commun à la nature humaine en général, mais il s'en faut de beaucoup qu'il se rencontre en chaque nature humaine avec autant de force qu'en vous. Voilà pourquoi précisément vous m'êtes proche, parce que ce *dédoublement* qui existe en vous est très exactement le même que celui qui existe en moi et qui a existé en moi pendant toute ma vie. C'est une grande souffrance, mais c'est en même temps une grande jouissance. C'est la marque d'une conscience forte, c'est une exigence de lucidité sur soi-même et de présence en sa propre nature de l'exigence du devoir moral envers soi-même et envers l'humanité. Voilà ce que signifie ce dédoublement. Si votre intelligence n'était pas développée, si vous étiez plus limitée, vous seriez aussi moins scrupuleuse et ce dédoublement n'existerait pas. Au contraire, on verrait apparaître une grande présomption...
>
> *Lettre à E.F. Junge* [11] *du 11 avril 1880*

Les grands — les très rares — moments de vraie communication au nom de la *convergence intime* sont ponctués et orchestrés chez Fiodor Mikhaïlovitch Dostoïevski de présence féminine.

CHAPITRE IX

Cooptation et possession

> *Je suis parfaitement libre, je ne*
> *dépends de personne ; mais notre*
> *lien est si solide /.../ mon cher, que*
> *ma vie me semble soudée à quel-*
> *qu'un.*
>
> *Lettre à Michel du 19 juillet 1840*
>
> *Tu te confonds avec moi en un seul*
> *corps et une seule âme.*
>
> *Lettre à Anna Grigorievna*
> *du 24 juillet 1876*

Toute sa vie, Fiodor Mikhaïlovitch a éprouvé le besoin de se *souder*, de se *consubstantier* à un être privilégié, unique, sur lequel il déposerait en des instants choisis le lourd fardeau de sa solitude.

Sa première tentative de jeune homme se fait tout naturellement avec son frère Michel, son aîné d'un an auquel le liait une vive amitié, nourrie de surcroît d'une totale communauté de goûts littéraires. C'est sur cette base que Fiodor lui écrit le 19 juillet 1840 : ... *Cher ami de mon coeur, t'aimer c'est pour moi tout à fait un besoin. Je suis parfaitement libre, je ne dépends de personne ; mais notre lien est si solide /.../ mon cher, que ma vie me semble soudée à quelqu'un.* Mais le mariage de Michel en janvier 1842, jugé bientôt comme peu satisfaisant par Fiodor, l'inégalité dans les rapports justement mise en cause par Michel, les exigences matérielles excessives et intempestives de Fiodor, la lente déchéance de Michel dans l'alcoolisme, firent qu'entre autres raisons la profonde affection qui continua de lier jusqu'au bout les deux frères ne réussit jamais à se transformer en complicité organique. Si bien que cette première tentative de *consubstantiation* se solda par un échec.

Dostoïevski fit une seconde tentative beaucoup plus tard, à sa sortie du bagne, avec Maria Dmitrievna Issaïeva, née Konstant [1], qu'après bien des péripéties il finit par épouser à Kouznetsk le 6 février 1857. Ce mariage fut considéré par tous ceux qui approchèrent ou connurent le couple comme une erreur. Cette fois, l'inégalité des rapports joua en la défaveur de Fiodor Mikhaïlovitch, amant passionné et jaloux d'une créature intelligente et cultivée, au caractère fort, au début bien disposée et même maternelle à son égard, mais qui en fait lui promettra toujours de l'aimer un jour, *pas maintenant*. L'intimité des deux époux reste cependant enveloppée d'un épais voile de mystère et la vérité sur leurs rapports n'a jamais été totalement déchiffrée. De 1859 à 1864 Maria Dmitrievna se consume lentement, atteinte de phtisie pernicieuse. Dans l'un des rares aveux de Dostoïevski qui nous soit parvenu sur le secret d'une vie, il laissera échapper dans une lettre à Vrangel qui avait bien connu le couple ces phrases lourdes de sens : *O, mon ami, elle m'a aimé sans limite et moi aussi je l'ai aimée sans mesure, mais nous n'avons pas vécu heureux /.../. Nous avions beau être positivement malheureux ensemble (en raison de son caractère étrange, ombrageux et maladivement fantasque), nous ne pouvions cesser de nous aimer ; et même, plus nous étions malheureux, plus nous nous attachions l'un à l'autre* (lettre du 31 mars 1865). Ces mots, indiscutablement sincères même si la vérité objective (quelle vérité au fait ?) en sort embellie, tendraient à prouver que s'il y eut insuccès notoire, il n'y eut peut-être, sur un plan moins apparent, que demi-échec. Même s'il ne restait qu'une sorte de *complicité dans le malheur*, cette complicité constitue un niveau, même dégradé, de consubstantiation.

La disparition de Maria Dmitrievna, puis trois mois plus tard celle de Michel, plongeront Dostoïevski dans le désespoir et le désarroi les plus complets. Lui qui *ne dépend de personne* investit en fait tous ses besoins affectifs en un seul être, chaque fois élu, privilégié, unique. Dans une lettre à son frère cadet André en date du 29 juillet 1864, il associe les deux deuils qui viennent de le frapper.

> Je ne pourrai pas te dire tout ce que j'ai perdu avec Michel. Cet homme m'a aimé plus que tout au monde, plus même que sa femme et ses enfants que pourtant il adorait. Tu as déjà sans doute appris par quelqu'un qu'en avril de cette même année j'ai enterré ma femme à Moscou,

où elle est morte de phtisie. En une seule année ma vie s'est comme brisée. Ces deux êtres ont été pendant longtemps tout dans ma vie. Où trouver maintenant des gens comme ça ? Et puis, je n'ai même pas envie de chercher. Et puis c'est impossible d'en trouver. Devant moi, je n'ai que la vieillesse, solitaire et froide, et mon épilepsie.

La même association est reprise l'année suivante dans la lettre à Vrangel du 31 mars 1865, précédemment citée.

/Maria Dmitrievna/ était la plus honnête, la plus noble et la plus généreuse des femmes, de toutes celles que j'ai pu connaître dans ma vie. Lorsqu'elle est morte, j'avais beau avoir souffert de la voir (pendant toute une année) s'éteindre progressivement, j'avais beau avoir évalué et douloureusement ressenti tout ce que j'allais enterrer avec elle, — jamais cependant je n'avais pu imaginer le degré de douleur et de vide que connaîtrait ma vie une fois qu'on l'aurait recouverte de terre. Cela fait déjà un an et la sensation reste toujours la même, elle ne diminue pas... Après l'avoir enterrée, je me suis précipité à Saint-Pétersbourg, vers Michel ; il était le seul qui me restât, mais trois mois plus tard il mourut, lui aussi, après une maladie d'un mois sans gravité apparente. La crise qui l'a mené à la mort s'est produite presqu'à l'improviste et n'a duré que trois jours.

Et voici que je me suis retrouvé soudain seul et qu'une épouvante m'a saisi ; toute ma vie s'est d'un seul coup brisée en deux. Dans une moitié, déjà vécue, il y avait tout ce pour quoi j'avais vécu, et dans l'autre, la moitié que je ne connaissais pas encore, tout était étranger, nouveau, et il n'y avait pas un seul coeur qui pût remplacer pour moi les deux autres. Littéralement, il ne me restait plus aucune raison de vivre. Bâtir de nouveaux liens, inventer une nouvelle vie ! Rien que d'y penser, j'éprouvais une sensation de dégoût. C'est alors que *pour la première fois* j'ai senti que personne ne pourrait *les* remplacer, que je n'aimais qu'*eux* au monde et qu'il était non seulement impossible de trouver un nouvel amour, mais encore qu'il ne fallait pas le chercher. Tout autour de moi était devenu froid et désert.

Dans ce monde *soudain devenu froid et désert* une vieille obsession de Dostoïevski ressurgit peu à peu. Avec Michel, c'était un membre associé de sa famille qu'il avait perdu. Avec Maria Dmitrievna, c'était *une* femme qui l'avait quitté. Or Si Fiodor Mikhaïlovitch avait rêvé très tôt de la femme, il avait aussi rêvé très tôt de la famille comme d'un coin d'univers restructuré à ses besoins, modelé selon ses voeux et ses désirs. Au demeurant, il y avait pour lui une sorte de transition naturelle entre la femme et la famille. Or dans l'expérience précédemment vécue, il y avait eu dédoublement, disjonction. Au sein de la famille qu'il n'avait pas encore réussi à fonder pour lui-même, l'attrait naturel pour la femme se doublait de la fascination pour l'enfant. Dès le 18 février 1866, on voit se glisser sous sa plume des phrases significatives du type : "Mon excellent ami, vous au moins vous êtes heureux en famille ; moi, le destin m'a refusé ce grand et *unique* bonheur humain" (lettre à Vrangel). Une fois le destin conjuré et l'expérience réalisée, Dostoïevski se chargera de faire lui-même la leçon aux autres. Ainsi écrit-il à Strakhov le 26 février 1870 : "Ah, pourquoi n'êtes-vous pas marié, très respecté Nicolas Nicolaïévitch, et pourquoi n'avez-vous pas d'enfant ! Je vous jure que le bonheur sur terre consiste aux 3/4 en cela, l'autre quart seulement étant peut-être réservé pour autre chose".

Veuf de Maria Dmitrievna et veuf aussi — en un sens — de Michel, Dostoïevski s'est senti à la croisée des chemins. Anna Grigorievna rapporte dans ses *Souvenirs* :

> Un jour, alors qu'il était en proie à une humeur particulièrement angoissée, Fiodor Mikhaïlovitch me révéla qu'il se trouvait en ce moment à un seuil et qu'il avait trois voies devant lui : soit aller en Orient, à Constantinople et à Jérusalem, et peut-être y rester définitivement ; soit aller à l'étranger pour jouer à la roulette et se plonger de toute son âme dans le jeu, sa passion de toujours ; soit enfin se marier une seconde fois et chercher le bonheur et la joie dans la famille. La solution de ces questions, qui devait modifier radicalement le cours d'une vie qui avait pris une si fâcheuse tournure, préoccupait beaucoup Fiodor Mikhaïlovitch et, comme il me voyait disposée amicalement à son égard, il m'a demandé ce que je pourrais lui conseiller [2].

Insidieusement, Dostoïevski lance donc le bouchon. Ce n'est pas la première fois, en ces années 1865-1866. En un aussi court espace de temps, il fait en tout cinq propositions de mariage : à Souslova [3], Korvine-Kroukovskaïa [4], Ivantchina-Pisareva [5], Elena Pavlovna Ivanova [6] et enfin à sa *sténographe*, Anna Grigorievna Snitkina [7]. Souslova exceptée (mais était-elle sérieusement en compte, Dostoïevski ayant toujours séparé sur le plan *ontique* le type de la maîtresse de celui de l'épouse), aucune des autres femmes auxquelles Fiodor Mikhaïlovitch *se propose* ne lui inspire de véritable passion. Il cherche chaque fois, vaille que vaille, à fonder une famille et c'est dans cette perspective qu'il pose ses jalons et établit ses critères. Poursuivant son récit Anna Grigorievna rapporte :

> J'avoue qu'une question aussi confiante m'embarrassa fort : son désir d'aller en Orient, aussi bien que son désir de devenir joueur me parurent peu clairs et même un peu fantastiques ; sachant qu'il existait dans ma famille et parmi les gens que je connaissais des familles heureuses, je lui donnai le conseil de se remarier et de chercher le bonheur dans la famille.
> — Alors vous pensez, — demanda Fiodor Mikhaïlovitch —, que je peux encore me marier ? Que quelqu'un accepterait de m'épouser ? Quelle femme dois-je prendre : une qui soit intelligente ou une qui soit bonne ?
> — Naturellement, une qui soit intelligente.

— Eh bien non, tant qu'à choisir, je prendrais une femme qui soit bonne, pour qu'elle m'aime et ait pitié de moi [8].

Anna Grigorievna ne se rend pas compte, apparemment, combien ce dialogue est terrible et comme les auspices, du côté de Fiodor Mikhaïlovitch, sont médiocres. Les lignes qui suivent dans le récit d'Anna Grigorievna sont encore plus explicites à ce sujet :

A propos de ce projet de mariage, Fiodor Mikhaïlovitch me demanda pourquoi je ne me mariais pas. Je répondis que j'avais deux prétendants, que c'étaient deux excellentes personnes que je respectais beaucoup, mais que je n'éprouvais pas d'amour pour eux et que j'avais la volonté de me marier par amour.
— Par amour, absolument ! — m'approuva chaleureusement Fiodor Mikhaïlovitch ; pour faire un mariage heureux le seul respect ne suffit pas [9].

Ainsi éclate, au moins au départ, *l'inégalité de la relation* : Fiodor Mikhaïlovitch prévient qu'il cherche une bonne âme qui le supporte et le prenne en pitié et si possible, comme en prime, l'aime *absolument*. Le contexte réel de ce qui n'est encore qu'une *négociation*, avant de devenir une *aubaine*, puis par une surprenante mutation une extraordinaire *réussite*, s'éclaire fort bien par les précisions que donne Dostoïevski dans sa lettre d'adieu à Souslova du 23 avril 1867, *deux mois après son mariage* :

Milioukov [10] m'a conseillé de prendre un sténographe pour lui dicter mon roman, ce qui raccourcirait les délais de quatre fois. Olkhine, professeur de sténographie, m'a envoyé sa meilleure élève avec laquelle précisément je me suis mis d'accord. On a commencé à partir du 4 octobre. Ma sténo, Anna Grigorievna Snitkina, était une toute jeune fille, assez jolie, de vingt ans ; elle sortait d'un bon milieu et avait fort bien terminé ses humanités ; son caractère était clair et extrêmement bon. Le travail a très bien marché. Le 28 novembre, le roman *Le Joueur*, à présent publié, était terminé au bout de 24 jours. A la fin du roman, je me suis aperçu que ma sténo m'aimait sincèrement, sans m'en avoir jamais dit un mot, et elle a commencé à me plaire de plus en plus. Comme depuis la mort de mon frère la vie m'était devenue affreusement ennuyeuse et pénible, je lui ai proposé de m'épouser. Elle a été d'accord, et nous voici mariés. La différence d'âge est terrible (20 ans contre 44), mais je suis de plus en plus convaincu qu'elle sera heureuse. Elle a du coeur et elle sait aimer /.../. O, ma chérie, je ne te convie pas à un bonheur médiocre et pourtant *nécessaire*. Je te respecte (toujours je t'ai respectée) pour ton caractère exigeant, mais je sais bien que ton coeur *ne peut pas* ne pas exiger de vivre, et que toi-même tu considères les gens soit comme infiniment rayonnants, soit, sur l'instant, comme des canailles et des esprits vulgaires. Je juge d'après les faits. Tires-en toi-même la conclusion.
Adieu, éternelle amie !...

Le bonheur médiocre et pourtant nécessaire avec Anna Gri-

gorievna s'épanouira avec les années en un très grand bonheur
terrestre. Anna Grigorievna saura *débloquer* chez Fiodor Mikhaïlovitch d'immenses ressources d'amour et de passion. Et lui saura
façonner en elle une nature consonante. Leur correspondance
peut figurer en bonne place dans une anthologie de lettres d'amour
dont le phrasé chez l'un et chez l'autre finit par se ressembler
étonnamment. Fiodor et Anna sont nos *Tristan* et *Isolde* modernes.
La dominante de ces *Lettres* est d'ordre affectif et physique, les
deux secteurs dans lesquels Dostoïevski se sentait le plus vulné-
rable et avait besoin d'une très grande confiance en l'*Autre*. Or
sur ces deux plans l'accord a été parfait. "A propos, — écrit-il
dans un post-scriptum à sa lettre du premier août 1879 —, priez
aussi pour moi. Car enfin je me rends coupable de *bien des péchés*
avec toi". Pour Fiodor Mikhaïlovitch l'amour physique réussi
est le fondement même de la vie. C'est ce qu'il tente d'expliquer
à Anna pour la énième fois dans sa lettre du 16 août 1879 :

> Le seul fait de mon extase conjugale permanente à ton égard (j'ajoute
> qu'elle ne fait que croître avec les années) aurait pu te faire comprendre
> bien des choses, mais toi tu ne veux pas comprendre, ou bien tu ne
> peux pas comprendre en raison de ton inexpérience. Seulement,
> indique-moi un autre mariage, celui que tu voudras, dans lequel pareil
> phénomène soit aussi fortement marqué que dans le nôtre, qui date
> pourtant déjà de 12 ans. Or mon extase et mes transports sont inta-
> rissables. Tu diras que ce n'est qu'un aspect de la question et le plus
> fruste. Non, il n'y a là rien de fruste, c'est de là au contraire que
> procède tout le reste.

Avec Anna, Fiodor réalise enfin le rêve-obsession de toute sa
vie : se consubstantier à un être élu. Mais cette osmose réussie,
cette contamination réciproque si ardemment désirée, cette mouvance libératrice des frontières, cet accord érotico-mystique pro-
voquent certes des sensations fortes et des instants de bonheur
fulgurant, mais n'apportent pas la paix de l'âme. Cet amour déchi-
rant d'un homme vieillissant pour une femme beaucoup plus jeune,
elle-même très éprise, fut avant tout un amour déchiré, inquiet,
torturant, et en ce qui concerne Fiodor, jaloux, tyrannique.
Eloigné de *son* Anna, Dostoïevski, tel un jumeau privé d'une
nécessaire présence, est en alerte de toutes ses fibres ; il tente
de communiquer avec elle la nuit, en rêve, grâce à la clef des songes.
Sans elle, il se sent comme orphelin, tragiquement privé de protection et démuni en face des coups imprévisibles du sort. Dans une
lettre d'Ems [11] du mardi 10 juin 1875, il écrit :

> Je suis affreusement inquiet, parce que je suis seul. Certes il m'arrivait
> à Staraïa Roussa [12] d'être seul à la maison, mais au moins je savais
> que dans la pièce voisine il y avait les enfants [13], je pouvais aller les voir

de temps en temps, leur parler, même me fâcher s'ils criaient, cela ne faisait que me redonner force et vie. Et par-dessus tout, je savais qu'auprès de moi il y avait Ania, qui est réellement la moitié de moi-même et dont il m'est réellement impossible, je le vois maintenant, de me séparer, et plus ça va, plus ce sera impossible.

Eternel inquiet, Dostoïevski veut sans cesse vérifier qu'il est aimé, posant toutes sortes de pièges et s'inventant un système de signes pour être enfin sûr de son fait. Une lettre, parmi tant d'autres, datée du dimanche 17 juillet 1877, *quatre heures de l'après-midi*, adressée à Anna Grigorievna de Saint-Pétersbourg, est révélatrice de cette angoisse permanente (chez un homme de cinquante-six ans !) :

> ... Mais hier, samedi, il n'est toujours *rien* arrivé, et la nuit que j'ai passée hier, je me la rappellerai toute ma vie. Ce qui me torturait surtout, c'était l'idée que deux lettres n'avaient pu disparaître en même temps. Donc, il s'était produit quelque chose, soit avec toi, soit avec les enfants. Ania, ces trois derniers jours que j'ai passés ici ont été épouvantables. Surtout les nuits. Je n'arrive pas à dormir. Je réfléchis, j'évalue les chances, je vais et viens dans la chambre, l'image des enfants me hante, je pense à toi, mon coeur se met à battre (j'ai depuis ces trois jours des battements de coeur que je n'avais jamais eus). Enfin, il commence à faire jour et je sanglote, je vais et viens à travers la chambre et je pleure avec une sorte de tremblement (je n'y comprends rien, ça ne m'était jamais arrivé) et je m'efforce seulement que la vieille n'entende pas. Or la vieille n'arrête pas de crier la nuit, ce qui complète le tableau. Enfin, le soleil, la chaleur (il fait ici une chaleur insupportable), je me jette sur mon lit vers cinq heures du matin et je dors quatre heures en tout sans cesser d'avoir de terribles cauchemars. Enfin, ça suffit comme description. Je désire simplement que tu ne te fâches pas trop à cause du télégramme. *Je n'ai pas pu supporter.* Le télégramme a coûté six roubles /.../. Mais ça suffit. Je me dépêche. Je crains d'être en retard. Je pars aujourd'hui /.../. J'ai une envie mortelle d'embrasser les enfants et surtout de t'embrasser toi, froide et cruelle Ania, petite femme froide ! Si tu m'aimais avec ardeur, tu n'aurais pas attendu jeudi pour m'écrire. Si toi aussi tu m'aimais avec ardeur, tu m'écrirais (comme tu le faisais avant) que *tu me vois en songe*. C'est donc que tu ne me vois pas en songe, ou que tu vois quelqu'un d'autre. Ania, cruelle, je te couvrirai partout de baisers, je t'embrasserai toute jusqu'au dernier recoin et, après avoir dévoré ton corps de baisers, je prierai sur toi comme on prie sur une divinité...

Dans la représentation de Fiodor Mikhaïlovitch, l'image d'Anna Grigorievna se dédouble en image matérielle de femme de charge, de gouvernante, d'infirmière de l'âme, et en image sublimée de *divinité*, de reine de coeur et de suzeraine de son corps.

> Tu es ma patronne, ma souveraine, ma suzeraine, et mon bonheur est de me soumettre à toi.

15 juillet 1876

Qu'on te fasse reine et qu'on te donne tout un royaume et je te jure
que tu le gouvernerais comme personne, tant tu possèdes d'intelligence,
de bon sens, de coeur et de savoir-faire /.../. Tu es ma reine et la maîtresse de mon âme.

24 juillet 1876

Mon amie, j'ai été amoureux de toi pendant ces dix ans et toujours
crescendo, et s'il m'arrivé de me disputer avec toi, je t'ai toujours aimée
à en mourir.

15 juillet 1877

Et pourtant ces aveux enflammés ne doivent pas occulter l'autre
face de la réalité, prosaïque, matérielle, de la servante consciente
d'être servante :

Ma chérie et ma joie, où as-tu pris que tu étais *le juste milieu* ? Tu es
une personne rare entre les femmes, de plus tu es meilleure qu'elles
toutes. Non seulement tu tiens toute la maison et tu diriges mes affaires,
mais tu nous entraînes tous à ta suite, capricieux et difficiles que nous
sommes, à commencer par moi et en finissant par Aliocha [14]. Mais
en t'occupant de mes affaires, tu te gaspilles en menue monnaie. Tu
passes des nuits blanches à organiser la vente et le secrétariat du *Journal* [15], et cependant nous ne recueillons encore que de petits sous, sans
savoir si les vrais roubles viendront plus tard /.../. Je vais te dire la vérité,
Ania : lorsque tu fais un tout petit effort de toilette pour sortir et que
tu te pares un peu, tu ne saurais croire à quel point tu deviens tout d'un
coup incomparablement plus jeune à regarder et incomparablement
belle ! Je m'en suis même étonné souvent. Tout le malheur est que tu
es éternellement en train de travailler à la maison, et c'est pourquoi
tu es parfois simplement négligée.

24 juillet 1876

Dans ses *Mémoires* Anna Grigorievna avouera avec une sorte
de pudeur blessée qu'elle considéra *plus tard, tout le reste de sa
vie, comme la plus grande des privations le fait de n'avoir pas pu
assister à l'extraordinaire triomphe dont son cher mari fut honoré
lors de la célébration du jubilé de Pouchkine* [16]. Entre autres
raisons invoquées par elle et qui l'ont empêchée d'accompagner
son mari à Moscou, Anna Grigorievna signale le fait qu'elle ne
possédait pas *la robe claire, correcte à défaut d'être luxueuse* [17],
dont elle aurait eu besoin.

La possession intime et complète d'une femme constitue pour
Dostoïevski la forme la plus aiguë et la plus enivrante de la possession : elle se situe bien au-dessus de l'argent ou de la puissance
sociale, sans même parler de la célébrité littéraire dont il était
pourtant si avide. Même *l'usurier-poète* du récit *Une Douce*
s'exclame : *Il y avait aussi diverses pensées qui me plaisaient, par
exemple que j'avais quarante et un ans, et elle seulement seize.
Cela me captivait, cette sensation d'inégalité, c'est plein de dou-*

ceur, plein de douceur [18] . Plus forte que les prestiges de l'or et
l'argent, plus subtile que toute poésie, la *musique de la possession
dans l'inégalité* est pleine d'une irrésistible *douceur*. C'est cette
même musique qui orchestre *l'idée* et le comportement de l'Adolescent dans le roman du même nom. Armé d'un certain document
compromettant pour la belle Catherina Nicolaevna dont il est
tombé follement amoureux au premier regard, Arcade Dolgorouki
s'écrie dans un monologue intérieur : *C'était un duel à mort. Eh
bien ! je n'étais pourtant pas offensé ! Il y avait offense, mais je
ne la sentais pas. Que dis-je ? j'étais même joyeux ; venu pour haïr,
je sentais même que je commençais à l'aimer. Je me demande si
l'araignée peut haïr la mouche qu'elle guette et qu'elle attrape.
Chère mouche ! Il me semble qu'on aime sa victime ; du moins on
peut l'aimer. Ainsi moi, j'aime mon ennemie ; je suis terriblement
content qu'elle soit si belle /.../. Comme cette idée est sédui-
sante !...* [19] .

Fiodor Mikhaïlovitch joue en virtuose, dans son oeuvre comme
dans sa vie, de toute la gamme des formes de possession possibles
dont une femme puisse être l'enjeu. Il y a bien par exemple un
soupçon de jeu dans cette étonnante déclaration de Dostoïevski
à sa femme :

> Sans toi, je ne peux pas rester longtemps, c'est un fait avéré. Et cepen-
> dant, en partant, j'avais beau savoir combien ce serait dur pour moi,
> je me réjouissais quand même fondamentalement à l'idée que par ce
> départ je te *soulagerais*, parce que je t'ai trop harassée d'ennui et de
> travail, de sorte que tu *te reposerais de moi* en te rafraîchissant l'âme.
> *Lettre d'Ems du 15 juillet 1876*

Pour Fiodor Mikhaïlovitch, toutefois, la possession ultime d'une
femme ne pouvait passer que par le lien triangulaire avec les
enfants.

> Lilia [20], d'après moi, a ton caractère : elle sera à la fois bonne, intelli-
> gente, honnête et en même temps sa nature sera *large* ; Fedia [21], lui,
> a mon caractère, mon ingénuité. Je ne peux être que comme je suis
> et je peux m'en flatter, bien que je sache que tu as peut-être souvent
> ri à part toi de cette ingénuité qui est mienne.
>
> *Ibidem*

Dans les moments graves, lorsque Dostoïevski sombrait dans
un insupportable cafard, même la pensée d'Anna Grigorievna
pâlissait jusqu'à s'estomper, et seule la pensée des enfants était
l'ancre de salut qui lui permettait de s'amarrer au réel et de ne pas
plonger dans le néant :

> J'éprouve un ennui insupportable à vivre. Si Fedia n'existait pas, je
> deviendrais peut-être fou /.../. J'embrasse Lilia 1 000 fois. Ô, que la

vie est pénible à vous rendre fou !

Lettre du 5 juin 1872

C'est à cette source profonde qu'il faut rapporter les paroles célèbres de Mychkine dans *L'Idiot (I, VI)* :

> Si je les appelle oisillons, c'est parce qu'il n'y a rien de mieux au monde qu'un petit oiseau /.../. Par les enfants l'âme s'assainit.

La même idée est reprise, amplifiée, par le *starets* Zossima dans *Les Frères Karamazov (II, VI, 3, g)* :

> Aimez surtout les petits enfants : eux aussi sont sans péché, ils sont comme les anges, et ils vivent pour notre attendrissement et pour la purification de nos coeurs ; ils sont un signe pour nous. Malheur à qui les offense !

Le secret de l'extraordinaire histoire d'amour que Dostoïevski a vécue avec Anna Grigorievna est dans la perfection exhaustive des formes de possession que Fiodor Mikhaïlovitch a pu atteindre grâce à elle. La clause spéciale et en un sens restrictive qui concerne les enfants s'explique par la nature même de ce que Dostoïevski cherchait dans et à travers la possession. Anna Grigorievna participe en fait d'un système complexe de références et de valeurs qui l'englobe et la dépasse tout à la fois. Privilégiée, mais non unique, elle constitue la pièce maîtresse d'un puzzle qu'elle irradie au centre.

Chapitre X

Transfert et cosmos

> *Beaucoup de choses nous sont cachées sur la terre, mais en revanche nous a été donnée la sensation mystérieuse, secrète, de notre lien vivant avec un autre monde, le monde d'en haut, celui du ciel ; les racines de nos pensées et de nos sentiments ne sont pas ici, mais dans d'autres mondes.*
>
> Les Frères Karamazov,
> II, VI, 3, g

> *TRISTAN : "Dans le gouffre béni de l'éther infini, dans ton âme sublime, immense immensité, je me plonge et m'abîme, sans conscience, ô volupté !" (Mort d'Isolde).*
>
> Roland Barthes,
> Fragments d'un discours amoureux

Dans ses rapports avec Anna Grigorievna, Fiodor Mikhaïlovitch, pour posséder plus sûrement, accepte d'être possédé et désire l'être. La dialectique de la possession est aussi une dialectique de la dépendance. Dostoïevski phagocyte l'autre (Anna Grigorievna) avec l'alibi de se laisser phagocyter par elle. Le leitmotiv de sa correspondance avec elle pendant les dix dernières années de sa vie sera : *nos âmes se sont confondues.* "Tu te confonds avec moi en un seul corps et une seule âme", — lui écrit-il le 24 juillet

1876. Dans ce double rapport de la possession s'inscrit comme un besoin de *s'abîmer* au sens où l'entend Roland Barthes dans ses *Fragments d'un discours amoureux* :

> La bouffée d'abîme peut venir d'une blessure, mais aussi d'une fusion : nous mourons ensemble de nous aimer : mort ouverte, par dilution dans l'éther, mort close du tombeau commun [1].

Cette *bouffée d'abîme* que Dostoïevski aimait tant respirer auprès d'Anna Grigorievna n'est pas le secret exclusif de leur intimité amoureuse. A travers l'ensemble de ses relais et de ses supports, la notion *d'abîme* est à la base du code le plus chiffré de la personnalité de Fiodor Mikhaïlovitch dont elle constitue, selon l'heureuse formule de Barthes, la *logique impensée* [2]. Pour Dostoïevski, l'immersion amoureuse est soeur de l'immersion cosmique. L'objet aimé et *le gouffre béni de l'éther infini* [3] sont réalités associées et partenaires interchangeables.

Devançant Barthes qui s'est ouvertement inspiré de l'oeuvre de Dostoïevski, Fiodor Mikhaïlovitch a été sans doute le premier à approcher cette notion *d'abîme* et à la définir non seulement en mots, mais encore en images, en personnages et en situations romanesques. A l'état brut cette notion lui a été suggérée par le héros de Goethe, Werther, premier illustrateur inconscient de la formule magique éros-abîme-cosmos. Barthes bâtit dans *Werther* le *montage* suivant : *"En ces pensées, je m'abîme, je succombe, sous la puissance de ces magnifiques visions"*. *"Je la verrai /.../. Tout, oui, tout, comme englouti par un abîme, disparaît devant cette perspective"* [4]. Dans son *Journal d'un écrivain pour 1876* (janvier) Dostoïevski définit l'équation ultime de la personnalité du héros de Goethe par la triade : SUICIDE/par amour/ — ABIME — CONSTELLATIONS/cosmos/.

> Werther le suicidé, quand il met fin à ses jours, regrette, dans les dernières lignes qu'il laisse, de ne plus voir jamais "la belle constellation de la Grande Ourse", et lui fait ses adieux. Oh, comme ce petit trait dit bien tout Goethe, qui n'en était alors qu'à ses débuts ! Qu'est-ce qui les rendait si chères au jeune Werther, ces constellations ? C'est qu'il prenait conscience, à chaque fois qu'il les contemplait, qu'il n'était pas un simple atome et un simple rien devant elles, que tout cet abîme des prodigieux mystères divins n'était point hors d'atteinte pour sa pensée, pour sa conscience, pour l'idéal de beauté inclus dans son âme, que *cet abîme était à son propre niveau et l'apparentait à l'infini de l'être...* (les italiques sont de moi. - L.A.) et que toute la béatitude de cette grandiose pensée, qui lui révélait ce qu'il était lui-même, il en était redevable à *sa propre image humaine* [5].

On ne peut qu'être surpris de lire sous la plume d'un critique aussi fin et aussi sûr que A.S. Dolinine le jugement péremptoire suivant, à propos de la réfraction de l'univers de Goethe chez Dostoïevski : "Goethe, l'*olympien*, est l'un des rares génies du monde qui soient restés aussi étrangers à l'esprit éternellement angoissé de Dostoïevski" [6]. Il semblerait que l'on soit une fois de plus en présence de cette confusion naïve qui n'épargne pas toujours le spécialiste, si avisé soit-il, entre la personnalité littéraire d'un auteur et sa personnalité privée, d'homme-individu. Certes la personnalité *humaine* de Fiodor Mikhaïlovitch irrigue profondément sa personnalité *littéraire*, mais au niveau de l'être, la seconde reste sectorielle, alors que la première jouit du statut de la totalité. Récusant Goethe comme inspirateur de Dostoïevski, Dolinine pense naturellement, *a contrario*, à l'énorme influence du rival de Goethe, Schiller [7], sur la création romanesque de Fiodor Mikhaïlovitch. Mais précisément, il conviendrait de ne pas oublier, à propos de Schiller, que *l'homme-Dostoïevski* a été, sauf à un court moment au début de sa vie, un pourfendeur de Schiller, qu'il a été en procès permanent avec lui, récusant son *angélisme à l'eau de rose*, alors que *le littérateur-Dostoïevski* a toujours respecté et reconnu en Schiller un pourvoyeur inépuisable d'images et de situations esthétiquement productives. Si Goethe, en effet, semble avoir moins imprégné l'oeuvre littéraire de Fiodor Mikhaïlovitch (encore que sur ce point bien des découvertes restent à faire), il est par contre beaucoup plus consubstantiel à Dostoïevski par sa vision du monde et les formes complexes de sa sensibilité. Dans son immense génie, *l'olympien* a comme embrassé les potentialités à venir de Dostoïevski, et architecturé les contours de sa personnalité. Simplement — et ce *simplement* a valeur de révolution créatrice — Fiodor Mikhaïlovitch a réuni ce que Goethe avait séparé, a fait basculer au centre les deux antipodes de l'univers de Goethe : sur le plan sentimental, celui du tempérament amoureux, Dostoïevski est resté toute sa vie *werthérien* ; sur le plan social, ombre portée du plan métaphysique, il a été toute sa vie *faustien*.

L'itinéraire sensitif de *l'homme-Dostoïevski* est en consonance profonde avec le thème werthérien qui connaît chez lui d'exceptionnels prolongements. Il y a un lien subtil, mais une chaîne continue, entre le désenchantement werthérien aux connotations suicidaires marquées, l'expérience cosmique de l'épilepsie qui *l'apparente à l'infini de l'être*, l'imaginaire du jeu conçu comme *fuite, anéantissement opportun* [8], la passion érotique dans ce qu'elle a de fondamentalement ambivalent (*désespoir* ou *comblement*), et enfin la fascination pour l'enfance qui signifie *le repos de l'abîme* [9]. Tels sont les îlots essentiels de l'archipel sentimental de Dostoïevski, telle est la diaspora de sa mystérieuse unité.

Fiodor Mikhaïlovitch est fondamentalement un *sujet amoureux*, un jouisseur, un hédoniste secret à la vocation contrariée, un homme possédé par un instinct permanent de fuite : il était donc particulièrement accessible aux *bouffées d'abîme* [10] ou *d'anéantissement*. De là vient sans doute son intérêt passionné, tout au long de sa vie, pour le problème du suicide, pour la personnalité et les singularités psychologiques des suicidés et des suicidaires en général. Cette obsession constante transparaît non seulement à travers la problématique de ses héros, mais également dans ses écrits à la première personne, dans sa *Correspondance* et son *Journal d'un écrivain*.

Sur le plan autobiographique, l'idée de suicide est associée chez Dostoïevski à celle de désespoir, mais d'un désespoir doux en quelque sorte (c'est le bonheur chez lui qui est violent), proche de la *blessure werthérienne*. Cette association désespoir-douceur définit la tonalité maîtresse de ses lettres à Michel au cours des années quarante : la *fadeur*, la *prose de la vie* l'enserrent dans un étau qu'il éprouve sourdement le désir de rompre. Cette *douceur* de Dostoïevski, en se manifestant à un instant critique de la vie d'un de ses compagnons d'infortune, en route comme lui pour le bagne, à Tobolsk, aura sur ce dernier une influence salutaire, salvatrice même. Jastrjembski raconte :

> Dans une ambiance aussi misérable je me rappelai ma vie à Saint-Pétersbourg parmi mes jeunes, sympathiques et intelligents camarades de deux universités : celle de Kiev et celle de Kharkov... Je pensai à ce que dirait ma sœur si elle voyait dans quel état je me trouvais. Je pensai qu'il n'y avait plus de salut pour moi et décidai d'en finir : déjà, au ravelin Alexis [11], j'avais réussi quelques préparatifs... Si je rappelle ce passé pénible, c'est simplement parce que j'ai eu l'occasion grâce à lui de connaître de plus près la personnalité de Dostoïevski. Sa conversation gentille et sympathique me guérit de mon désespoir et éveilla en moi l'espérance /.../. Nous passâmes la plus grande partie de la nuit à converser amicalement. La voix gentille et sympathique de Dostoïevski, sa tendresse et la douceur de ses sentiments, même quelques explosions de caprice tout à fait féminin, exercèrent sur moi une action apaisante. Je renonçai à tout projet extrême [12].

Cette douceur, c'est aussi le trait dominant de la personnalité de Kirillov, l'un des héros de Dostoïevski les plus paradoxalement consubstanciels à leur auteur. Elle est symbolisée dans *Les Démons* par deux détails autobiographiques : la participation au jeu d'un enfant ; l'occupation nocturne favorite qui consiste à boire du thé. *Kirillov*, fait joliment observer Viacheslav Ivanov [13], *ne cesse de boire du thé la nuit, cette action de boire du thé est le symp-*

tôme de l'idéalisme méditatif russe [14]. Quant à la complicité de jeu qui unit Kirillov à *l'enfant à la balle, âgé d'environ dix-huit mois,* elle se manifeste avec une signification particulière, par contraste avec la réaction que va produire l'entrée de Stavroguine.

> ... En ce moment il agitait ses menottes et riait comme rient les bébés, en s'étranglant presque. Debout devant l'enfant, Kirillov jetait contre le plancher une grosse balle rouge ; la balle rebondissait jusqu'au plafond et retombait, l'enfant criait : "Ba... ba !". Kirillov rattrappait la "ba" et la donnait à l'enfant qui la jetait à son tour de ses petites mains maladroites ; Kirillov courait après elle, la ramassait. Enfin la "ba" roula sous l'armoire. "Ba ! ba !" criait l'enfant. Kirillov s'allongea par terre à plat ventre pour essayer de saisir la balle. Nicolaï Vsevolodovitch entra dans la chambre ; à sa vue l'enfant éclata en sanglots et se blottit contre la vieille qui se dépêcha de l'emporter.
>
> *Les Démons, II, I, 5*

La douceur, en association explosive avec le désespoir, c'est aussi toute la formule de *Une Douce, nouvelle fantastique,* écrite par Dostoïevski à la suite d'un fait divers.

> Il y a un mois, tous les journaux de Pétersbourg ont publié quelques brèves lignes en petits caractères sur un suicide pétersbourgeois : une malheureuse jeune fille s'est jetée par la fenêtre du troisième étage, une couturière, "parce qu'elle ne pouvait pas trouver de travail pour sa subsistance". Il était dit en outre qu'elle s'était jetée dans le vide et écrasée sur le sol *en serrant dans ses bras une icône.* Cette icône dans les bras, quel trait étrange, encore jamais vu dans un suicide ! Il s'agit ici d'une sorte de suicide humble, résigné. Il n'y a eu ici visiblement ni murmure ni récrimination : simplement, vivre était devenu impossible, *Dieu n'a pas voulu,* et elle est morte après avoir prié [15].

La douceur est chez Dostoïevski la connotation du suicide *non négatif* parce que *non négateur.* Ce suicide-là ne renie au fond ni Dieu, ni le cosmos, ils constitue un appel au secours, un cri de détresse, c'est un acte d'amour à l'envers.

Mais il existe une autre variante du suicide, opposée à la première. Ses connotations sont la satiété et la fadeur avec leur corollaire, l'ennui. Cette forme de suicide est *négative* parce que *négatrice.* Elle tend à récuser la vie dans son principe même, elle manifeste un acte de haine ou de mépris à l'égard de toute chose créée. Les deux variantes existent en puissance dans l'âme de Fiodor Mikhaïlovitch, avec une simple différence de perspective dans le temps. La première, la *douce,* est plus caractéristique de l'état émotionnel et psychique des années quarante. La variante *dure,* quant à elle, colore plutôt l'oeuvre romanesque ainsi que les écrits autobiographiques de la *deuxième période.* Le *taedium vitae* est le contrepoint non seulement de sa *Correspondance* des années 70, il se profile déjà assez nettement dans les *Carnets* des années 60.

> En vérité : que pourra faire de mieux un homme qui a *tout* obtenu ; qui a pris conscience de tout et qui peut tout ? Si vous le maintenez dans une situation où les personnalités restent morcelées, vous n'obtiendrez rien de plus que le *ventre* [16].

Avant Stavroguine, Svidrigaïlov est dans l'oeuvre romanesque de Dostoïevski la première incarnation majeure du *principe de satiété*.

> Maria Petrovna elle-même m'a invité deux fois à aller à l'étranger, en voyant que je m'ennuyais. Mais à quoi bon ? J'y avais été déjà. Et j'y avais toujours eu la nausée. Rien de particulier, seulement un lever de soleil, le golfe de Naples, la mer : vous regardez et vous voilà plongé dans la tristesse. Ce qu'il y a de plus révoltant, n'est-ce pas en effet cette tristesse ? Non, on est mieux dans son pays : là du moins, vous accusez les autres de tout, et vous vous acquittez vous-même. Maintenant, je partirais peut-être en expédition au pôle nord, parce que *j'ai le vin mauvais** (en français dans le texte - L.A.) et que boire me dégoûte, et qu'en dehors du vin, il ne me reste plus rien. J'ai essayé.
>
> *Crime et châtiment, IV, I*

Pour Svidrigaïlov, autrui et l'univers baignent dans une sorte d'*éternité nauséeuse*.

> L'éternité nous apparaît toujours comme une idée impossible à saisir, quelque chose d'immense, immense ? Eh bien, tenez : au lieu de tout cela, représentez-vous qu'il y aura là-bas une chambrette, tout à fait dans le genre d'un bain de village, enfumée, avec des araignées dans tous les coins, et voilà toute l'éternité. Pour moi, vous savez, c'est de cette façon que je crois parfois la voir.
>
> *ibidem*

Et c'est dans une sorte de fadeur *laiteuse* comme le brouillard qui l'enveloppe que Svidrigaïlov se suicide :

> Un brouillard épais, laiteux, pesait sur la ville...
>
> *VI, 6*

Héritier de Svidrigaïlov, Stavroguine se suicidera par satiété et incapacité affective.

> Je n'espère rien d'Uri [17], je pars, tout simplement. Je n'ai pas choisi exprès ce morne endroit. Je n'ai aucun lien avec la Russie : tout m'est étranger ici, comme partout du reste. Il est vrai que je n'aimais pas à y vivre, encore moins qu'ailleurs. Même en Russie j'étais incapable de rien haïr.
> J'ai partout essayé ma force... Lors de ces essais, devant moi-même ou devant les autres, cette force s'est toujours révélée sans limite... Mais à quoi appliquer cette force ? Voilà ce que je n'ai jamais su, ce qu'aujourd'hui encore je ne sais pas... Maintenant comme toujours

je puis avoir le désir de faire une bonne action et j'y trouve du plaisir ; et à côté de cela j'ai envie de commettre une mauvaise action et j'y goûte le même plaisir. Mais l'un et l'autre sentiments sont toujours mesquins, jamais forts. Mes désirs sont trop faibles : ils ne peuvent me diriger. On peut traverser une rivière sur une planche mais non sur un copeau...

Comme par le passé, je n'accuse personne. J'ai essayé de la débauche, et j'ai épuisé mes forces. Mais je n'aime pas la débauche et je n'en voulais pas...

... Votre frère m'a dit un jour que celui qui n'a plus aucun lien avec la terre, perd aussitôt ses dieux, c'est-à-dire ses buts. On peut discuter de tout indéfiniment, mais je ne suis capable que de négation, sans la moindre grandeur d'âme, sans force ; chez moi, la négation même est mesquine. Tout est plat et flasque. Le généreux Kirillov n'a pu supporter son idée et il s'est fait sauter la cervelle ; mais je vois bien qu'il était généreux parce qu'il n'avait pas toute sa raison. Je ne pourrais jamais perdre la raison et ne pourrais jamais croire à une idée quelconque. Jamais, jamais je ne pourrais me brûler la cervelle.

Je sais que je devrais me tuer, disparaître de la surface de la terre comme un insecte répugnant. Mais j'ai peur du suicide, car j'ai peur de montrer de la grandeur d'âme... Je ne connaîtrai jamais l'indignation et la honte, ni le désespoir par conséquent...

Les Démons, Conclusion

L'insupportable *fadeur* l'emportera cependant sur la *peur du suicide* : elle sera en quelque sorte matériellement symbolisée par les *accessoires* du suicide final.

Le citoyen d'Uri pendait derrière la porte. Un bout de papier sur la table portait ces mots tracés au crayon : "Qu'on n'accuse personne. C'est moi". A côté de ce billet il y avait un marteau, un morceau de savon et un grand clou préparé sans doute à tout hasard. Le solide cordon de soie dont Nicolaï Vsevolodovitch s'était servi, avait été certainement choisi d'avance et enduit avec soin de savon. Tout indiquait la préméditation et que Stavroguine avait conservé jusqu'à la dernière minute la pleine conscience de ses actes.

ibidem

Les suicides de Svidrigaïlov et de Stavroguine sont des actes qui déguisent des *émotions*. Ils ne sont pas inspirés par la protestation (*Même en Russie j'étais incapable de rien haïr*, — avoue Stavroguine), mais par le désir de *fuite*. Comme le note fort subtilement Roland Barthes, en s'appuyant sur l'*Esquisse d'une théorie des émotions* de Sartre :

Je masque mon deuil sous une fuite ; je me dilue, je m'évanouis pour échapper à cette compacité, et à cet engorgement, qui fait de moi un sujet *responsable* : je sors... [18].

Il semble qu'ici le dernier mot soit dit, ou presque, concernant les motivations profondes du suicide de Stavroguine, comme de celui de Svidrigaïlov. Ce qui est fondamentalement en cause, c'est le refus de tout contrat loyal passé avec qui que ce soit ou quoi que ce soit. La *sortie* de la vie peut dans les deux cas cités être interprétée, cette fois *au niveau de l'acte,* dans les termes même de l'analyse de Barthes : *j'assume envers et contre tout un déni de courage, donc un déni de morale* [19] . Et c'est sans doute ce *déni de morale* qui a eu finalement raison chez Stavroguine de la *peur du suicide* parfaitement compatible dans ce contexte avec le *déni de courage.*

Cette notion de *déni de morale* comme l'une des perversions possibles de l'acte de *s'abîmer* devait accrocher concrètement en son temps l'esprit et la réflexion de Dostoïevski, grand pourfendeur au demeurant de la morale *classique,* c'est-à-dire *bourgeoise.* Très frappé par les circonstances du suicide de la fille de Herzen [20] , Fiodor Mikhaïlovitch développe les considérations suivantes :

> ... Un de mes estimés correspondants m'a fait part, déjà cet été, d'un étrange suicide qui n'est pas encore élucidé, et je voulais depuis longtemps en parler. Tout dans ce suicide, extérieurement comme intérieurement, est énigme. Une énigme à laquelle, comme c'est le propre de la nature humaine, j'ai naturellement tenté de trouver quelque solution, afin de "m'arrêter à quelque chose et me tranquilliser". La suicidée est une jeune fille de vingt-trois ou vingt-quatre ans, pas davantage, fille d'un émigré russe bien connu, née à l'étranger, russe par le sang, mais qui par l'éducation avait presque cessé de l'être. Je crois qu'on a vaguement parlé d'elle, à l'époque, dans les journaux, mais les détails sont très curieux. Elle a trempé de l'ouate dans du chloroforme, s'en est couvert le visage et s'est étendue sur son lit... C'est ainsi qu'elle est morte. Avant de mourir elle avait écrit le billet suivant :
> *Je m'en vais entreprendre un long voyage. Si cela ne réussit pas, qu'on se rassemble pour fêter ma résurrection avec du Cliquot. Si cela réussit, je prie qu'on ne me laisse enterrer que tout à fait morte, puisqu'il est très désagréable de se réveiller dans un cercueil sous terre. Ce n'est pas chique !* (le texte du billet est cité en français - L.A.).
> Il y a, à mon avis, dans cet abominable, ce grossier "chic", un son de défi, peut-être d'indignation, de colère... mais contre quoi ? Des natures simplement grossières se suppriment par suicide pour des raisons purement matérielles, palpables, extérieures ; mais le ton de ce billet montre qu'elle ne pouvait pas avoir de motif de cette sorte. Contre quoi donc pouvait être sa révolte ?... Contre la bêtise du réel, contre le vide de la vie ? On reconnaît bien là ces censeurs et négateurs de la vie, révoltés de la "sottise" de l'apparition de l'homme sur la terre, de ce qu'elle a d'absurdement accidentel, de la tyrannie d'une causalité inerte à laquelle il est impossible de se résigner. On sent là une âme qui s'est insurgée précisément contre le caractère "rectiligne" des phénomènes, qui n'a pu supporter cette vision rectiligne qu'on lui a inculquée dès l'enfance dans la maison de son père. Et le plus absurde est qu'elle est certainement morte sans souffrir d'aucun doute précis. De doute

conscient, de ce qu'on appelle des "problèmes", il n'y en avait très probablement pas dans son âme : tout ce qu'on lui avait appris depuis l'enfance, elle y croyait franchement sur parole, c'est le plus probable. Elle est donc morte, simplement, "de froide ténèbre et d'ennui", d'une souffrance en quelque sorte animale et instinctive, elle suffoquait de vivre, un peu comme si l'air lui manquait. Son âme abhorrait instinctivement le rectiligne, et instinctivement réclamait quelque chose de plus complexe...

Journal d'un écrivain 1876, octobre

Sans doute conditionné par l'élaboration du chapitre suivant de son *Journal* intitulé *Une Sentence* dans lequel "un suicidé *par ennui*" requiert en bonne et due forme contre l'ordre du monde, Dostoïevski a tendance à tirer quelque peu le suicide de la fille de Herzen du côté du suicide philosophique. Toutefois, malgré les indéniables implications métaphysiques d'un tel geste, l'impulsion fondamentale se situe sur le plan existentiel. L'idée exprimée par la candidate au suicide dans son billet d'adieu qu'elle puisse ne pas mourir et se réveiller au terme d'un *long voyage* pour *fêter sa résurrection avec du Cliquot* est plus proche de l'analyse de Barthes que des commentaires un peu rhétoriques de Dostoïevski :

Amoureux de la mort ? C'est trop dire d'une moitié ; *half in love with easeful death* (Keats) : la mort libérée du mourir /.../. Je m'installe fugitivement dans une pensée fausse de la mort (fausse comme une clef faussée) : je pense la mort *à côté* : je la pense selon une logique impensée, je dérive hors du couple fatal qui lie la mort et la vie en les opposant [21].

Cette *mort pensée à côté* n'est pas sans rappeler au demeurant la formule de Kirillov dans son dialogue avec Stavroguine :

S. — ... Vous aimez aussi la vie ?
K. — Oui, j'aime la vie ; pourquoi ?
S. — Mais vous êtes décidé à vous brûler la cervelle.
K. — Eh bien ? quel rapport y a-t-il ? *La vie est une chose, la mort en est une autre.* (Les italiques sont de moi. L.A.).

Les Démons, II, I, 5

Lorsque Kirillov cesse brusquement, à l'instant fatal, de "dériver hors du couple fatal qui lie la mort et la vie en les opposant" pour tenter de s'y intégrer par la violence, son comportement se casse brusquement. A. Volynski a fort bien saisi ce processus :

Dostoïevski souligne à deux reprises qu'avant de se suicider Kirillov a ouvert la lucarne et qu'il s'est fait sauter la cervelle juste devant la fenêtre dans un filet d'air frais. Cette allusion profonde, lancée par Dostoïevski, montre que la volonté inconsciente de vivre, la volonté d'être, la vérité de l'être de l'homme ne quittent pas Kirillov même dans les toutes dernières minutes. Il part pour le néant, prisonnier de sa propre idée fausse, et dans le même temps, en contradiction avec la logique de la minute, exalte cette même existence qui s'épanouit derrière la fenêtre de sa chambre et qui par la lucarne ouverte dit non à son "non" pour crier "oui" à la vie [22].

Comme l'affirmera fortement Simone de Beauvoir :

> Le refus de l'existence est encore une manière d'exister, personne ne peut connaître vivant la paix du tombeau [23].

Ce qui est central dans l'acte de *s'abîmer*, c'est moins le suicide dont on peut au demeurant caresser l'idée, comme dans une sorte de jeu, que la notion de fuite, ou mieux de *transfert,* dont le suicide effectif *est ou n'est pas* l'aboutissement.

> L'abîme, écrit Barthes, est un moment d'hypnose. Une suggestion agit, qui me commande de m'évanouir sans me tuer. De là, peut-être, la douceur de l'abîme : je n'y ai aucune responsabilité, l'acte (de mourir) ne m'incombe pas : je me confie, je me transfère (à qui ? à Dieu, à la Nature, à tout, sauf à l'autre) [24].

C'est un fait que tous les grands suicidaires de Dostoïevski, même les plus nihilistes, rêvent malgré eux de fuite dans le cosmos, de *dilution dans l'éther*, comme antidotes ou substituts à la société des hommes, le transfert en autrui leur étant désormais fermé ou interdit.

Symptomatique est la réflexion de Svidrigaïlov :

> ... Dites-moi, il paraît que Berg [25] doit s'envoler dans un énorme ballon au jardin Ioussoupov dimanche prochain et qu'il prendrait des voyageurs pour une certaine somme, est-ce vrai ?
> — Quoi, vous voudriez voler ?
> — Moi ? Non... comme ça..., murmura Svidrigaïlov, comme plongé dans quelque réflexion.
> "Mais à quoi pense-t-il réellement, à quoi ?" se demandait Raskolnikov.
>
> *Crime et Châtiment, IV, I*

L'attrait des autres planètes, l'aspiration au transfert cosmique sont également liés chez Stavroguine au problème du suicide :

> — Je comprends certainement cela, le suicide, reprit Stavroguine d'un air songeur ; son visage s'était assombri. J'y ai souvent pensé ; mais alors il me venait une nouvelle idée : si l'on commettait un crime, ou plutôt quelque action honteuse, une vilenie, particulièrement lâche et... ridicule, quelque chose dont les hommes se souviendraient pendant des siècles et qui dans mille ans encore provoquerait leur dégoût... Et tout à coup cette pensée : "Une balle dans la tête et plus rien n'existe".
> Qu'importe les hommes alors et leurs crachats ? n'est-il pas vrai /.../ ? Admettons que vous ayez vécu dans la lune, interrompit Stavroguine sans l'écouter et continuant de développer son idée. Vous avez accompli

là-bas l'une de ces actions lâches et ridicules. Etant ici maintenant, vous savez très bien qu'on rira de vous là-bas et que l'on vous couvrira de boue pendant des siècles, éternellement, tant que durera la lune. Mais vous êtes sur la terre et c'est d'ici que vous regardez la lune : que vous importe toutes les saletés que vous avez commises là-haut et que les lunaires crachent sur vous pendant des siècles ! N'est-il pas vrai ? — Je ne sais pas, répondit Kirillov. Je n'ai pas été dans la lune, ajouta-t-il sans la moindre intention ironique, mais uniquement pour établir un fait.

Les Démons, II, I, 5

A l'opposé des deux cas de figure précédents, le transfert en autrui via la mise en abîme cosmique est la voie nouvelle que Dostoïevski explore en avril 1877 dans son "récit fantastique" *Le Songe d'un homme ridicule,* publié dans son *Journal d'un écrivain* [26]. L'*anéantissement opportun* [27] de soi figuré ici par un suicide vécu en rêve amène le héros dans les espaces intersidéraux d'où il aperçoit "une petite étoile qui scintillait dans les ténèbres d'un éclat d'émeraude".

"Peut-il donc y avoir de telles répétitions dans l'Univers, est-ce là la loi naturelle ?... Et si c'est là la Terre, est-ce une terre pareille à la nôtre... exactement pareille, malheureuse, misérable, mais chère et éternellement aimée, et qui éveille au coeur de ses enfants, même les plus ingrats, le même douloureux amour que le nôtre ?..." m'écriais-je, irrésistiblement transporté d'un bouleversant amour pour cette ancienne Terre nourricière que j'avais abandonnée. *L'image de la pauvre fillette que j'avais maltraitée se dessina fugitivement* (les italiques sont de moi - L.A.) [28].

Le *bouleversant amour* inspiré par la redécouverte de la planète Terre guérit l'Homme ridicule de tous ses mauvais desseins et de toutes ses vilaines pensées, en provoquant simultanément la redécouverte d'autrui, transformé subitement en prochain et symbolisé ici par la personnalité de l'enfant-femme *que j'avais maltraitée.*

... La vivante image de ce que j'ai vu sera toujours avec moi et toujours me corrigera et me remettra sur la voie /.../. Avant tout : aime les autres comme toi-même, voilà le principal, et c'est tout, il ne faut quasiment rien de plus : tu trouveras tout de suite comment arranger le reste /.../. Il suffirait que tous voulussent, et tout s'arrangerait sur le champ. Quant à la petite fillette, je l'ai retrouvée... Et j'irai ! Et j'irai ! [29]

Le thème de la *dilution dans l'éther* et de l'*anéantissement opportun* est, chez Dostoïevski, l'un des thèmes les plus autobiographiques qui soient. L'écrivain a raconté dans *L'Idiot* comment pour échapper à l'insupportable angoisse devant les poteaux d'exécution dressés sur la place Semionovski, il s'est comme instinctivement représenté sa future nature cosmique :

Ensuite, les adieux achevés, arrivèrent les deux minutes qu'il avait réservées pour *réfléchir à part soi* ; il savait d'avance à quoi il réfléchirait. Il avait le désir de se représenter le plus tôt et le plus nettement possible une chose : "Comment cela ? Maintenant j'existe et je vis, et dans trois minutes je serai on ne sait quoi, un être ou une chose sans nom, alors qui donc enfin ? Où donc ?". Tout cela, il pensait le décider dans ces deux minutes ! Non loin de là était une église, et le faîte de l'église avec sa toiture dorée étincelait au grand soleil. Il se souvenait qu'il regardait avec opiniâtreté ce toit et les rayons qu'il reflétait ; il ne pouvait s'en arracher : il lui semblait que ces rayons étaient sa nouvelle nature, que dans trois minutes il se confondrait avec eux... Son ignorance et son dégoût de l'état nouveau qui serait le sien et qui était maintenant imminent étaient effrayants. Mais, disait-il, rien à ce moment ne lui fut plus pénible que cette idée incessante : "Et si je ne mourais pas ? Et si je revenais à la vie, quel infini ! Et tout cela serait à moi ! De chaque minute, alors, je ferais tout un siècle, je ne laisserais rien perdre, de chaque minute je tiendrais un compte exact, je n'en dépenserais pas une inutilement !". Il disait que cette pensée s'était changée finalement chez lui en une telle rage qu'il avait désiré être fusillé au plus vite.

I, V

Le dégoût de l'état nouveau qui serait le sien se justifie ici par l'irréversibilité tragique du sort qui l'attend. On voit poindre dans ce texte toute la distance qui sépare la position de principe de Fiodor Mikhaïlovitch de celle de ses grands *négateurs*. La *mise en abîme* de ses personnages de fiction constitue une perversion morbide, une distorsion inhumaine de l'expérience. Ressource suprême d'un corps bien vivant et d'un organisme sain, elle suppose normalement la libre disposition par l'homme de son propre corps et de sa propre vie. Au besoin fantastique qu'il éprouve de *s'apparenter à l'infini de l'être* on peut mesurer l'horreur fantastique qu'inspirait à Dostoïevski, non pas la mort comme fin naturelle de tout être créé, mais la suppression de la vie par le faut d'autrui. Et ce n'est pas un hasard si son réquisitoire contre la peine de mort atteint une particulière véhémence dans *L'Idiot* où en contrepoint du martyre du Christ revivent les souvenirs du Dostoïevski *assassiné par simulacre* un certain jour de décembre 1849.

Tuer en punition d'un meurtre est un châtiment qui dépasse incommensurablement le crime même. Le meurtre en vertu d'une sentence est incomparablement plus effroyable que le meurtre commis par un brigand. L'homme qu'assassinent les brigands est égorgé la nuit dans un bois, ou dans ce genre-là ; et sûrement il espère être sauvé, il l'espère jusqu'au dernier instant. Les exemples ne manquent pas de gens qui, la gorge coupée, espéraient encore, ou bien la fuite, ou bien la vie sauve. Ici, au contraire, cet ultime espoir, avec lequel la mort est dix fois moins pénible, vous a été enlevé *à coup sûr* : la sentence est là ; et cette

certitude que vous n'échapperez pas, voilà l'effroyable tourment et
il n'est pas au monde pire tourment. Amenez et placez un soldat juste
en face d'un canon, au combat, et tirez sur lui : il espèrera encore ; mais
à ce même soldat donnez lecture d'une sentence inéluctable, il deviendra fou ou fondra en larmes. Qui a jamais affirmé que la nature humaine était capable de supporter cela sans perdre la raison ? A quoi
sert une pareille offense, monstrueuse, inutile, vaine ? Peut-être
existe-t-il un homme à qui on a lu sa sentence, qu'on a laissé en proie
à son tourment, et à qui on a dit ensuite : "Va, tu es pardonné". Eh
bien, cet homme-là pourrait peut-être aussi parler. De ce tourment et
de cet effroi le Christ aussi a parlé. Non, il n'est pas permis d'agir ainsi
avec un homme !

I, 2

Dans son *Journal d'un écrivain 1876* Dostoïevski reviendra sur
ce problème de la privation de vie par autrui à propos d'un procès
criminel, celui de Mme Kaïrova [30].

> Souvenez-vous, M. le défenseur, vous qui êtes si fin juriste et qui avez
> fait montre dans votre discours de tant d'humanité, souvenez-vous de
> ce qu'elle a dû endurer dans cette effroyable nuit ! Elle a connu quel-
> ques minutes (trop de minutes) de *peur mortelle*. Savez-vous ce que
> c'est que la *peur mortelle* ? Qui n'a pas été au bord de la mort le con-
> çoit difficilement. Elle s'est réveillée en pleine nuit, tirée du sommeil
> par le rasoir de sa meurtrière qui la frappait à la gorge, elle a vu au-
> dessus d'elle ce visage de furie, elle s'est débattue pendant que l'autre
> continuait de frapper ; elle a évidemment été convaincue durant ces
> premières atroces, inimaginables minutes qu'elle était déjà égorgée
> et que sa mort était certaine... mais c'est insoutenable, mais c'est un
> cauchemar de fiévreux, et un cauchemar éveillé et donc cent fois plus
> torturant ! C'est presque la sentence de mort lue au condamné déjà
> lié au poteau d'exécution pendant qu'on lui couvre la tête du sac...
> De grâce, M. le défenseur, c'est ce supplice-là que vous traitez de
> bagatelle ! [31].

L'être assassiné perd avec la vie son *contact avec les autres
mondes*. Les fils invisibles mais puissants qui le relient au cosmos
se trouvent ainsi barbarement cisaillés et l'individu est sauvag-
ement privé de ce qui constitue sa liberté intime essentielle : celle
de pouvoir s'évader de son corps et d'y rentrer à sa guise. Il se
trouve amputé *en pleine conscience* (d'où sa *peur mortelle*) de sa
dimension de *voyageur de l'abîme*. Or chez le sujet normalement
vivant qui est le *sujet amoureux* (il y a équivalence de définition
pour Dostoïevski) la *bouffée d'anéantissement* n'a pas seulement
les connotations négatives du désespoir ou du deuil : elle peut
venir de bonheur, de comblement.

Dostoïevski jeune s'évanouissait souvent. Un des cas les plus
remarquables fut le brusque évanouissement de Fiodor Mikhaïlovitch devant la Seniavina, une beauté du grand monde, à laquelle

il allait être présenté au bal du comte Velgorski : arrivé près d'elle, il fut pris d'un trouble extraordinaire et eut un malaise. Cet épisode a servi de *morceau de roi* à l'épigramme satirique composée par Nekrassov et Tourgueniev en 1846 sous le titre *Envoi de Belinski à Dostoïevski* [32].

> ....
> Mais quand dans un raout mondain,
> Devant une foultitude de princes,
>
> Devenu mythe et énigme,
> Tu es tombé telle une étoile finnoise
> Et que tu as cligné de ton nez camard
> Devant une beauté russe,
>
> Tu regardais cet objet
> Dans une si tragique immobilité
> Que tu as évité de justesse
> Une mort subite à la fleur de l'âge...

La *sortie de soi dans l'extase* est l'un des aspects les plus remarquables de la personnalité de Dostoïevski. Pour vivre, pour trouver le courage de vivre, il avait besoin d'échapper à la fadeur, à la satiété, à la grisaille de l'existence routinière , à la sinistre et malveillante médiocrité d'autrui ; il avait besoin de *"prendre conscience... qu'il n'était pas un simple atome et un simple rien devant elles* (les constellations - L.A.), *que tout cet abîme des mystérieux prodiges divins n'était point hors d'atteinte pour sa pensée, pour sa conscience, pour l'idéal de beauté inclus dans son âme, que cet abîme était à son propre niveau et l'apparentait à l'infini de l'être... et que toute la béatitude de cette grandiose pensée, qui lui révélait ce qu'il était lui-même, il en était redevable à sa propre image humaine* [33]". Dostoïevski avait besoin de dire, par la bouche de Mitia Karamazov paraphrasant l'*Evangile selon saint-Luc* :

> Gloire au Très-Haut dans le monde !
> Gloire au Très-Haut en moi ! [34]

Il avait besoin de répéter avec le même Mitia Karamazov ces vers de l'*Hymne à la joie* de Schiller :

> La joie éternelle désaltère
> L'âme de la Création ;
> Elle enflamme la coupe de vie
> Par la force mystérieuse du ferment.
> Elle a tiré au jour le brin d'herbe,
> Elle a résolu le chaos en soleils
> Dispersés dans des espaces
> Que l'astronome ne pénètre pas.

> Au sein de la bonne Nature,
> Tout ce qui respire boit la joie.
> A sa suite elle entraîne
> Tous les peuples et toutes les créatures [35].

Non seulement pour vivre, mais même pour exister, le moi de l'homme a besoin de s'intégrer au cosmos, de se *désaltérer de la joie éternelle Au sein de la bonne Nature*. La revendication de la nécessaire participation à l'harmonie du Tout atteint parfois dans l'oeuvre de Dostoïevski les proportions d'un ultimatum à Dieu. Le *suicidé logique* de *Une sentence* met fin à ses jours

> Vu qu'à mes questions sur le bonheur je reçois de la nature, par l'intermédiaire de ma conscience, l'unique réponse que je ne puis être heureux que dans l'harmonie du Tout, harmonie que je ne comprends pas et que, c'est évident pour moi, je ne serai jamais en état de comprendre ;

> Vu que la nature, loin de me reconnaître le droit de lui demander des comptes, ne me donne même aucune réponse, et cela non point parce qu'elle ne veut pas me répondre, mais parce qu'elle ne le peut pas... [36].

Le premier grand personnage romanesque à développer les idées ou plutôt le type de perception qui constitueront dix ans plus tard la charge émotive et le noyau idéologique d'*Une Sentence* est paradoxalement le prince Mychkine dans *L'Idiot* :

> Une fois il s'en alla dans les montagnes, par une belle journée ensoleillée, et marcha longtemps avec une pensée qui le tourmentait, mais n'arrivait pas à prendre corps. Devant lui était le ciel brillant, en bas un lac, tout autour un horizon lumineux et infini dont on ne voyait pas le bout. Longtemps il regarda, déchiré. Il se rappelait maintenant comment il tendait les bras vers cet azur lumineux, sans fin, et pleurait. Ce qui le tourmentait, c'était qu'à tout cela il était complètement étranger. Quel était ce banquet, quelle était cette grande fête de toujours qui n'avait pas de fin et à laquelle il aspirait depuis longtemps, toujours, depuis son enfance, et à laquelle il ne pouvait jamais parvenir. Chaque matin se lève ce même soleil éclatant ; chaque matin l'arc-en-ciel est sur la cascade, chaque soir la montagne aux neiges éternelles, la plus haute montagne, là-bas dans le lointain, à la lisière du ciel, brûle d'une flamme de pourpre ; chaque *petit moucheron qui bourdonne autour de lui dans un chaud rayon de soleil, a sa part dans tout ce choeur : il connaît sa place, l'aime et est heureux* ; chaque brin d'herbe croît et est heureux ! Et tout a sa voie, tout connaît sa voie, s'en va en chantant et en chantant revient. Lui seul ne sait rien, ne comprend rien, ni les hommes, ni les sons, étranger à tout et mort-né. Ô, naturellement, à cette époque il ne pouvait pas employer ces mots ni formuler sa question ; son tourment était sourd et muet ; mais maintenant il lui semblait qu'alors déjà il avait dit tout cela, ces mêmes paroles, et que ce *petit moucheron* Hippolyte

le lui avait emprunté à lui, à ses paroles et à ses larmes d'alors. Il en était sûr, et son coeur battait sans savoir pourquoi à cette pensée...
III, 7

Ainsi se croisent mystérieusement à travers le personnage d'Hippolyte, archétype du *suicidé logique* d'*Une sentence,* les itinéraires sensitifs du messager du Christ et du futur athée absolu. Se croisent pour aussitôt se décroiser car Mychkine est aussi le premier personnage de Dostoïevski capable, à l'instar de son créateur Fiodor Mikhaïlovitch, de connaître *une mise en abîme réussie.* A la nécessaire *sortie de soi dans l'extase* qui seule peut justifier et sanctifier la vie Mychkine-Dostoïevski accédait au moment de l'*aura* qui précède les crises d'épilepsie :

> Il songea, entre autres, que son état épileptique connaissait un degré, presque immédiatement avant la crise (si seulement la crise le prenait en état de veille), où soudain, parmi la tristesse, la ténèbre mentale, l'oppression, son cerveau lui semblait par instants s'embraser et toutes ses forces vitales se tendre d'un coup dans un élan extraordinaire. La sensation qu'il avait de sa vie, de sa conscience, était quasi décuplée dans ces instants, qui ne duraient qu'un éclair. Son esprit, son coeur s'éclairaient d'une lumière inaccoutumée ; toutes ses émotions, doutes, inquiétudes semblaient s'apaiser d'un coup, se résoudre en une sorte de calme supérieur, plein d'une joie et d'une espérance claires et harmonieuses, plein de raison et de vision de la cause finale.
> ... En réfléchissant plus tard à cet instant, une fois revenu à la santé, il se disait souvent : tous ces éclairs et ces traits lumineux d'un sentiment ou conscience de soi supérieurs, et par conséquent aussi d'une "existence supérieure" ne sont rien d'autre qu'une maladie, une atteinte à l'état normal, et, s'il en est ainsi, ils ne sont nullement une existence supérieure, mais au contraire doivent être attribués au degré d'existence le plus bas.
> Et cependant il était arrivé finalement à une conclusion extrêmement paradoxale : "Et qu'importe, que ce soit une maladie ? avait-il décidé enfin, qu'importe que cette tension soit anormale, *si le résultat, si la minute de sensation, telle qu'elle est évoquée et considérée une fois revenue la santé, se trouve être une harmonie, une beauté au suprême degré, procure un sentiment inouï et jusqu'alors insoupçonné de plénitude, de mesure, d'apaisement et de fusion, exalté dans la prière, avec la plus haute synthèse de vie ?*" (Les italiques sont de moi - L.A.) *... Car les visions qu'il avait dans ces moments n'avaient rien de commun avec celles que produisent le haschich, l'opium* [37] *ou l'alcool, qui ravalent la raison et mutilent l'âme, sont anormales et inexistantes.* (Les italiques sont de moi - L.A.). Il pouvait en juger sainement, après la cessation de l'état maladif. Ces instants n'étaient qu'un renforcement extraordinaire de son autoconscience — si l'on peut par un seul mot exprimer cet état — de son autoconscience et en même temps de son autosensation la plus immédiate. Si à cette seconde, c'est-à-dire dans le tout dernier instant conscient avant la crise, il lui arrivait d'avoir le temps de se dire clairement et consciemment : "Oui, pour ce moment on peut donner toute une vie !" il était clair que ce moment à

lui seul valait toute une vie.

... Sa conclusion, je veux dire son appréciation de cette minute, contenait certainement une erreur, mais la réalité de la sensation ne l'en troublait pas moins un peu. *Que faire, en effet, devant la réalité ?* (Les italiques sont de moi - L.A.)

II, V

Le caractère purement autobiographique du passage cité est attesté par plusieurs confidences de Fiodor Mikhaïlovitch qui renchérissent encore sur l'aspect non seulement positif, mais encore électif de l'expérience vécue dans ces conditions.

Pendant quelques instants, — avouait Dostoïevski à Strakhov, — j'éprouve un bonheur tel qu'il est impossible de le ressentir à l'état normal ; les autres n'en ont aucune idée. Je sens une harmonie totale en moi-même et dans l'univers entier, et ce sentiment est si fort et si doux que, pour quelques secondes d'une telle félicité, on peut donner dix ans de vie, peut-être toute la vie [38].

Vous tous, les gens en bonne santé, — déclarait-il en présence de Sophia Kovalevskaïa, — vous ne soupçonnez même pas ce qu'est le bonheur, le bonheur que nous éprouvons, nous autres épileptiques, à la seconde qui précède la crise. Mahomet [39] assure dans son Coran qu'il a vu le paradis et qu'il y a été. Tous les imbéciles intelligents sont persuadés que c'est simplement un menteur et un dupeur. Eh bien non ! Il ne ment pas ! Il a été réellement au paradis dans sa crise épileptique, mal dont il était atteint, tout comme moi [40].

Le don de *mise en abîme* comme privilège divin de Mahomet, partagé par Dostoïevski lui-même, est encore plus clairement défini par le prince Mychkine dans *L'Idiot* :

C'est sans doute cette même seconde pendant laquelle n'avait pas eu le temps de se vider la cruche d'eau renversée de l'épileptique Mahomet, qui, lui, avait eu le temps, pendant cette seconde, de visiter toutes les demeures d'Allah [41].

La *sortie de soi dans l'extase cosmique* consiste à mourir à soi-même, à s'abolir, à s'anéantir *ne fût-ce qu'une seconde*, pour s'identifier à l'univers entier, s'égaler au Tout, et se transformer à la limite en Dieu lui-même. L'*épileptique* Kirillov va pousser jusqu'au paroxysme les conclusions d'une expérience qu'il partage avec son créateur. Il veut tenter de prolonger à l'infini *la minute de sensation* dont parle Mychkine. Il rêve un beau jour de ne plus revenir en arrière ; il refuse ce qu'accepte Mychkine : *l'hébétement, la ténèbre mentale, l'idiotie (qui) se dressaient devant lui comme la suite manifeste de ces "minutes sublimes"* [42]. Il aspire à une sortie de soi dans l'extase qui soit totale et irréversible.

Celui qui veut parvenir à la liberté principale, celui-là doit avoir le courage de se tuer. Celui qui a le courage de se tuer, celui-là a percé

le secret du mensonge. Il n'y a pas de liberté au-delà ; tout est là, et
au-delà il n'y a rien. Celui qui ose se tuer, est Dieu.

Les Démons, I, III, 8

Kirillov est au carrefour des deux formules opposées de la *mise en
abîme.* Il occupe plus crucialement encore que Mychkine le centre
stratégique de toute la dialectique dostoïevskienne du désespoir/
comblement. L'"ingénieur civil distingué" est en quête d'absolu
et d'auto-transcendance dans l'instant :

> — La vie est une chose, la mort en est une autre. La vie existe, et la
> mort n'existe pas.
> — Vous croyez donc maintenant à la vie future éternelle ?
> — Non, pas à la vie future éternelle, mais à la vie éternelle ici-même.
> Il est des instants, vous arrivez à des instants où le temps s'arrête sou-
> dain et le présent devient éternité.
> — Vous espérez parvenir à cet instant ?
> — Oui.

Ibidem, II, I, 5
Dialogue entre Kirillov et Stavroguine

Mais lorsque finalement Kirillov "se brûle la cervelle, parce que la
manifestation suprême de ma volonté, c'est le suicide", la *sortie
de soi* qui aurait dû se faire dans l'extase, se produit dans des
circonstances tragiquement parodiques. Une sorte d'atmosphère
crapuleuse entoure ce suicide

> près de la fenêtre au vasistas ouvert, les pieds tournés vers l'angle droit
> de la pièce. La balle tirée dans la tempe droite était sortie à gauche vers
> le haut du crâne, qu'elle avait ainsi traversé de part en part. Des écla-
> boussures de sang et de cervelle se voyaient çà et là.

Les Démons, II, VI, 2

Kirillov s'est trompé de sortie, sa recherche abstraite de l'extase
n'étant relayée sur terre par aucun des médiateurs indispensables
du cosmos : la femme et/ou l'enfant.

Chez Dostoïevski, à la différence de Kirillov, l'extase cosmique
n'est que l'une des formes possibles de la *mise en abîme* :
l'orgasme érotique joue le même rôle et revêt la même signification
d'anéantissement/comblement. Que l'on compare la formule de
Barthes *je tombe, je coule, je fonds* [43] à la description érotico-
onirique des préludes à la mise en abîme cosmique dans le *Songe
d'un homme ridicule* :

> C'est ma blessure, — pensais-je, — c'est le coup de feu, il y a là une
> balle... Et la goutte continuait de tomber, toutes les minutes et droit
> sur mon oeil fermé [44].

Opérant une fixation privilégiée de l'Eternel féminin sur la
personne d'Anna Grigorievna, Dostoïevski ne perdait jamais de

vue qu'un lien mystérieux, une association concrète unissaient cet Eternel féminin et la Terre, conçue comme substance cosmique. Citant Schiller,

> Pour que de l'abjection
> Son âme puisse sortir,
> Que l'homme s'allie à tout jamais
> Avec la terre, mère antique.

Dimitri Karamazov fait aussitôt après le commentaire suivant :

> Seulement voilà : comment m'allierais-je avec la terre à jamais ? Je ne baise pas la terre, je ne fends pas son sein... 45.

Je ne baise pas la terre, je ne fends pas son sein : cette réflexion de Mitia fait de la Terre un symbole ouvertement féminin et prolonge une ligne d'inspiration qui commence chez Dostoïevski dès *Crime et Châtiment*. Dans cette oeuvre apparaît clairement une connivence intime entre le principal personnage féminin, Sonia Marmeladova, et la Terre. Mais c'est surtout dans les *Démons*, à travers le personnage de la Boiteuse, Maria Lebiadkina, que cette union est le mieux scellée.

> Vers le même temps, une vieille femme (elle faisait pénitence au couvent pour avoir prophétisé), me chuchota en sortant de l'église : "La Mère de Dieu, qu'est-ce selon toi ? — La Mère est l'Espérance du genre humain, répondis-je. — Oui, c'est bien ainsi, dit-elle. La Mère de Dieu est notre mère à tous, la terre humide, et cette vérité contient une grande joie pour les hommes. Et chaque souffrance terrestre, chaque larme terrestre est pour nous une joie ; et quand tu auras trempé la terre de tes larmes jusqu'à un pied de profondeur, tout ne sera plus que joie pour toi et plus jamais, plus jamais tu ne connaîtras la souffrance, ainsi qu'il a été prédit". Mon coeur conserva cette parole. Depuis, chaque fois que je me mets à prier et me prosterne, j'embrasse la terre, je l'embrasse et je pleure. Et voici ce que je te dirai, Chatouchka : il n'y a rien de mauvais dans ces larmes, et même si tu ne souffres pas, elles couleront uniquement de joie. Elles couleront d'elles-mêmes ; c'est comme je te le dis. J'allais quelquefois sur les bords du lac : notre monastère était d'un côté, de l'autre, se dressait notre montagne pointue, c'est ainsi qu'on l'appelait. Je montais sur cette montagne, je me tournais face à l'Orient, je tombais à terre, et je pleurais, je pleurais, et je ne me souvenais plus de rien alors, je ne savais plus rien. Je me levais ensuite, je me retournais et je voyais le soleil qui se couchait, immense, splendide, glorieux. Aimes-tu à regarder le soleil, Chatouchka ? C'est si beau et si triste !... Je me retournais de nouveau vers l'Orient, et l'ombre de notre montagne courait sur le lac, rapide comme une flèche, étroite et longue, jusqu'à l'île qui se trouvait sur le lac ; et cette île de pierre, elle la coupait exactement en deux ; et aussitôt qu'elle l'avait coupée en deux, le soleil disparaissait et tout s'éteignait. Alors je me sentais toute triste, alors la mémoire me revenait soudain et j'avais peur de l'obscurité, Chatouchka. Mais ce que je pleurais surtout, c'était mon enfant...

I, IV, 5

Viatcheslav Ivanov a proposé une intéressante exégèse du personnage de la Boiteuse, à partir de sa structure, de son rôle, particulièrement illustrés selon lui par la symbolique des *accessoires*
dont elle s'entoure. V. Ivanov attire tout spécialement notre attention sur la description suivante : *En plus du chandelier, elle avait
devant elle sur la table un petit miroir comme on en trouve chez
les paysans, un vieux jeu de cartes, un recueil de chansons dépe-
naillé et un petit pain blanc dans lequel elle avait dû mordre une
ou deux fois. Il était visible que mademoiselle Lebiadkina usait de
fards et se teignait les lèvres. Ses sourcils qu'elle avait suffisamment longs, minces et fournis, étaient passés au noir... (I, IV, 5).*
"La Boiteuse, — commente-t-il, — représente à l'intérieur du mythe
l'âme de la Terre russe. C'est pour cela qu'elle ne se sépare jamais
de son petit miroir : l'âme de l'univers se reflète toujours dans la
nature /.../. Peut-être même les fards et l'antimoine ne sont-ils
pas dépourvus de signification symbolique : l'âme de l'univers se
pare, prend l'aspect d'une fiancée dans l'attente du prétendu" [46].
Il apparaît possible de compléter et de préciser l'analyse faite
par V. Ivanov. La Boiteuse occupe de fait les trois sommets du
triangle dans lequel s'inscrit la *mise en abîme* spécifique à Dostoïevski : le transfert de soi à l'âme cosmique de la Terre, le transfert érotique (ici, *l'attente du prétendu*), le transfert à l'enfant.
Mais, comme toujours, le statut des personnages romanesques
de Dostoïevski n'implique qu'une mise en abîme imparfaite ou
limitée : les trois transferts ne sont jamais totalement ni simultanément réalisés. Pour Maria Lebiadkina *l'attente du prétendu*
se soldera par un échec : *l'imposteur* (Grichka Otrépiev [47] !
A-na-thème !... II, II, 3)* se présentera à la place de *mon prince*
et pour tout message *cache un couteau dans sa poche.* Quant
à *l'enfant* mentionné par la Boiteuse, l'auteur laisse planer un
doute profond sur sa réalité, en laissant entendre que cet enfant
n'est que la matérialisation onirique d'une frustration douloureusement ressentie.

L'enfant, l'enfance sont la troisième ressource fondamentale
de la *mise en abîme* chez Dostoïevski. Pour Fiodor Mikhaïlovitch,
l'enfant, le rapport à l'enfance constituent le baromètre du vivant
et c'est en se transférant au monde de l'enfance qu'il est seulement
possible d'accéder à un certain nombre de vérités essentielles qui
restent cachées, interdites d'une certaine manière à l'adulte. A
la question de Stavroguine : *Vous aimez les enfants ?* Kirillov
répond : *Oui.* Et Stavroguine conclut : *Par conséquent, vous
aimez aussi la vie ? — Oui*, répond Kirillov pour la seconde fois
(Les Démons, II, I, 5).

Le prince Mychkine, qui *s'abîme* dans le cosmos, *s'abîme* aussi en enfance et ces deux comportements sont affectivement liés. Ce lien est d'autant plus indissoluble qu'il doit pallier une carence qui rend le troisième transfert impossible : il est incapable, en vertu de circonstances physiologiques particulières, de *s'abîmer* érotiquement.

> — Et le sexe, prince, en êtes-vous amateur ? Dites-le moi d'avance.
> — Moi, — non ! C'est que... Vous ne le savez peut-être pas, mais avec ma maladie, que j'ai de naissance, je ne connais absolument pas les femmes.

> *L'Idiot, I, 1*

En revanche, Mychkine, comme son successeur Aliocha Karamazov, n'éprouve aucune difficulté à se transférer dans l'univers secret de l'âme enfantine.

> ... Je n'avais besoin de rien d'autre. Je leur parlais, je ne leur cachais rien. Leurs pères et leurs proches m'en voulaient tous parce que les enfants en étaient arrivés à ne plus pouvoir se passer de moi et tournaient toujours autour de moi, et le maître d'école finit par être mon plus grand ennemi... Qu'est-ce qu'ils pouvaient bien craindre ? A un enfant on peut tout dire, tout ; une idée m'a toujours frappé : comme les grands connaissent mal les enfants, et les pères et mères leurs propres enfants ! Il ne faut rien cacher aux enfants sous prétexte qu'ils sont trop petits et qu'ils ont le temps de savoir ensuite. Quelle triste et malheureuse idée ! Et comme les enfants le remarquent bien, bien que leurs pères les jugent trop petits et incapables de rien comprendre, alors qu'ils comprennent tout ! Les grands ne savent pas qu'un enfant peut, même dans la plus difficile des affaires, donner un conseil extrêmement important. Mon Dieu, quand vous vous sentez regardé par ce gentil oisillon, confiant et heureux, n'auriez-vous pas honte de le tromper ?...
> . . . .
> ... Je n'aime pas être avec des adultes, des hommes, des grandes personnes — cela, je l'ai remarqué depuis longtemps —, et je ne l'aime pas parce que je ne sais pas être avec eux. Quoi qu'ils me disent, si bons pour moi qu'ils soient, je suis toujours mal à l'aise avec eux, et je ne suis content que quand je peux m'enfuir au plus vite vers les camarades, et ces camarades, ça a toujours été les enfants. Ce n'est point parce que j'étais moi-même un enfant mais parce que j'ai toujours été attiré par les enfants. Lorsque, au début encore de mon séjour à la campagne — tenez, lorsque je m'en allais promener mon spleen seul dans la montagne —, errant ainsi solitaire, je rencontrais parfois, surtout sur les midi, alors qu'on la lâchait de l'école, toute leur bande bruyante, avec sacs et ardoises, courant, criant, riant, se livrant à mille jeux, toute mon âme s'élançait vers eux. Je ne sais comment, mais j'éprouvais à chacune de ces rencontres une sensation extraordinairement forte de bonheur. Je m'arrêtais et je riais de bonheur à voir leurs petites jambes, toujours en mouvement et perpétuellement en course, les gamins et les filles gambadant ensemble, les rires et les pleurs (car beaucoup avaient le

temps de se battre, fondre en larmes, se réconcilier et jouer de nouveau durant le trajet de l'école à la maison), et j'oubliais alors tout mon spleen. Dans la suite, pendant ces trois années, je n'ai même plus pu comprendre comment ni pourquoi on pouvait avoir le spleen. Toute ma destinée s'est orientée vers eux...

I, VI

Tous les éléments du processus de *mise en abîme* sont ici en place : *le spleen, seul dans la montagne — la fuite au plus vite vers les enfants — la sensation extraordinairement forte de bonheur — l'oubli de tout spleen.* Ce n'est pas tout. A travers la relation de Mychkine frissonne comme une sorte d'érotisme innocent, épuré : le prince est un pédophile platonique. Fondement et principe de la vie, l'érotisme imprègne aussi l'univers de l'enfance. Dès la fin des années quarante Dostoïevski commence à s'intéresser aux ressorts secrets de l'érotisme enfantin dans son *Petit héros* [48] et surtout dans *Nietotchka Nezvanova* [49]. Dans son oeuvre adulte, le choc meurtrier de la rencontre illicite entre l'érotisme de l'adulte et celui de l'enfant devient l'une des obsessions majeures de Fiodor Mikhaïlovitch. A ses yeux, l'acte qui consiste à *souiller* l'enfance est le crime des crimes. Même Stavroguine, le plus scélérat de ses héros, hésite à endosser pareille monstruosité :

Est-il vrai, demanda Chatov avec un sourire mauvais, que vous avez appartenu à Pétersbourg à une société secrète qui se livrait à une débauche bestiale ? Est-il vrai que vous attiriez chez vous les enfants pour les souiller ? Parlez...
— J'ai parlé de ces choses-là, mais je n'ai pas souillé d'enfants, proféra Stavroguine après un long silence. Il pâlit, ses yeux brillèrent.

Les Démons, II. I, 7

Dans son oeuvre de romancier Dostoïevski *code* ses propres thèmes, aimant à séparer ce qui dans l'original est uni, à déconnecter les liens intimes. Ainsi en va-t-il de son expérimentation personnelle de la *mise en abîme* : il ne relie jamais les sommets du triangle dans une perspective esthétiquement harmonieuse. C'est ainsi que le couple Svidrigaïlov-Stavroguine ne présente qu'une version typiquement perverse et pervertie de la *mise en abîme* de leur créateur. Ces personnages, variantes d'une même formule, tentent eux aussi de *s'abîmer* dans le cosmos, l'érotisme et l'enfance. Mais leur version est cauchemardesque. Leur *voyage* est un voyage au fond du gouffre et du néant, c'est un *voyage sans retour.* Seul Dostoïevski avait le privilège de connaître le secret de la navette. Sans doute, parce que le fond de son coeur était pur et que ce joueur, s'il avait quelques vices, était tout sauf un tricheur.

CHAPITRE XI

Autrui de poche

> *Lui, s'il dit d'un homme : canaille,*
> *il a tout dit, il ne veut rien savoir*
> *d'autre de lui. S'il a dit : imbécile,*
> *c'est fini, l'homme n'est qu'un*
> *imbécile.*
>
> Les Démons, II, II, I
>
> *Toute sa vie, l'être humain oublie*
> *de vivre, s'invente lui-même, s'auto-*
> *invente.*
>
> Carnets, 1880-1881

La différence de traitement et de relation entre *autrui-en-cosmos* et *autrui ordinaire* qui n'a pas été *distingué par Dieu* [1] se lit dans ces quelques lignes extraites des *Souvenirs* de M.A. Ivanova, soeur de S.A. Ivanova et nièce de Dostoïevski.

> Dostoïevski avait des sympathies et des antipathies inexplicables à l'égard des gens qu'il rencontrait. Ainsi, sans qu'on sût pourquoi, il avait pris en grippe un fort brave homme, Vassili Christoforovitch Smirnov, le mari de sa nièce Maria Petrovna Karepina [2]. Il s'était mis en tête que cet homme devait être un ivrogne, et laissait traîner partout des inscriptions du genre : "Ici fut V. Chr. Smirnov, grand buveur de vodka". Cela conduisit à une brouille avec les Smirnov. Ce Smirnov, Dostoïevski voulait le représenter sous les espèces de Loujine dans *Crime et châtiment*. Il parlait avec une affection et une passion particulières de son frère Michel... [3].

Comme Dostoïevski a une théorie pour tout, il a proposé au début de la quatrième partie de *L'Idiot* une exégèse romanesque de la signification et de la valeur potentielles des *hommes ordinaires* :

> Que fera le romancier des hommes *ordinaires*, absolument ordinaires et comment les présenter au lecteur pour les rendre un peu intéressants ? Les laisser complètement de côté est tout à fait impossible, car les hommes ordinaires sont à chaque instant et dans leur majorité un maillon indispensable dans la chaîne des événements de la vie quotidienne ; en les ignorant, nous blesserions donc la vraisemblance. Remplir des romans des seuls types ou même simplement, pour accroître l'intérêt, d'hommes singuliers et inouïs serait invraisemblable et je crois même, inintéressant. A notre avis, l'écrivain doit s'efforcer de découvrir des nuances intéressantes ou instructives même parmi les hommes ordinaires. Quand, par exemple, l'essentiel de certains hommes ordinaires consiste précisément dans leur caractère perpétuellement et invariablement ordinaire ou, ce qui est mieux encore, quand malgré tous leurs efforts extrêmes pour sortir à tout prix de l'ornière de l'ordinaire et de la routine, ces personnages finissent quand même par rester invariablement et éternellement pure et simple routine, alors ils acquièrent même une espèce de valeur typique, en tant que banalité refusant à tout prix de rester ce qu'elle est et voulant à tout prix se rendre originale et indépendante, sans posséder même le plus petit des moyens de l'indépendance.

Il semble que cette théorie *romanesque* inspire aussi, dans une certaine mesure, la relation de Dostoïevski à *autrui ordinaire* dans la vie. *Ordinaire* doit au demeurant s'entendre à deux degrés et à deux niveaux. Ordinaire signifie naturellement médiocre, dépourvu de qualités particulières apparentes. Mais ordinaire peut aussi s'entendre d'un homme réputé intelligent, brillant même, capable d'accéder au statut de *grand* écrivain ou de critique célèbre, et que Dostoïevski juge sans originalité, incapable de *dire une parole nouvelle* et seulement apte à répéter les autres ou à se répéter lui-même, sans parler autrement que *de la bouche d'autrui*. Dans la vie, cette seconde catégorie est particulièrement *instructive* aux yeux de Dostoïevski. Fiodor Mikhaïlovitch éprouve une propension irrésistible à y classer tous ceux qui en fin de compte n'entrent pas dans ses propres critères. Si donc, au bas de l'échelle, Smirnov, *grand buveur de vodka*, est *ordinaire* (à part précisément le fait qu'il boive tant !), on peut trouver au sommet de l'échelle des *gens ordinaires* un Belinski ou un Léon Tolstoï !

Tout ce qui est *ordinaire* inspire à Dostoïevski dans un premier temps une réaction naturelle de négation et de rejet. Mais dans un deuxième temps — dialectique — une certaine forme de *récupération* intervient presque toujours au niveau des *nuances intéressantes ou instructives*. Enfin, si la simple analyse ne donne pas le résultat minimum attendu (*autrui ordinaire* n'étant pas dispensé *pour seul crime de médiocrité* de payer tribut à la comédie humaine), l'imagination brodera à partir d'un certain nombre d'apparences, métaphoriques au besoin. Si l'homme n'existe pas, il faut l'inventer. Si l'homme ne correspond pas à votre attente (Dostoïevski est très perméable au principe de désir), il faut tenter de modifier son image, dans la mesure évidemment où il requiert pour une raison quelconque une certaine dose d'intérêt. Fiodor Mikhaïlovitch récupère donc, intériorise, intègre, transforme, invente s'il le faut vraiment. Rien ni personne n'est à ses yeux totalement dénué de sens ou d'utilité, mais l'être qui finit par livrer son sens et épuiser son utilité retombe naturellement dans les limbes de l'infra-humanité. De ce comportement, il apparaît combien la relation de Dostoïevski à *autrui ordinaire* reste mouvante, fluctuante, instable, pour tout dire *expérimentale*.

Avant d'évoluer vers le stade, au demeurant fort aléatoire, d'une récupération toujours *octroyée*, la première instance de la relation à *autrui ordinaire* est la critique, la polémique, le procès tournant inévitablement à la déroute ou même à la négation d'autrui, assorties souvent de damnation et de malédiction. On saisit tout le contraste, à diagnostic parfois équivalent, du comportement de Fiodor Mikhaïlovitch à l'égard d'*autrui intime* à travers les lignes suivantes adressées un jour de colère à son frère Michel :

> En lisant ta dernière lettre, j'étais un *enragé / en français dans le texte — L.A./*, parce que je n'étais pas avec toi, à côté de toi : les meilleurs rêves de mon cœur, les plus sacrés des principes qui m'ont été donnés par l'expérience, une expérience difficile, laborieuse, sont déformés, dénaturés, présentés sous le jour le plus pitoyable. Toi-même, tu me dis : "écris, objecte-moi, discute avec moi", et tu trouves à cela une sorte d'intérêt ! Il n'y en a aucun, mon bien cher frère, absolument aucun ; le seul résultat serait que ton égoïsme (qui existe chez nous tous, pécheurs) formulera sur l'autre une conclusion *des plus avantageuses /en italiques dans le texte — L.A./*, sur ses opinions, ses principes, son caractère et son indigence spirituelle... Sais-tu, frère, que tout cela est fort vexant ! Non ! La polémique dans les lettres entre amis n'est que du poison enrobé de sucre !

Lettre à Michel du 1ᵉʳ janvier 1840

Avec *autrui ordinaire* Dostoïevski ne s'embarrassait pas de manières et aucun sucre ne venait jamais atténuer le goût amer du poison, ou plutôt du fiel. Exécrant toute forme de banalité, il ne supportait pas davantage ce qui venait contrarier son humeur. A l'exception quasi miraculeuse du seul Pouchkine, — lequel n'évite pas au demeurant certaines perfidies de détail, [4] — Fiodor Mikhaïlovitch fustige allègrement tous ceux qui ont la prétention d'écrire ou d'exprimer une pensée contrevenant à son propre système dont il piège soigneusement les accès, ne laissant libres que les sorties. Spécialiste des exécutions sommaires, il ne fait pas de détail en matière de polémique, pratiquant couramment l'amalgame dans ce que ce procédé a de plus discutable. C'est ainsi qu'il renvoie dos à dos sous le diagnostic commun de poncif, d'absence d'originalité, c'est-à-dire de pensée, les libéraux de la *Pensée russe (Dommage que vous pensiez si peu, messieurs, et que vous viviez de pensées toutes faites)* [5] et les radicaux des *Annales de la Patrie (Vous vivotez de pensées rebattues)* [6].

Nous touchons là une des formes essentielles de la relation, négative et agressive, à autrui : la guerre à la pensée d'autrui, dans ce qu'elle a à la fois de pauvrement individuel et de tristement commun, ces deux défauts cumulant leurs effets de disqualification de la personne. Paraphrasant Buffon (*Le style est l'homme même*) [7], Dostoïevski eût dit plus volontiers que *la pensée est l'homme même*. Se mesurant sans cesse avec autrui, il jugeait sa propre pensée, non sans une jubilation secrète, à la fois *personnelle* et *collectivement signifiante*. Dans le souci permanent de se démarquer d'autrui quant à la relation au fait et à la lecture globale de l'univers, se marque l'ambition de détenir la propriété exclusive de la perception authentique des choses et des êtres. Fiodor Mikhaïlovitch éprouve une joie intense à constater que ses contemporains se trompent et font fausse route. Ce n'est point un hasard si dans son univers romanesque le plus intelligent ou le plus clairvoyant possède tous les autres. Perception, savoir et puissance sont les éléments indissociables d'une triade magique qui est comme le brouillon de l'expression codée du Grand Inquisiteur : *le miracle, le mystère et l'autorité*. Dans l'éternel désir d'avoir raison seul et en bloc contre tous les autres à l'échelle de sa génération, se marque l'évident souci d'exclure autrui de la vérité pour dominer. Il s'agit en fait pour Dostoïevski d'occuper globalement le terrain de la connaissance, de posséder à lui seul toutes les clés, non seulement du présent, mais surtout de l'avenir. Personne ne pense et ne peut penser comme lui, or il est absolument convaincu de penser juste en fonction des résultats que lui procure son analyse à la fois actuelle et prospective des *faits*. La conclusion de ce syllogisme implicite est qu'il est donc le seul à penser juste, non seulement en raison de ses propres mérites, mais encore par défaut, grâce à l'incapacité ou à l'insuffisance de ses principaux concurrents.

Immense fut la surprise de Dostoïevski lorsqu'une fois dans sa vie il crut déceler sur un problème précis une sorte d'identité *préétablie* de pensée avec un autre, un inconnu dont il ignorera jusqu'au bout la véritable personnalité :

Qui est ce penseur dont vous m'avez rapporté les idées ?... Il m'a très vivement intéressé... En fait, je suis tout à fait d'accord avec ces idées. Je les ai lues pour miennes.

Lettre à N.P. Peterson du 24 mai 1878

Ce cas est pratiquement unique chez cet homme de l'une-seule-pensée qui ne cessait d'approfondir sa différence avec tous les autres et de creuser ainsi sa solitude intellectuelle et spirituelle. Il est vrai que même en une occasion aussi exceptionnelle une sorte de réserve subtile semble intervenir qui modifie l'équilibre de la relation : c'est le *penseur* en question /N.F. Fedorov [8] — L.A./ qui pense comme Dostoïevski et non l'inverse. Un cas de figure semblable se produira dans les dernières années de la vie de Dostoïevski à propos de certaines convergences d'analyse avec le jeune philosophe Vladimir Soloviov. Une relative iné-galité de fait se trouve donc insidieusement rétablie.

Mises à part ces rencontres ou ces convergences fortuites, statistiquement inévitables à un minimum de seuil, l'esprit para-doxal et acéré de Fiodor Mikhaïlovitch ne s'accommode d'aucune concession à autrui. Pire encore, la guerre à la pensée d'autrui se double de la guerre à la personne d'autrui. Si l'idée portée par la personne disqualifie cette dernière, il arrive tout autant que la personne disqualifie l'idée qu'elle porte, sans même qu'une discus-sion ou un semblant de réflexion soient nécessaires. Pris entre ces deux étaux, autrui est broyé. Du *je pense, donc je suis* il ne reste rien, pas plus d'ailleurs que d'un éventuel *je suis, donc je pense*. L'attaque de l'idée sur le terrain de la personne est même la tactique préférée de Dostoïevski, dans ses romans comme dans la vie, le procédé étant à la fois plus expéditif et plus percutant. La polémique se situe moins chez Fiodor Mikhaïlovitch sur le terrain idéologique pur, que sur la confusion savamment entre-tenue et distillée entre l'homme et l'idée qu'il porte. Elle revêt presque toujours un aspect personnel et personnalisé. Dostoïevski n'a jamais craint de déshonorer autrui en exposant en public ses tares ou ses vices. Si l'écrivain Tourgueniev est mis au pilori pour ses écrits [9], il est encore bien davantage déconsidéré par *sa façon d'être et d'agir* en tant que personne privée. C'est la même ap-proche tactique qui permet à l'auteur de *Crime et châtiment* de discréditer Loujine et Lebeziatnikov. Assez curieusement, l'auteur des *Démons* se trouve même en concurrence avec son personnage le plus négatif, le nihiliste Piotr Verkhovenski, pour utiliser le même procédé à l'égard du *fouriériste* Lipoutine. S'exprimant en la circonstance par le truchement de son chroniqueur, l'auteur procède à l'amalgame suivant :

J'ai encore bien des choses à dire sur M. Stavroguine ; pour le moment je tiens seulement à remarquer, ne fût-ce que pour la curiosité du fait, que de toutes les impressions que lui fournit son séjour dans notre ville, l'image qui se grava le plus profondément dans son esprit fut celle de ce petit fonctionnaire provincial, de cet être insignifiant, presque abject, despote domestique, jaloux, brutal et avare, de cet usurier qui enfermait sous clef les restes des repas et les bouts de chandelle, et qui se révélait en même temps comme un apôtre fanatique de Dieu sait quelle future "harmonie sociale", et tombait en extase devant le tableau fantastique des phalanstères de l'avenir, à la réalisation prochaine desquels, en Russie, dans notre province, il croyait comme à sa propre existence...

I, II, III

Lors de la réunion *chez les nôtres* Piotr Verkhovenski, pour asseoir son autorité de nouveau venu, doit d'abord terrasser Lipoutine qui règne sur les *révolutionnaires* de la ville grâce aux secrets qu'il possède sur la vie privée de ses affidés. Et c'est naturellement cette arme que Piotr Verkhovenski décide de retourner contre lui : Lipoutine se trouve discrédité d'un seul coup aux yeux de tous par deux ou trois détails piquants que son adversaire et rival a réussi à recueillir sur lui :

Ne craignez rien, messieurs, je connais chacun de vos pas. Vous souriez ironiquement, monsieur Lipoutine. Eh bien, je sais, par exemple, qu'il y a trois jours, à minuit, en vous couchant, vous avez pincé votre femme jusqu'au sang.
Lipoutine resta bouche bée et pâlit.

III, IV, I

C'est un fait que Dostoïevski, dans son *dialogue* avec autrui, cherche lui aussi systématiquement les points faibles, les défauts de la cuirasse, la fausse note et qu'il les trouve généralement toujours. Et c'est à peine si, dans quelques cas, on peut parler de mauvaise foi. Fiodor Mikhaïlovitch sait rester suprêmement lucide et clairvoyant dans ce qu'il faut appeler autrement que de la méchanceté : de la férocité. Une férocité joyeuse de carnassier sur le chemin de la chasse. Parmi ses plus célèbres *victimes* il convient de citer Belinski, Tchernychevski [10] (Dostoïevski a eu du mal à se défendre d'avoir dans *Le Crocodile, un évènement peu ordinaire*, écrit en 1865, résisté à la tentation de composer une satire inspirée de l'arrestation de l'auteur de *Que faire ?*), Saltykov-Chtchedrine alias *Chtchedrodarov* [11], Tourgueniev, insulté dans la *Correspondance* et diffamé dans les *Démons* sous les traits du *grand écrivain Karmazinov* (équivalent du français *Cramoisi*, comportant une allusion évidente aux sympathies prétendument *rouges* de l'auteur de *Pères et fils*), sans oublier les *libéraux* de tout poil dont Kaveline sera la tête de Turc principale des dernières années de vie de Fiodor Mikhaïlovitch. Dans son agressivité permanente et souvent venimeuse (la malveillance systématique n'excluant pas au demeurant la finesse et la lucidité de certains diagnostics) Dostoïevski fait littéralement flèche de tout bois. Il attaque sur le plan de la cohérence, de l'adéquation de l'analyse aux faits, de la finalité implicite des paroles ou des actes. L'attaque personnelle, de personne à personne, couronne le tout. Fiodor Mikhaïlovitch a incontestablement le sens du duel, du tournoi, il a hérité par un étrange caprice du sort des traditions de la chevalerie du Moyen Age : la vérité se prouve physiquement par coup, si possible mortel, porté à l'adversaire. Aussi bien Dostoïevski — faut-il l'oublier ? — était-il partisan de la guerre comme élément essentiel de la régénération périodique de l'humanité :

> En ce qui concerne la guerre, je ne suis pas du tout d'accord avec vous. Sans guerre, l'homme s'engourdit dans le confort et la richesse, perd complètement la faculté de sentir et de penser généreusement, s'exaspère notablement et tombe dans la barbarie.
>
> *Lettre à S.A. Ivanova du 17 août 1870*

Et l'on perçoit comme une sorte de défi personnel de l'auteur à travers la célèbre exclamation de Raskolnikov :

> Vive la guerre éternelle */en français dans le texte — L.A./, jusqu'à la Nouvelle Jérusalem, s'entend !
>
> *Crime et châtiment, III, V*

Dans la perspective de *la guerre éternelle*, autrui n'est qu'un pion parmi d'autres et l'on assiste, à ce propos, à un étrange renversement de positions entre Dostoïevski et Gogol. Alors que Gogol *choséifiait* ses personnages, Dostoïevski, lui, les *vivifie*. Leonid Grossman [12] a fort bien noté ce trait :

> Avec son habituelle capacité d'amplification il a porté à un degré ultime de tension, rendu infiniment plus complexe et enveloppé d'un authentique tressaillement de vie le monde artificiel des personnages de Gogol [13].

Dans la vie quotidienne, tout au contraire, Fiodor Mikhaïlovitch avait subrepticement tendance à *choséifier* autrui en le reléguant au statut d'accessoire du monde extérieur. Dans sa célèbre lettre écrite à Michel le soir même du jour du simulacre d'exécution, le 22 décembre 1849, Dostoïevski laisse échapper un aveu significatif :

> La vie est partout la vie, la vie est au dedans de nous-mêmes et non pas au dehors de nous. A mes côtés il y aura des hommes et être un *homme*/en italiques dans le texte — L.A./parmi les hommes et le rester

pour toujours, ne pas perdre courage et ne pas tomber au milieu des
pires malheurs — voilà où est la vie, où est le but de la vie.

On ne saurait mieux définir la nature de la relation *moyenne*
de Dostoïevski à autrui. Autrui est nécessaire comme présence
qui cautionne la vôtre. Et c'est, en effet, en marge de cette réalité
et de cette présence que se situe et se définit la vraie vie : celle
qui *est au dedans de nous-mêmes*. Admirable dialectique du
dedans et du dehors : le dehors est évidemment nécessaire pour
qu'il y ait un dedans. Ce cri spontané du cœur qui fait d'autrui
le décor indispensable, le lieu vivant qui permet l'éclosion et
le développement d'une existence qui se proclame intimement
privilégiée et se veut unique, jaillit sous la plume de Fiodor
Mikhaïlovitch le jour même où par la grâce de l'instant (les moments qui ont précédé le simulacre d'exécution) il n'a jamais
été aussi près d'accepter autrui, non plus comme *être-fonction*
mais comme *prochain*. Fiodor Mikhaïlovitch s'est vite ressaisi
et le naturel chez lui est revenu au galop : le problème n'est pas
d'être avec les hommes, il est d'être *auprès* d'eux. A ce niveau,
autrui ressortit presque à la même nécessité d'être que les arbres
de la promenade dans la forteresse de Pierre et Paul :

> ... On m'a de nouveau autorisé les promenades dans le jardin, où il y
> a presque dix-sept arbres. Et c'est pour moi tout un bonheur. En outre,
> je peux avoir maintenant une bougie le soir et voilà un autre bonheur.
> *Lettre à Michel du 27 août 1849*

Toutefois, dans cette perspective même, autrui est une réalité
et une nécessité objectives qu'il est vital de récupérer et de se
concilier. Spatialement, autrui sert de repère qui permet de borner
et de protéger le champ de sa propre personnalité. Spirituellement,
autrui est un incitateur, un émetteur d'influx et d'impulsions qui
alimentent et régénèrent périodiquement l'organisme :

> Je serais incroyablement heureux, me semble-t-il, d'avoir un livre.
> D'autant plus que ce serait salutaire, cela permet de limer sa pensée
> contre celle d'autrui ou de donner aux siennes de nouvelles tournures [14].

Sceptique quant à l'utilité des discussions en général, qui n'apportent rien de concret et ne changent pratiquement pas la structure
intime de la conviction ou de la réflexion, Dostoïevski, en zélateur
fidèle de la civilisation du Livre, croit fondamentalement à la vertu
de la chose écrite. Dans le livre dont autrui s'exile en tant que
personne, il voit l'idéal de la communication spirituelle : il peut
s'y installer en toute quiétude et, tel un bernard-l'hermite,
parasiter tout à son aise la coquille ainsi abandonnée.

S'il n'y a jamais vraiment place pour deux dans l'univers relationnel de Fiodor Mikhaïlovitch, il y a en revanche presque toujours place pour un et demi : Dostoïevski a toujours plus ou moins besoin d'un locuteur — ou d'un lecteur. Le locuteur, comme le lecteur, ont un statut de cobaye, et leurs fonctions tendent à se rejoindre. Le locuteur, chez Fiodor Mikhaïlovitch, fait partie d'un cycle temporel : il relève d'une situation, d'un ensemble biographique complexe, où il joue un rôle de référence, de chaînon, de relais d'écoute de soi. Que cesse ou disparaisse la situation en question et le locuteur, perdant sa raison d'être, disparaît tout naturellement dans une trappe. Les locuteurs passent, mais pas leur nécessité. Dostoïevski a besoin en permanence d'un locuteur pour mûrir ses projets et exciter sa réflexion. Ce locuteur est à la fois réel et construit : la fonction crée l'organe. La fonction du locuteur est essentiellement d'*écouter* ce que Fiodor Mikhaïlovitch se dit à lui-même à haute voix : il est le représentant symbolique de ce public *invisible* dont a tant besoin l'usurier-poète de *Une Douce* :

> Il est un hypocondre invétéré, de ces gens qui se parlent à eux-mêmes. Il se parle donc à lui-même, se raconte la chose, essaie de se l'éclaircir /.../. Tantôt il se parle à lui-même, tantôt il s'adresse comme à un auditeur invisible, comme à quelque juge. Mais c'est bien toujours ainsi qu'il en est dans la réalité. S'il y avait, pour l'écouter et noter, un sténographe, le résultat serait plus cahoté, plus informe que ce que je présente au lecteur, mais, autant qu'il me semble, l'ordre psychologique pourrait rester le même. C'est précisément cette supposition d'un sténographe prenant tout en notes (et après qui j'aurais élaboré ce qu'il a noté) qui constitue ce que j'appelle l'imaginaire de ce récit... [15].

S'il n'y a pas place pour deux dans *l'espace intérieur essentiellement oral* de la personnalité de Dostoïevski, c'est qu'il n'y a pas place pour deux discours simultanés et qu'autrui demeure enfermé à l'intérieur d'un discours-espace dépendant. Même au niveau de la création romanesque (la thèse est en elle-même absurde pour ce qui concerne *Dostoïevski au quotidien*) le fameux *polyphonisme bakhtinien* [16] n'est qu'un leurre, inspiré peut-être par le désir de sauver l'écrivain d'un ostracisme à caractère politique. L'illusion du polyphonisme cache la réalité d'un discours pluriel, certes, mais situé à l'intérieur d'un même espace qui se disjoint dans un éclatement temporel kaléidoscopique. *Fragments épars chus dans le présent* [17], ces morceaux de discours ne possèdent qu'une *souveraineté limitée,* qu'une sorte d'autonomie embryonnaire transcendée par le tout unique qui ne leur concède qu'une valeur à la fois circonstantielle et temporaire.

Même avec son frère Michel, interlocuteur que privilégie une

sincère et profonde affection, Fiodor Mikhaïlovitch tend invaria-
blement à faire lui-même les questions et les réponses : le monologue ruse sans cesse avec le dialogue et cette prose à haute voix
n'est que l'expression d'un perpétuel dialogue-monologue avec
soi-même, ou à l'extrême rigueur avec cette partie de soi que
Dostoïevski investit en l'autre, lui prête en quelque sorte à crédit.

Parlant des autres, parlant aux autres, Dostoïevski parle en
pensant d'abord à lui. Dans son discours avec ou sur autrui c'est
sa propre personne qui occupe toujours le devant de la scène. Mais,
en même temps, pour se situer et se définir, il a naturellement
besoin d'intégrer à lui-même une certaine dose d'autrui. La personnalité de Fiodor Mikhaïlovitch se constitue dans une large mesure
comme un réactif sur fond de partenaires-adversaires choisis. C'est
ainsi que la rupture avec Belinski, survenant dès le début de
l'année 1847, lui servira presque jusqu'à la fin de sa vie de conflit-
étalon, de mesure en creux de sa propre identité, de repère spatio-
idéologique constant.

Dans la nécessaire guerre psychologique avec autrui, l'essentiel
pour Dostoïevski est de garder toujours l'initiative, d'avoir des
lignes de repli et de réserve très profondes. Il faut d'un côté
tenter de lire autrui jusqu'à la pure transparence sans, d'un autre
côté, se laisser lire par lui en-deçà d'un certain seuil. *Un homme
lu est un homme mort* dont n'importe qui peut désormais s'appro-
prier l'identité. Fiodor Mikhaïlovitch ne donne à lire de lui-même
à autrui que ce qu'il veut bien *tactiquement* lui faire voir ou entre-
voir, compte tenu aussi de l'humeur du moment. S'il éprouve par
instants le besoin et comme la démangeaison provocante de *se dire
tout entier*, il ressent surtout et *simultanément* la nécessité de
garder un instant par devers lui et de brouiller les ultimes pistes qui
conduiraient au sanctuaire. Tout comme Stavroguine, *il connaît
le prix de son impossible sincérité* [18]. Cette nécessité est élevée
par lui au rang d'axiome psychologique qu'il définit parfaitement
dans les *Carnets* de son roman *L'Adolescent* :

> Lorsque l'Adolescent (dans le wagon) lui a confié son idée sur Roth-
> schild, il devient soudain triste. "Quelle sottise j'ai faite de vous l'avoir
> dite, — dit-il à Lisa. — Pourquoi vous taisez-vous ? Vous feriez aussi
> bien de rire..." [19].

Les circonstances de l'affirmation chez Dostoïevski, comme chez
ses personnages, sont toujours complexes ; le repli tactique ou
stratégique succède tout naturellement à l'aveu imprudent qui
vient d'échapper à l'Adolescent par manque de maturité. Il faut
à tout prix se ressaisir, limiter la portée et réduire le sens de ce
qui vient d'être dit. Son discours l'ayant déshabillé, il tente, dans

le même souffle, de se réenvelopper sur le terrain de la métaphysique :

> Je n'ai pas su traduire mon idée et je m'aperçois combien ça a dû vous paraître sot, et tout juste digne d'un gamin. Mais je sens ça tout différemment, d'une façon beaucoup plus intelligente.
> — Sentez-vous encore maintenant que c'est plus intelligent ?
> — Ecoutez, vous êtes terriblement intelligente, — dit l'Adolescent. C'est un fait, j'ai remarqué qu'il suffit de s'exprimer pour apercevoir soudain une absurdité. Une pensée exprimée est un mensonge.
>
> NB : Lisa lui a fait tout déballer, y compris l'épisode du baron Ungern-Sternberg [20].

On saisit ici sur le vif la souplesse de la pensée de Dostoïevski et sa capacité dialectique de procéder par bonds. Pour masquer son imprudence, l'Adolescent enchaîne subtilement sur l'inadéquation du langage à son objet et l'incommunicabilité au niveau du discours. On aborde ici un des grands thèmes philosophiques de Fiodor Mikhaïlovitch : autrui n'est pas en droit de se plaindre de son statut de locuteur limité puisque toute énonciation est par définition truquée. Autrui n'est pas davantage en droit de s'attendre à une lecture transparente de la personnalité de l'autre puisqu'*une pensée exprimée est un mensonge*. Se retranchant derrière ces axiomes jumeaux pour déjouer comme à plaisir les lectures d'autrui, Dostoïevski a toujours aimé être et se rendre imprévisible, tant au niveau de la réflexion que du comportement ; c'est ce qui explique qu'il soit resté pour l'essentiel et sur l'essentiel aussi *indéterminé*.

Dans une lettre au jeune philosophe Vladimir Soloviov en date du 16 juillet 1876, l'auteur du *Journal d'un écrivain* développe dans tous ses attendus cet aspect fondamental de sa manière d'être et de s'exprimer :

> Ainsi donc, le numéro de juin du *Journal* vous a plu. J'en suis fort content et j'ai pour cela une grande raison. Je ne m'étais jamais encore permis de développer dans mes écrits *certaines* de mes convictions jusqu'au bout, de dire mon *tout dernier* mot. Un correspondant intelligent de province m'a même reproché d'aborder beaucoup de sujets dans mon *Journal*, de traiter de beaucoup de choses, mais de n'avoir encore rien développé jusqu'au bout et il m'a encouragé à ne pas mollir. Or voici que je me suis décidé à formuler le fin mot de mes convictions, de mes rêveries en ce qui concerne le rôle de la Russie et sa mission dans l'humanité et que j'ai exprimé l'idée que ces choses se passeront non seulement dans un avenir proche, mais qu'elles commencent même à se réaliser déjà. Or comme par hasard, il est arrivé exactement ce que j'avais pressenti : même des journaux et des périodiques qui me sont favorables ont aussitôt commencé à crier que j'entassais paradoxe sur paradoxe ; les autres revues, quant à elles, n'ont même pas daigné

prêter attention, alors que j'avais, me semble-t-il, abordé la question la plus importante. Voilà ce que c'est de mener une idée jusqu'au bout ! Posez le paradoxe que vous voudrez, mais ne le menez pas à son terme, alors l'effet produit sera spirituel et fin et *comme il faut* !* Mais développez jusqu'au bout tel ou tel discours risqué, dites par exemple tout à coup : "Eh bien, c'est cela le Messie", — dites-le carrément et autrement que par allusion, et personne ne vous croira, précisément à cause de votre naïveté, précisément parce que vous êtes allé jusqu'au bout, que vous avez dit votre tout dernier mot. D'un autre côté, au demeurant, si beaucoup de nos beaux esprits les plus connus, Voltaire, par exemple, au lieu de procéder par moqueries, allusions, demi-mots et rétentions verbales, s'étaient décidés tout soudain à dire tout ce à quoi ils croyaient, s'ils avaient montré leur doublure d'un coup, leur essence, alors, croyez-moi, ils n'auraient pas tiré la dixième partie de l'effet initialement produit. Davantage encore : on n'aurait fait que rire d'eux. C'est vrai que l'homme est ainsi fait qu'il n'aime pas en général le dernier mot en matière de pensée "exprimée" dans quelque domaine que ce soit ; il aime à dire que :

"Une pensée exprimée est un mensonge" [21].

*En français dans le texte — L.A.

Derrière les constatations faussement chagrines (*Voilà ce que c'est de mener une idée jusqu'au bout !*) se profile une sorte de plaidoyer *pro domo* qui rejette sur autrui la responsabilité du statut de locuteur limité qui lui est imparti (*C'est vrai que l'homme est ainsi fait qu'il n'aime pas en général le dernier mot en matière de pensée "exprimée"*). Davantage encore : citant par antiphrase *beaucoup de nos esprit les plus connus, Voltaire* [22], *par exemple*, Dostoïevski justifie pleinement son propre soliloque, cautionné en marge par la présence ou l'existence d'autrui. Toute la formule du discours *ordinaire* de Fiodor Mikhaïlovitch tient dans la célèbre fourchette définie dans la *Note de l'Auteur* de *Une Douce* :

> ... tantôt il se parle à lui-même, tantôt il s'adresse comme à un auditeur invisible, comme à quelque juge... [23].

Mais ce soliloque tournerait court, le sujet, tragiquement enfermé dans sa propre substance, risquerait de s'égarer dans la *ténèbre mentale* (expression employée par le prince Mychkine dans *L'Idiot*, II, V ; Mychkine avoue, au demeurant, n'avoir réussi à communiquer qu'une seule fois dans sa vie avec une seule personne, et encore grâce à la médiation de la lecture en commun des oeuvres de Pouchkine : ... *C'est seulement à Moscou, avec Rogojine, que j'ai parlé à coeur ouvert... Nous avons lu ensemble Pouchkine, nous l'avons lu tout entier.../*IV, VII). En plus du nécessaire locuteur dont la demi-existence assume une fonction irremplaçable, l'imaginaire de Dostoïevski dispose de bien d'autres ressources et de nouvelles recettes de substitution. Aussi bien un homme immensément ingénieux comme lui ne pouvait-il jamais être sérieusement à court en quelque domaine que ce fût. Il sait parfaitement réintégrer — après traitement — dans son univers un autrui économique et utile, avec lequel il soit possible de s'entendre et qu'il soit même loisible, le cas échéant, de honnir et de maudire de façon *productive*.

L'une des ressources et des recettes permanentes dont dispose en effet Dostoïevski, est *l'invention d'autrui* qui fait pendant à *l'invention de soi*. Cette faculté et même cette propension instinctive se manifestent assez tôt. Elles éclatent avec une netteté et une intensité particulières dans la première moitié des années quarante dans ses démêlés avec son tuteur. Ce dernier, P.A. Karepine [24], qui était en même temps son beau-frère, s'opposait non sans raison aux demandes répétées et excessives d'argent présentées par Fiodor Mikhaïlovitch sous l'aspect du chantage et de l'ultimatum permanents. Irrité de cette résistance qui le gêne dans ses débordements existentiels, Dostoïevski lui donne, dans ses lettres à Michel de l'époque, tous les noms d'oiseaux qu'il est susceptible de trouver (Dieu sait qu'il a là-dessus l'imagination fertile !) et finit même par le quintessencier à la fin d'une lettre qu'il adresse à Karepine en personne dans une triade littéraire des plus inattendues qui réunit à la fois *Famoussov* [25], *Tchitchikov* [26] *et Falstaff* [27] ! Vingt ans plus tard Fiodor Mikhaïlovitch se ressouviendra de lui en créant dans *Crime et châtiment* le personnage de Loujine [28].

Premier d'une longue liste, Karepine *affameur* annonce, entre autres, Smirnov *sac à vodka* et Kaveline *esclavagiste* [29]. Dédoublé et lucide, Dostoïevski avait naturellement conscience de ce processus de cristallisation imaginative. Ainsi note-t-il à propos d'un de ses personnages, la Catherine Ivanovna des *Frères Karamazov*, que sa caractéristique dominante est *l'autoinvention*. Et, comme souvent, il élargit cette analyse particulière en loi générale, valable pour toute l'humanité : *Toute sa vie, l'être humain oublie de vivre, s'invente lui-même, s'autoinvente* [30]. L'invention d'autrui a naturellement partie liée avec l'invention de soi. Un tel phénomène n'a rien pour surprendre chez un romancier-né comme Dostoïevski, doté d'une inépuisable capacité d'affabulation d'origine et de finalité littéraires. Mais l'aspect *technique* de la manoeuvre en cache un autre, au moins aussi important, l'aspect *métaphysique*. Ce n'est point l'effet du hasard si Dostoïevski a confié ce trait éminemment personnel à l'un de

ses personnages les plus négatifs, *son Netchaïev*, [31], le Piotr
Stepanovitch Verkhovenski des *Démons*. C'est *Fedia le bagnard*
qui dit à Stavroguine :

> Piotr Stepanovitch est un astrologue, et connaît toutes les planètes
> du bon Dieu. Et cependant, lui aussi, n'est pas sans défauts. Je suis
> là devant vous comme devant le Très-Haut, car votre renommée court
> les rues. Piotr Stepanovitch, c'est Piotr Stepanovitch, mais vous, mon-
> sieur, m'est avis que vous êtes autre chose. Lui, s'il dit d'un homme :
> canaille, il a tout dit, il ne veut savoir rien d'autre de lui. S'il a dit :
> imbécile, c'est fini, l'homme n'est qu'un imbécile. Or il se peut, quant
> à moi, que les mardis et les mercredis je ne sois qu'un imbécile, mais
> que le jeudi je sois encore plus intelligent que lui. Il sait maintenant
> que je m'ennuie beaucoup après un passeport — car en Russie on ne
> peut pas faire un pas sans passeport — alors il s'imagine qu'il a mis la
> main sur mon âme. Je vous dirai, monsieur, qu'il lui est très facile de
> vivre sur terre, parce qu'il s'imagine que l'homme est ceci ou cela, et il
> vit ensuite avec l'homme qu'il a inventé.

>   *(II, II, I)*

Comme pour illustrer ce jugement, Piotr Stepanovitch s'écrie
à l'adresse de Stavroguine à la fin du chapitre *Le tsarévitch Ivan* :

> Comprenez finalement que votre compte est trop chargé pour que je
> puisse renoncer à vous. Vous êtes unique au monde. Je vous ai inventé
> dès notre rencontre à l'étranger ; je vous ai inventé en vous observant.
> Si je ne vous avais pas observé à la dérobée, jamais rien de tel ne me
> serait venu à l'esprit.

>   *(II, VIII)*

Les grands thèmes se reconnaissent dans une oeuvre de Dostoïevski à ce qu'ils sont généralement bissés en mineur chez un personnage de moindre charge romanesque. Ainsi le thème de *l'invention
d'autrui* échoit-il en passant à Varvara Petrovna qui s'est fabriqué
à son usage personnel une sorte de Stepane Trophimovitch *de
poche* :

> Elle l'avait inventé, et avait été la première à croire à son invention.
> Il était en quelque sorte son rêve le plus cher... Mais en retour, elle
> exigeait beaucoup de lui à vrai dire, parfois même une entière servi-
> tude /.../. Varvara Petrovna avait même imaginé pour Stepane Trophi-
> movitch un costume auquel il resta fidèle toute sa vie. Ce costume
> élégant avait du caractère et lui allait très bien...

>   *(I, I, 5)*

Dans la vie, *autrui ordinaire* n'intéresse Dostoïevski que comme
personnage de sa comédie humaine ou comme personnage utile
à l'exercice de cette comédie. Non seulement autrui est assujetti
aux catégories subjectives de la perception, mais encore il doit
s'y conformer durablement pour garder un statut d'existence.
Etre colonisé, annexé ou exclu, il n'y a pas d'autre alternative.

Fiodor Mikhaïlovitch, cependant, a toujours comme un regret
d'exclure, c'est pour lui qui aspire à jouer tous les rôles, du moins
le maximum de rôles, comme une sorte d'échec personnel.
L'artiste en lui se sent pris comme en défaut. Inventer, au demeurant, n'est pas pour son esprit avide de faits une solution satisfai-
sante, ni forcément productive. La meilleure des solutions consiste
en fait à récupérer autrui d'une manière ou d'une autre, en domes-
tiquant son image, en l'intériorisant pour mieux la posséder, et
à s'enrichir ainsi soi-même en élargissant son assiette. En abîmant
dans son propre moi les thèmes éveillés ou suggérés par autrui,
il relance les sources d'inspiration, il se situe mieux et plus concrètement.

Inventer et intérioriser ne sont pas au demeurant deux opé-
rations fondamentalement distinctes. Entre les deux la différence est subtile et parfois insaisissable. Tout le procès fait par
Eugène Pavlovitch au prince Mychkine au chapitre IX de la quatrième partie de *L'Idiot* tourne autour de cette distinction-con-
fusion. Alors que Mychkine a, semble-t-il, *abîmé, intériorisé*
en lui l'image d'Anastasia Filippovna au point de la *sentir* comme
lui-même, Eugène Pavlovitch lui reproche tout bonnement de
l'avoir *inventée* et associe implicitement la notion *d'autrui de
poche* à celle de *paradis de poche*.

> Eh bien oui, que disais-je donc ? continua, en s'échauffant, Eugène
> Pavlovitch. Il est clair que dans la griserie, si j'ose dire, de l'enthou-
> siasme, vous vous êtes jeté sur la première possibilité de proclamer
> au monde cette généreuse pensée que vous, prince de bonne race et
> homme pur, vous ne jugiez pas déshonorée une femme salie non par
> sa faute, mais par la faute d'un ignoble débauché du grand monde.
> Ô Seigneur, mais cela se comprend ! Seulement, cher prince, ce n'est
> pas de cela qu'il s'agit, mais de savoir s'il y avait là de la vérité, s'il y
> avait de la vérité dans votre sentiment, s'il y avait là du naturel, ou bien
> seulement un enthousiasme cérébral.

Sur ce terrain, la condamnation du prince Mychkine par Eugène
Pavlovitch était déjà contenue en germe dans l'avertissement du
prince Chtch. :

> Mon cher prince, ... le paradis sur terre n'est pas facile à obtenir ; or
> vous y comptez quand même un peu, sur ce paradis, le paradis est une
> chose difficile, prince, infiniment plus difficile qu'il ne paraît à votre
> bon coeur.

(III, I)

C'est un fait qu'à l'instar de Mychkine Dostoïevski préfère vivre
avec l'image et le souvenir : la relation lui paraît soudain plus
substantielle, comme décantée d'éléments allogènes qui lui feraient
perdre en signification et en valeur. Personnage *pluriel* et personna-

lité douée d'une grande capacité d'assimilation, il pratique une
forme raffinée et pratiquement inédite de *solipsisme* : celle qui
consiste non pas à nier l'existence d'autrui, mais au contraire à
la reconnaître, à l'affirmer même, *sous les espèces de sa propre
monade*. C'est ainsi que le plus haut degré de la reconnaissance
d'autrui se confond chez lui avec le degré le plus élevé de son
intégration. Si Dostoïevski, cédant à une impulsion soudaine,
— Eugène Pavlovitch parlerait d'*enthousiasme cérébral*, — se décide
à faire d'autrui son prochain, c'est à la condition expresse que cet
autrui-là se mette pour une part à lui ressembler. Telle est la clé,
par exemple, du fameux *retour à Nekrassov* amorcé par Fiodor
Mikhaïlovitch à la faveur de la publication de *L'Adolescent* dans
les *Annales Patriotiques* et définitivement scellé au moment de
la mort du poète [32]. Dans le portrait que Dostoïevski trace alors
du disparu, l'image de Fiodor Mikhaïlovitch interfère si puissamment avec l'autre, les bases de références retenues sont si voisines,
que le portrait de Nekrassov tourne carrément à l'autoportrait
— approfondi — de celui qui parle de l'autre :

> C'était..., comme je le sentis alors d'emblée, un coeur blessé au départ
> même de la vie, et c'est cette blessure *jamais cicatrisée* en lui qui fut
> le principe et la source, aussi longtemps qu'il vécut, de toute sa poésie
> passionnée d'homme souffrant. Il me parlait alors, les larmes aux yeux,
> de son enfance, de la laideur de la vie qui fut son supplice au foyer
> paternel, de sa mère... et la façon qu'il avait de parler de sa mère, la
> poignante tendresse avec laquelle il évoquait son souvenir, faisaient dès
> lors pressentir que s'il devait y avoir quelque chose de saint dans sa vie,
> quelque chose qui pût le sauver et lui servir de phare, d'étoile d'orien-
> tation jusque dans les moments les plus sombres et les plus fatals de sa
> destinée, c'était certainement, c'était seulement cette impression origi-
> nelle de ses larmes enfantines, des sanglots partagés de sa petite enfance,
> quand il embrassait quelque part en cachette, pour n'être pas surpris
> (comme il me le racontait) sa mère martyrisée, cet être qui l'aimait
> tant. Je pense qu'il n'y eut pas, plus tard, un seul attachement dans sa
> vie qui ait pu, autant que celui-là, influer et agir souverainement sur sa
> volonté et sur certaines inclinations ténébreuses, irrésistibles, de son
> esprit qui toute sa vie ne lui laissèrent pas de repos. Et d'obscurs élans
> de cet esprit se laissaient alors déjà deviner /.../. Un million — voilà
> le démon de Nekrassov ! Quoi, est-ce-à-dire qu'il aurait tant aimé l'or,
> le luxe, les jouissances, et que pour les avoir il aurait donné dans le
> "sens pratique" ? Non, il s'agissait plutôt d'un démon bien différent,
> le plus ténébreux, le plus dégradant des tentateurs. C'était le démon
> de l'orgueil, de la soif de sécurité, du besoin de se protéger des hommes
> par une solide muraille et de considérer avec détachement et sérénité
> leur méchanceté et leurs menaces. Je pense que ce démon était déjà
> accroché comme une sangsue à son coeur d'enfant, de l'enfant de
> quinze ans qui s'était soudain trouvé sur le pavé de Pétersbourg après
> s'être autant dire enfui de chez son père. Sa jeune âme timide et fière
> était choquée et ulcérée, se refusait à chercher des protecteurs et à

tenter des accommodements avec cette foule qui lui était étrangère. Ce n'était pas exactement de la misanthropie qui s'était si tôt installée dans son âme, c'était plutôt une attitude de scepticisme trop précoce (et par suite erronée) à l'égard des hommes. Ils peuvent bien n'être pas méchants, ils peuvent bien n'être pas si féroces qu'on le dit — devait-il penser — mais ils ne sont tous que faible engeance apeurée, capable même sans méchanceté de vous mettre à mort dès qu'il y va de leur intérêt. Et c'est de là que partirent sans doute les rêveries de Nekrassov, et que, peut-être dans la rue, se composèrent en lui ces vers : "J'ai en poche un million". C'était une soif de sécurité sombre, morose, retranchée sur elle-même pour ne plus dépendre de personne [33].

/.../ Je vois clairement, quant à moi, pourquoi Nekrassov aimait tant le peuple, ce qui l'attirait tant vers lui dans les minutes pénibles de sa vie, pourquoi il allait au peuple et ce qu'il trouvait en lui. C'est que, je l'ai déjà dit, l'amour du peuple était pour Nekrassov *une issue par où échapper au tourment qu'il s'infligeait lui-même*. Admettez cela, partez de là, et Nekrassov tout entier vous devient clair, et comme poète et comme citoyen. Servir le peuple de tout son coeur et de tout son talent, c'était pour lui se purifier devant lui-même. Le peuple était pour lui un véritable besoin intime, et non pas seulement pour écrire des vers. Dans son amour pour le peuple il trouvait sa propre absolution. Les sentiments qu'il éprouvait pour le peuple étaient un remontant pour son esprit. Mais ce qu'il faut surtout relever, c'est que son amour ne trouvait pas d'objet parmi les gens qui l'entouraient ni dans ce que ces gens honorent et révèrent. Il s'arrachait au contraire à ces gens et s'en allait vers les affligés, les souffrants, les simples en esprit, les humiliés, quand il se sentait pris de dégoût pour la vie à laquelle il s'était par moments adonné par faiblesse ou par vice ; il allait et frappait du front les dalles de la pauvre église de son village, et il trouvait la guérison. Il n'aurait pas choisi cette issue *s'il n'avait pas eu la foi en elle*. Il trouvait dans l'amour du peuple quelque chose d'inébranlable, une issue infaillible et sainte à tout ce qui le tourmentait. Il s'ensuit donc qu'il ne trouvait rien de plus sacré, de plus indestructible, de plus vrai devait quoi s'incliner...

Journal d'un écrivain 1877, décembre,
chapitre second, I ; III ; IV

A lire ce bref essai de biographie psychocritique, on est frappé de retrouver les lignes de force essentielles du psychodrame permanent dans lequel Fiodor Mikhaïlovitch s'est débattu au cours de son existence et de voir s'articuler des enchaînements, tout un engrenage que jamais Dostoïevski ne se serait aventuré à décrire aussi directement. Tout part donc de l'enfance. Fiodor Mikhaïlovitch a bel et bien été *un coeur blessé au départ même de la vie* et *cette blessure jamais cicatrisée en lui fut le principe et la source* de toute son inspiration pathétique *d'homme souffrant* et de créateur. Epris de beauté et d'esthétique dès son plus jeune âge, *la laideur de la vie fut son supplice au foyer paternel*. Cette laideur de la vie s'aggravait de la douloureuse mésentente qui régnait entre des parents mal assortis : une mère douce et résignée, incapable de se défendre ; un père tyrannique, jaloux et violent. Son père *martyrisait* sa mère et c'est avec elle qu'il a partagé *en cachette les sanglots de sa petite enfance.* L'amour de cette mère allait déterminer chez le fils *l'attachement de toute une vie* et lui fournir le modèle *ne varietur* de toute femme fidèle à sa vocation intime, qui consiste à aimer et à préserver. Cet attachement devait lui fournir, à la mort de cette mère adorée, le premier talisman destiné à le protéger contre *certaines inclinations ténébreuses, irrésistibles, de son esprit qui toute sa vie ne lui laissèrent pas de repos.*

Car l'adolescence succède à l'enfance et, à l'instar de Stavroguine dans les *Démons,* Fiodor Mikhaïlovitch "montra soudain ses griffes de fauve" [34]. *S'étant soudain trouvé sur le pavé de Saint-Pétersbourg après s'être autant dit enfui* — psychologiquement et moralement — *de chez son père,* l'adolescent sent bouillonner en lui des forces tumultueuses et s'essaie dans tout le registre des passions. Au centre de cet être nouveau un appétit féroce de *jouissances* est associé au *démon de l'orgueil. Précocement sceptique à l'égard des hommes,* il éprouve le besoin *de se protéger des hommes par une solide muraille,* de régner secrètement *sans plus dépendre de personne.* Mais sa suprématie métaphysique sur cette *faible engeance apeurée, capable même sans méchanceté de vous mettre à mort dès qu'il y va de son intérêt* a besoin d'être étayée par une base matérielle solide qui doit simultanément assurer les moyens des *jouissances.* Si l'on refuse "une vie digne d'un pygmée et non d'un géant, d'un enfant et non d'un homme" pour "atteindre naturellement à une vie d'homme qui soit pleine" [35], la clé de tout c'est l'argent, l'aspiration féroce à "vouloir tout de suite tout un capital" [36], selon l'aveu de Raskolnikov à la domestique Nastassia. Dès qu'il a conquis son indépendance, et même bien avant, Dostoïevski ne cesse d'échafauder des projets mirifiques pour s'enrichir d'un seul coup et voir venir. Cette pulsion financière ne le laissera désormais plus en repos et culminera dans l'attrait magique de la roulette.

Pour conjurer au moins en partie les passions tumultueuses et dévastatrices qui le minent et menacent son équilibre psychique et moral, Fiodor Mikhaïlovitch, homme fait, a besoin d'un nouveau talisman. Au fur et à mesure que l'image de sa mère, pourtant toujours vivante, recule dans le passé, il éprouve le besoin organique de se créer un talisman d'adulte plus large et, face à sa solitude, à irisation plus collective. Ainsi va transiter, puis évoluer considérablement dans l'âme de Dostoïevski, l'image du peuple russe qu'il a appris à connaître pour la première fois au bagne dans "l'union fraternelle avec lui dans un malheur commun" [37] . Le peuple russe va devenir peu à peu pour lui le moyen de *se purifier devant soi-même. Le peuple russe était pour lui un véritable besoin intime... Dans son amour pour le peuple il trouvait sa propre absolution. Les sentiments qu'il éprouvait pour le peuple étaient un remontant pour son esprit,* un exutoire pour *son amour* qui *ne trouvait pas d'objet parmi les gens qui l'entouraient ni dans ce que ces gens honorent et révèrent.* Source et principe de toute valeur, le peuple était devenu pour lui *une issue infaillible et sainte à tout ce qui le tourmentait,* la vérité unique *devant laquelle s'incliner.*

Ces belles et terribles choses sur lui-même, Dostoïevski ne pouvait les écrire que par la grâce d'un transfert et d'un transfert inconscient. Il ne retient du portrait de l'autre que les fragments assimilables au service d'un montage entièrement personnel dont le résultat global pourrait se définir ainsi : si ce n'est toi, c'est donc ton frère, ton double. *Autrui de poche* lui sert ici de caisse de résonance et de confessionnal secret. Purifié d'un long et lourd contentieux par la vertu de ce processus d'*entrisme post mortem,* le poète Nekrassov passe du statut de poète ordinaire à celui de poète extraordinaire, c'est-à-dire qu'il est crédité du bénéfice de cette *parole nouvelle* que Dostoïevski refuse toujours âprement d'accorder à un Léon Tolstoï [38] :

> En effet, mise à part toute appréciation de la vigueur artistique et de la grandeur de sa poésie, Nekrassov a été éminemment original, il a réellement apporté une parole nouvelle [39].

Une expérience semblable de convergence, mais beaucoup plus limitée et pour tout dire de caractère pointu, sera tentée par Fiodor Mikhaïlovitch avec un autre de ses anciens *ennemis,* pourtant fort coriace : Saltykov-Chtchedrine. Cette fois, le processus d'identification passe par la constatation d'une certaine similitude de vue en esthétique. Il s'est brusquement trouvé que Saltykov-Chtchedrine pensait *maintenant* comme Dostoïevski avait toujours pensé, en tout cas depuis fort longtemps :

> Il m'est arrivé récemment de parler avec un de nos écrivains (un grand artiste), du comique dans la vie, de la difficulté de définir le phénomène, de l'appeler du mot juste /.../. "Et savez-vous bien — m'a dit soudain mon interlocuteur... savez-vous que quoi que vous écriviez, quoi que vous imaginiez, quelque effort de restitution artistique que vous fassiez, jamais vous ne vous égalerez à la réalité. Quoi que vous dépeigniez, le résultat sera toujours plus faible que dans la réalité. Vous croyez avoir attrapé dans votre ouvrage ce qu'il y a de plus comique dans un certain phénomène de la vie, en avoir saisi le côté le plus grotesque, — erreur ! La réalité va sur-le-champ vous offrir, dans le même genre,

une face des choses dont vous n'aviez pas la moindre idée et qui dépassera tout ce qu'ont pu créer votre observation et votre imagination..." !

J'ai su cela dès 1846, quand je commençai d'écrire, et peut-être même plus tôt encore...

Journal d'un écrivain 1876, octobre, I, III

Voulant pourfendre — pour la nième fois — Belinski en 1873, Dostoïevski élève, par comparaison et par différence, Herzen à son propre niveau :

Herzen était un artiste, un penseur, un brillant écrivain, un homme extraordinairement cultivé, un esprit étincelant, un interlocuteur étonnant (il parlait mieux encore qu'il n'écrivait) et doué d'une réflexivité brillante. La réflexivité, la faculté de transformer son sentiment le plus profond en objet, de le placer devant soi-même, de lui rendre hommage, et dans l'instant même de s'en moquer au besoin, — ce trait était développé en lui au suprême degré /.../.

Belinski était par excellence une personnalité non réflexive, et plus précisément inconditionnellement exaltée, toujours et pendant toute sa vie...

Journal d'un écrivain 1873, Gens d'autrefois.

Ce trait, la *réflexivité*, développé chez Herzen au suprême degré et absent par excellence chez Belinski, était, comme de juste, l'une des principales qualités que Dostoïevski s'attribuait à lui-même. Strakhov rapporte dans ses *Souvenirs sur F.M. Dostoïevski* :

On voyait se manifester en lui avec une extraordinaire clarté un dédoublement d'une sorte particulière consistant en ceci : l'être s'adonne avec une grande vivacité à certaines idées et certains sentiments, tout en conservant dans l'âme un point d'ancrage immuable et fixe, à partir duquel il se regarde lui-même, contemple ses idées et ses sentiments. Il parlait lui-même parfois de cette propriété et l'appelait *réflexivité* /souligné par moi — L.A./ [40].

S'il arrive à Dostoïevski d'évoquer ou de brosser le portrait d'autrui, il ne retient pour l'essentiel, en les grossissant, en les systématisant et au besoin en les remodelant, que les traits susceptibles de correspondre à tel aspect de sa personnalité ou d'y trouver au moins un écho. Parler d'autrui, c'est pour lui une façon indirecte ou détournée de parler de lui-même. Entrer dans l'univers de Fiodor Mikhaïlovitch, c'est être réinterprété par lui. A l'exception de cas rarissimes où cette réinterprétation aboutit à la promotion de l'autre (l'accès de Nekrassov au statut d'inventeur d'une *parole nouvelle*) le dilemme est en général des plus simples : si autrui entre dans un processus de reconnaissance (au sens hégélien du terme) par identification au moins partielle, il est dessaisi de son originalité propre ; s'il n'entre pas dans ce processus, il n'existe pas et se trouve rejeté dans les ténèbres extérieures. Il y avait un peu de cet impérialisme-là chez Belinski qui avait été un court instant tenté par le désir de faire de Dostoïevski *sa chose*. Non sans une certaine dose de candeur juvénile, ébloui de surcroît par le succès littéraire de sa première oeuvre, *Les Pauvres Gens,* Fiodor Mikhaïlovitch écrit à son frère Michel le 8 octobre 1845 :

> Je suis souvent chez Belinski. Il est disposé on ne peut mieux à mon égard et voit sérieusement en moi *la preuve devant le public* et la justification de ses opinions.

A elle seule, l'inévitable prise de conscience avec le temps de cette tentative de *lèse-identité* aurait suffi à alimenter chez Dostoïevski une haine mortelle. Il n'était pas question qu'on procédât consciemment avec lui comme il procédait (inconsciemment ?) avec autrui.

Autrui dans l'univers de Dostoïevski n'est ni sujet, ni objet, ni moyen, ni fin. *Il est testé de l'intérieur.* Testé en fonction des intérêts matériels et moraux de Fiodor Mikhaïlovitch, mais également testé selon les critères de sa problématique bio-philosophique. La relation est d'essence *expérimentale,* et comme telle éminemment fluctuante. Dans son livre *Tourgueniev et Dostoïevski* Yuri Nikolski rapporte l'anecdote suivante, suffisamment vraisemblable pour que sa vérité n'ait pas à être prouvée :

> Une tradition orale affirme que Dostoïevski est venu voir un jour Tourgueniev et a confessé devant lui sa plus mauvaise action [41].
> — Pourquoi m'avez-vous dit ça ? ! demanda Tourgueniev.
> — Pour vous montrer le peu de respect que j'ai pour vous [42].

Se non è vero, è bene trovato. Les mots *essai, démarche, tentative* sont les maîtres-mots de la relation bio-romanesque chez Fiodor Mikhaïlovitch : le comportement-discours a toujours un aspect de provocation-recherche. Il faut aller jusqu'au bout d'une hypothèse, d'une idée, d'une affirmation, d'un comportement, pour voir et savoir jusqu'où une pareille investigation peut conduire. Il faut faire sortir autrui — le premier — de lui-même pour *tester* ses vibrations fondamentales. De là ce goût, cette passion de piéger, de provoquer, d'agacer, de choquer, de déconcerter, de jouer savamment au chat et à la souris. A cet égard, la dialectique des rapports entre le juge d'instruction Porphyre Petrovitch et Raskolnikov est caractéristique de la nature profonde du comportement, non seulement du romancier, mais de l'homme. L'attitude de Fiodor Mikhaïlovitch envers Tourgueniev relève de ce même procédé constant d'interpellation et de dépistage. Le but obstinément poursuivi consiste à trouver la faille dans *l'imposture humaniste* de ce favori du public russe et international, de faire craquer son système de l'intérieur, de retourner l'homme comme on retourne un poulpe.

Dostoïevski ne s'intéresse potentiellement à autrui qu'à travers le prisme de ce qui l'intéresse en lui-même. Absorbé par sa propre substance, il est occupé de savoir pourquoi et comment cohabitent dans sa spiritualité personnelle et éventuellement dans la spiritualité des autres, personnages romanesques compris, des extrémités incompatibles dont les pôles ne cessent de se renverser. Autrui devient donc le *réactif* sur lequel prennent forme et couleur les expériences, les crises, les contradictions et les oscillations de Fiodor Mikhaïlovitch. La perception changeante et fluctuante qu'il a de l'homme en tant que *cobaye métaphysique* s'inscrit dans un vaste dessein de réflexion sur soi et, à travers soi, sur la destinée de l'espèce. Eternel expérimentateur, homme d'humeur et spécialiste des passions, il réagit essentiellement en fonction de l'état et des besoins du moment. Ce relativisme a pour correctif le souci constant de la remise en cause des résultats et des jugements obtenus. La synthèse de l'instant ne garde sa pleine valeur que dans les circonstances où elle se définit : c'est un point arrêté, un plan photographique figé. La succession des contextes entraîne des modifications d'aspect et d'éclairage. L'évolution de la perception de Belinski par Dostoïevski est à cet égard particulièrement frappante : de l'amitié exaltée, à l'inimitié et à la haine, puis à la réhabilitation d'abord partielle et, pour finir, quasi définitive. C'est ainsi que l'image d'autrui, intégrée dans la conscience de Fiodor Mikhaïlovitch, continue de vivre et d'évoluer d'une façon partiellement autonome, à l'instar d'un personnage de roman.

L'image négative du père — *il n'aimait décidément pas parler de son père et demandait qu'on ne lui posât pas de questions à son sujet* [43] — est peut-être celle dont le trajet dans l'âme de Dostoïevski est à la fois le plus étonnant et le plus typiquement éclairant. Fiodor Mikhaïlovitch n'est pas sans savoir que son père est l'une de ses clés et qu'il existe quelque part au fond de lui-même une serrure inviolable. Lui qui voudrait tant se considérer comme une personnalité *princeps,* ne peut cependant ignorer que toute filiation signifie forcément référence. Et c'est précisément cette personnalité de référence que, suivant sa méthode habituelle, Dostoïevski s'est efforcé toute sa vie de rendre moins indépendante, moins autonome et, renversant les rôles, plus tributaire. Il ne fallait pas que son père demeurât à jamais cette brèche ouverte dans la substance totalisante d'une personnalité qui *assiégeait l'extérieur,* sans admettre ni incursions, ni empiètements. Aussi Fiodor Mikhaïlovitch s'est-il efforcé, au fil des ans, de *récupérer son père* en procédant par réévaluation et réhabilitation progressives. Mieux valait vivre avec une image épurée et domestiquée qu'avec une brèche trop dangeureusement ouverte. Une fois de plus, la capacité de synthèse de Dostoïevski se révèle étonnante. Se voulant la mesure de tout, il n'accepte d'être la mesure de rien ni de personne. Fiodor Mikhaïlovitch n'est jamais à court d'arguments et dans ce processus de réintégration du père tout un complexe d'idées se fait jour. Il y a d'abord l'idée que dans les générations ascendantes les potentialités les plus constructives des pères sont en fait réalisées par les fils. Sur le plan de la substance le père est donc susceptible de devenir une incarnation seconde du fils. Il y a ensuite l'idée, tardive il est vrai, que les vivants ont le devoir de ressusciter — au sens littéral — les morts [44]. Ici on lit comme un désir d'inverser les rapports génétiques père-fils en rachetant au moins la vie qu'on a reçue par celle que l'on rendra.

Il y a plusieurs demeures dans la maison de mon père, dit l'Evangile *(Jean, XIV, 2).* Il y avait toute une variété de cases pour autrui dans l'esprit fertile de Fiodor Mikhaïlovitch. Il y avait, entre autres, un paradis de poche ou un enfer de poche toujours prêts à recevoir un *autrui de poche.*

Chapitre XII

Autrui collectif

J'ai injurié Belinski plus comme phénomène de la vie russe que comme personne...
Lettre à Strakhov
du 18 mai 1871

On peut traverser une rivière sur une planche, mais non sur un copeau.
Les Démons, Conclusion

Je crois que le temps n'est pas loin où c'est tout le peuple russe qui deviendra gentilhomme.
Carnets de l'Adolescent

Evoquant l'intérêt qu'*autrui ordinaire* (celui qui n'est ni privilégié par le coeur, ni distingué par Dieu, ni porteur d'une parole nouvelle) est tout de même susceptible de dégager, Dostoïevski parle au début de la quatrième partie de *L'Idiot* de *nuances intéressantes ou instructives à découvrir* et surtout d'une éventuelle *espèce de valeur typique.*

Ainsi, aux yeux de Fiodor Mikhaïlovitch, *autrui ordinaire* ne peut-il être tant soit peu réhabilité qu'à la faveur de l'émergence potentielle à un phénomène de structure collective, ce qui signifie qu'il appartienne à une collectivité ou à une communauté qui lui donnent à la fois sa vraie place et son vrai sens. Dostoïevski est un individualiste qui ne s'intéresse qu'aux problèmes de groupe. C'est au travers du groupe qu'autrui accède à la catégorie du fait.

Or le fait, c'est le facteur premier, l'élément de base. La personne n'intervient qu'en second lieu comme support et illustrateur du fait. La dialectique qui part de la personne pour aboutir au fait est une dialectique d'humeur et, malgré sa valeur polémologique, n'aboutit qu'à des résultats ponctuels et partiels, forcément partiaux et limités en intérêt par leur nature trop subjective. Au contraire, la dialectique qui part du fait, du *phénomène*, pour déboucher sur la personne sert de matrice pour reproduire à coup sûr l'empreinte initiale sur tout individu soumis à son action.

Conscient au cours de son *deuxième exil* (son séjour en Europe occidentale de 1867 à 1871) d'avoir fait dans le passé la part trop belle à Belinski en l'érigeant involontairement en chef de file et même en chef d'orchestre pourvu d'une autorité spécifique, toute haïssable qu'elle pût être, Dostoïevski pense revenir à une critique mieux ciblée et plus féconde en envisageant le *redoutable critique* non plus comme une personne, mais comme un phénomène :

> J'ai injurié Belinski plus comme phénomène de la vie russe que comme personne : ce fut le phénomène le plus infect, le plus borné et le plus honteux de la vie russe. La seule excuse est dans le caractère inévitable de ce phénomène.
>
> *Lettre à Strakhov du 18 mai 1871*

Poursuivant son attaque dans la même lettre, il accuse Belinski d'avoir

> déshonoré la Russie, en niant les grands phénomènes qu'elle a produits (Pouchkine).

Pis encore :

> Cet homme m'a injurié le Christ dans les termes les plus orduriers, et cependant jamais il n'a été en état de se mesurer lui-même ni de mesurer tous les moteurs de l'histoire universelle au Christ pour lui être comparés.
>
> *(ibidem)*

Tout phénomène étant contingent et susceptible d'être retourné, c'est comme phénomène n'ayant pas livré toute sa signification première que Belinski sera réhabilité sur le tard par Dostoïevski (la question de Dieu restant naturellement réservée) :

> Si les slavophiles furent sauvés alors par leur sensibilité russe, celle-ci était aussi le fait de Belinski, et si bien même que les slavophiles auraient pu le considérer comme leur meilleur ami.
>
> *Journal d'un écrivain, juin 1876, II, I*

Cette dialectique de la personne et du phénomène trouve son

expression directe dans les grands romans de Dostoïevski, ses cinq *romans-tragédies*. Fiodor Mikhaïlovitch y classe ses créatures en deux catégories : les grands personnages sont des *héros* qui grâce à la *parole nouvelle* qu'ils apportent construisent ou contribuent à faire émerger un phénomène à signification collective (c'est le rôle que Dostoïevski s'attribuait dans l'existence) ; les personnages secondaires, quant à eux, ne sont que des *épi-phénomènes* chez lesquels la participation, même réduite, au phénomène ronge, dévore ou aliène la personne. Ainsi en va-t-il, pour cette seconde catégorie, du personnage de Gabriel Ardalionovitch Ivolguine dans *L'Idiot*. *Homme ordinaire* intelligent... *empoisonné par sa vanité rentrée*, il finit ses jours *rongé par le remords... plongé dans l'ennui et le découragement* :

> Ce ne fut qu'après un long temps qu'il vit clair et qu'il se convainquit de la tournure sérieuse qu'auraient pu prendre les choses avec une créature aussi innocente et aussi singulière qu'Aglaé.
>
> *IV, I*

Ainsi en va-t-il encore du Lipoutine des *Démons*, ce *fouriériste inattendu*. Omnibulé par sa croyance obstinée en l'avènement de la *république sociale universelle* avec laquelle il n'entretient par son comportement aucune relation d'allégeance, même indirecte, Lipoutine

> fut arrêté à Pétersbourg où il vivait déjà depuis quinze jours. Ce qui lui arriva paraît presque invraisemblable. Il avait un passeport établi à un faux nom et une somme d'argent assez considérable, de sorte qu'il pouvait facilement fuir à l'étranger ; or il ne bougea pas de Pétersbourg. Pour commencer, il essaya de retrouver Stavroguine et Piotr Stepanovitch, puis soudain il se mit à boire et se précipita dans une débauche effrénée ; on eût dit qu'il n'avait plus son bon sens et ne se rendait nullement compte de sa situation. On l'arrêta dans une maison publique, et complètement ivre.
>
> *Conclusion, I*

Exemplaire, Lipoutine ne l'est que par un seul petit détail (*Il arrive parfois qu'un détail insignifiant frappe particulièrement notre attention et persiste longtemps dans la mémoire*). Ce *détail* va engloutir sa personnalité larvaire *de petit fonctionnaire provincial, d'être insignifiant, presque abject, despote domestique, jaloux, brutal et avare, d'usurier qui enfermait sous clef les restes des repas et les bouts de chandelle et qui... à force de privations avait acheté "une maison" et épousé en secondes noces une femme avec quelque argent (I, II, 3)*. Phagocyté par ce *détail*, Lipoutine est voué à devenir un déchet d'humanité.

Exemplaire, Raskolnikov l'est au contraire de toutes les fibres de son être, de toutes les qualités de sa personne. A travers lui

Dostoïevski, comme il le déclare lui-même, a voulu monter en épingle trois phénomènes particulièrement exemplaires, non seulement du point de vue de l'actualité, mais encore *sub specie aeternitatis.*

Le premier phénomène exemplaire est que la culture, l'instruction, si elles ne sont pas protégées, doublées en quelque sorte par une éducation solide, n'offrent pas de barrière efficace contre le crime ou la barbarie :

> Plusieurs cas survenus ces tout derniers temps m'ont convaincu que *mon sujet* n'a rien d'excentrique (je veux dire : un jeune homme instruit, et même d'un bon naturel, devenu assassin).
>
> *Lettre à Katkov, septembre 1865*

Le deuxième phénomène exemplaire, ce sont *les effets du crime sur l'âme du criminel* :

> Il y a de plus, dans mon récit, une allusion à cette idée que la peine infligée juridiquement effraye infiniment moins le criminel que ne se le figurent les législateurs, ne fût-ce que pour la raison que *lui-même, moralement, la réclame.* Je l'ai constaté même chez un homme évolué, un homme de la nouvelle génération, afin que l'idée soit plus vive et plus palpable.
>
> *(ibidem)*

Le troisième phénomène exemplaire est que l'individu, s'il veut vivre et survivre, a nécessairement besoin de s'insérer dans une collectivité qui l'accepte :

> La vérité divine et la loi terrestre prennent le dessus, et il finit par être *obligé* de se dénoncer. Il y est obligé, quitte à périr peut-être au bagne, mais pour retrouver la société des hommes : ce sentiment d'isolement et de séparation de l'humanité, qu'il a commencé à éprouver aussitôt le crime commis, était pour lui un supplice. La loi divine et la nature humaine ont triomphé. Le criminel décide d'accepter la souffrance pour racheter son acte.
>
> *(ibidem)*

Poussant jusqu'à la limite cette notion d'exemplarité, définie dans sa lettre à Katkov sur *Crime et châtiment* comme *idée plus vive et plus palpable*, Dostoïevski avait déjà induit dans ses *Notes d'un Sous-sol* de la nécessité à l'être, en assortissant son propos d'une connotation voisine (*évoquer à la face du public avec un peu plus de relief qu'il n'est de coutume*) :

> L'auteur de ces "notes" comme les notes elles-mêmes sont, bien entendu, imaginaires. Néanmoins, en raison des circonstances générales dans lesquelles notre société s'est formée, il était non seulement probable, mais fatal que des personnages comme celui de notre auteur y existassent. J'ai voulu évoquer à la face du public, avec un peu plus de relief qu'il n'est de coutume, un type d'homme caractéristique d'une

époque encore récente, un des représentants de la génération qui s'en
va.

(Note de Fiodor Dostoïevski) [1]

Se percevant lui-même comme une substance infiniment
complexe, Dostoïevski considérait autrui comme un atome dont la
signification réelle dépendait en fait de la nature et de la structure
de la molécule à laquelle il appartenait. Autrui n'est au mieux
qu'un relais, un fil dont l'écheveau se noue ailleurs, sans sa participation consciente. Il ne possède ni autonomie interne, ni
autonomie externe. Fiodor Mikhaïlovitch se considère, quant à
lui, comme une sorte d'homme-orchestre unique qui peut parler
et s'exprimer au nom de l'humanité tout entière. Le moindre
détail ou événement de sa vie, privée ou publique, lui apparaît
spontanément revêtu d'une portée universelle. Alors que chez
autrui le personnel n'a qu'une valeur infinitésimale dont la projection objective demeure toujours problématique, le personnel
chez Dostoïevski possède à ses propres yeux une signification
collective, grâce à ses connotations généralisantes et prophétiques.
Lorsqu'il s'agit de la dialectique du personnel (individuel) et du
collectif (immersion de l'humanité dans l'histoire), on retombe
toujours d'une manière ou d'une autre sur la célèbre théorie de
Raskolnikov dans *Crime et châtiment* :

> Les hommes, par la loi de nature, sont divisés, *d'une façon générale*,
> en deux catégories : la catégorie inférieure, les hommes ordinaires,
> qui sont, pour ainsi dire, un matériel servant uniquement à la repro-
> duction de leurs semblables ; et en hommes proprement dits, c'est-à-
> dire ayant le don ou le talent de prononcer dans leur milieu une *parole
> neuve*.

(III, V)

Autrui est ainsi transformé en *matériel* qui sert de base et de
faire-valoir à la personnalité *synthétique* qui intériorise toute
l'humanité. Fiodor Dostoïevski se trouve ainsi occuper le *no
man's land* qui sépare l'homme de Dieu, il se place d'emblée sur
une orbite proche de celle du Christ. A son niveau, Fiodor Mikhaïlovitch partage avec le Messie le privilège d'être *entré tout
entier dans l'humanité* [2]. Il aime à s'identifier à l'humanité sous ses
divers aspects, en particulier sous celui de la programmation de la
révélation :

> Lors de la récente soutenance de thèse ici du jeune philosophe Vladimir
> Soloviov (le fils de l'historien) pour l'obtention du grade de docteur en
> philosophie, j'ai entendu de sa bouche une phrase très profonde :
> "L'humanité, selon ma conviction intime (a-t-il dit) *en sait beaucoup
> plus* qu'elle n'a pu exprimer jusqu'à présent à travers sa science et son
> art". *Eh bien, il en va de même pour moi (souligné par moi — L.A.)* :

> je sens que je recèle en moi beaucoup plus de choses que tout ce que j'ai pu exprimer jusqu'à maintenant comme écrivain.
>
> *Lettre à E.F. Junge du 11 avril 1880*

D'une façon générale, Dostoïevski se plaisait à découvrir en lui les traits récurrents de la pensée ou de l'évolution universelles ; à vérifier sur lui-même les lois fondamentales de l'anthropologie ; à retrouver par induction les mécanismes secrets de la connaissance et du savoir, sans en laisser échapper aucun. Toutes réalités qui, selon lui, ne pouvaient exister chez *l'homme ordinaire* qu'à l'état dilué, dispersé, fugitif. L'intérêt qu'il manifestait pour les grandes lois du développement du genre humain, l'obsession de la découverte du trait essentiel, du vecteur porteur de révélation, ne pouvaient qu'occulter en lui l'attention de type gogolien pour l'individu contingent, pour la poussière destinée à redevenir poussière.

Autrui singulier, dans sa faiblesse et son indignité de *matériel*, n'est susceptible d'être racheté et même historiquement sublimé que par son appartenance ou son rattachement à une collectivité spirituelle *productive,* solidement incrustée dans le tissu du développement créateur de l'humanité. Cette collectivité, dans le monde de l'époque, c'était pour Dostoïevski le peuple russe. Dans un pays en pleine émergence historique (la Russie), il existe une contre-société en état d'émergence spirituelle (le peuple russe) qui se trouve à la pointe des destins nouveaux et rénovés de l'espèce humaine. Par contre, dans l'opinion de Dostoïevski, l'appartenance à une société en faillite (l'intelligentsia russe, copieuse servile de l'Occident décadent) ne pouvait que déterminer la faillite personnelle de l'individu, aussi doué qu'il pût être. C'est une des clefs que l'auteur des *Démons* donne du destin tragique de Nicolas Stavroguine, personnalité hors série magnifiquement pourvue par la nature : *On peut traverser une rivière sur une planche mais non sur un copeau* (Lettre à Daria Pavlovna — *Conclusion*).

A l'autre bout de la chaîne, l'homme d'exception, celui qui est capable d'apporter une *parole neuve* et fait partie des grands *développeurs* de l'humanité, doit nécessairement, pour jouer son rôle, être écouté et suivi. Dans l'anthropologie historico-culturelle de Dostoïevski, l'être d'exception (Fiodor Mikhaïlovitch lui-même) ne détient son caractère d'exception que de sa seule vertu d'incarner par avance et de promouvoir par anticipation les valeurs d'une collectivité nouvelle, destinée à se substituer à l'ancienne, à laquelle il donne ses modèles culturels et législatifs :

> Les législateurs et instituteurs de l'humanité, depuis les plus antiques, en passant par les Lycurgue, les Solon, les Mahomet, les Napoléon

et ainsi de suite, ... en donnant une loi nouvelle, enfreignaient du même coup l'ancienne, saintement observée par la société et reçue des ancêtres...

Crime et châtiment, III, V

Dostoïevski tenait essentiellement à son appartenance de plein droit au peuple russe et à l'idée de sa consécration future grâce à lui, à travers lui. Issu de la petite-bourgeoisie urbaine, Fiodor Mikhaïlovitch ne reculait devant aucune acrobatie psychologique ou intellectuelle. Il invoque ses origines *(sic)*, son expérience sibérienne parmi les bagnards, dont la signification se décodera avec les années comme une sorte de retour aux sources *(re-sic)*, la spécificité de son talent artistique, ses qualités d'homme et la structure de sa personnalité, et comme si tout cela ne suffisait pas encore, il se considérait comme naturalisé *populaire* au nom de l'amour *brûlant et jaloux* qu'il ressent (Fiodor Mikhaïlovitch se sert des deux mêmes adjectifs pour caractériser sa passion pour le Christ !).

Converti au peuple russe, dont il s'était pour un temps *séparé* de son propre aveu, Dostoïevski possède précisément le zèle, l'enthousiasme et la fougue des néophytes. Cette *conversion* est placée par lui au centre même de toute sa vie ; c'est elle qui éclaire le passé et détermine l'avenir.

> La cause pour laquelle on nous avait condamnés, les idées, les conceptions qui avaient pris possession de notre esprit, nous nous les représentions non seulement comme n'appelant nul repentir, mais bien au contraire comme étant ce qui nous purifiait, ce qui faisait de nous des martyrs, ce pourquoi bien des choses nous seraient pardonnées ! Et cet état d'esprit dura longtemps. Ce ne sont pas les années de déportation, ce ne sont pas les souffrances qui nous ont brisés. Bien au contraire, rien ne nous brisa, et nos convictions ne faisaient que soutenir notre moral de la certitude du devoir accompli. Non, c'est autre chose qui a transformé nos vues, nos convictions et nos coeurs (je ne me permets de parler, bien entendu, que de ceux d'entre nous dont le changement de convictions est aujourd'hui notoire et a été, d'une manière ou d'une autre, attesté par eux-mêmes). Cet "autre chose", ç'a été le contact direct avec le peuple, l'union fraternelle avec lui dans un malheur commun, le sentiment d'être devenu pareil à lui, d'être égalisé à lui et même ramené à son dernier degré d'abaissement.
>
> Je le répète, cela ne se fit pas rapidement, mais progressivement, et après un temps très, très long. Ce n'est pas l'orgueil, ce n'est pas l'amour-propre qui retardèrent la prise de conscience. Et pourtant j'étais peut-être un de ceux (je parle de nouveau pour moi seul) à qui avait été le plus facilité le *retour (souligné par moi — L.A.)* à la racine nationale, à la connaissance de l'âme russe, à la reconnaissance de l'esprit du peuple. J'étais issu d'une famille russe et pieuse. Aussi loin que mes souvenirs remontent je retrouve l'amour de mes parents.

Nous connaissions l'Evangile, dans notre famille, autant dire depuis la première enfance. J'avais tout juste dix ans que je connaissais déjà à peu près tous les principaux épisodes de l'histoire russe contée par Karamzine [3], que notre père nous lisait le soir à voix haute. Chaque visite du Kremlin et des basiliques de Moscou était pour moi quelque chose de solennel. D'autres que moi, peut-être, n'ont pas eu le genre de souvenirs que j'ai gardés... Alors, si même moi, qui déjà par nature ne pouvais pas laisser passer superbement à mon côté ce nouveau et fatal milieu où nous avait jetés le malheur, moi qui ne pouvais pas garder une attitude négligente ou hautaine devant la manifestation sous mes yeux de l'esprit du peuple, — si moi, dis-je, il me fut si difficile de me convaincre enfin du mensonge et de l'erreur qui entachaient tout ce qu'autrefois, dans notre milieu, nous avions pris pour la lumière et la vérité, que pouvait-il en être de tant d'autres qui avaient été déjà plus profondément coupés du peuple, chez qui cette coupure était déjà la tradition et le legs de leurs pères et de leurs grands-pères... ?

*(Journal d'un écrivain 1873, ch. XVI,
Une des contre-vérités du temps présent)*

Converti au peuple russe, DostoÏevski se considérait comme le précurseur d'une phase nouvelle de l'histoire de l'humanité, alors qu'à ses yeux Tolstoï n'était déjà plus que l'expression figée d'un passé révolu. Se sentant définitivement baptisé par la grâce du peuple, Fiodor Mikhaïlovitch constate *objectivement* à la fin de sa vie l'existence d'une convergence profonde entre le peuple et lui, tant en ce qui concerne les qualités humaines et le comportement, qu'en ce qui concerne la conception des idéaux et de la valeur. Une fois de plus, le sujet de la représentation interfère puissamment avec son objet :

Celui qui ne comprend pas l'orthodoxie, celui-là ne comprendra non plus jamais rien au peuple. Davantage : celui-là ne peut pas non plus aimer le peuple russe, il l'aimera seulement tel qu'il désirerait le voir. Inversement, le peuple ne reconnaîtra pas non plus un tel homme comme sien : si tu n'aimes pas ce que j'aime, si tu ne crois pas ce que je crois, si tu ne vénères pas ce qui pour moi est sacré, je ne t'accepte pas à mon tour comme mien. Oh, il ne l'offensera pas, il ne le mangera pas, il ne le battra pas, il ne le détroussera pas, et il ne lui dira même rien. Il est large, résistant, et dans ses croyances il est tolérant. Le peuple, tel que l'homme désirerait le voir, l'écoutera si l'autre est intelligent est sensé, le remerciera même pour le conseil, pour le savoir, que dis-je, il se servira même du conseil (car le peuple russe est large et sait tirer parti de tout), mais il ne le considèrera pas comme sien, il ne lui tiendra pas la main, il ne lui donnera pas son coeur. Or notre intelligentsia des marais finnois [4] est passée au large. Elle se fâche, quand on lui dit qu'elle ne connaît pas le peuple.

Vous ne savez pas vous y prendre dans votre volonté de le rencontrer. En comptant sur vos propres forces. Non, longtemps encore notre intelligentsia ne rencontrera pas le peuple, et longtemps encore elle ne le comprendra pas. Moi seul, je suis venu, j'ai dit, la pays(annerie) et autres points... [5].

A l'instar du peuple russe, Dostoïevski *comprend l'orthodoxie...,* *il est large, résistant, et dans ses croyances il est tolérant..., il sait* *tirer parti de tout..., lui seul il est venu, il a dit...*

Ainsi la boucle de l'identité est-elle parfaitement bouclée : *issu d'une famille russe et pieuse,* Fiodor Mikhaïlovitch, par la grâce du *retour à la racine nationale, à la connaissance de l'âme* *russe, à la reconnaissance de l'esprit du peuple,* vit désormais en symbiose avec les valeurs (justice et charité) et les idéaux (orthodoxie et vérité) de ce peuple russe dont il possède par ailleurs les caractéristiques physiques, psychologiques et morales. Cette identité est non seulement actuelle, mais encore et surtout prospective : elle se fondera, se justifiera et se renforcera davantage avec le temps, lorsque le peuple russe, une fois instruit et souverain, *s'élèvera jusqu'à la complexité* [6] de Fiodor Mikhaïlovitch. Dostoïevski ne doutait pas de son incarnation définitive lorsque la Russie comme nation, et le peuple comme dépositaire des valeurs suprêmes de régénérescence, arriveraient à émergence dans la dialectique du développement de l'humanité, le jour où, selon la prédiction d'Arcade Dolgorouki dans une variante du roman *L'Adolescent, le peuple russe tout entier deviendra gentilhomme* [7]. La parole d'Arcade ne fait qu'éclairer de son sens symbolique profond la figure de l'annonciateur de cette histoire à venir, l'errant Makar Ivanovitch, porteur et illustrateur des espoirs ultimes de Fiodor Mikhaïlovitch, sur fond eschatologique d'Apocalypse, de royaume de Dieu et de mise en abîme avec l'éternité :

> J'ai étreint et embrassé ce vieillard, tu as vu, je l'ai écouté dans l'enthousiasme. Je le reconnais pour noble et je crois que le temps n'est pas loin où c'est tout le peuple russe qui deviendra gentilhomme... J'ai senti cette vérité future et je l'ai comprise, et je n'ai pas pu ne pas éprouver d'angoisse pour les tortures inutiles. Or, cependant, tout devait se terminer par le royaume de Dieu. Passant par d'inutiles souffrances, nous serions de toute façon arrivés au royaume de Dieu [8].

Dostoïevski abîme dans le futur le secret de son identité véritable et totale, en le déposant entre les mains d'un *autrui collectif* pour la gloire et l'avènement duquel il crée par anticipation, autant que par sympathie mimétique, les éléments d'un nouveau code de vie :

> Tolstoï, Gontcharov ont cru représenter la vie de la majorité : à mon sens, ils n'ont fait que représenter la vie d'exceptions... Leur vie est la vie des exceptions ; la mienne est celle du code commun. Les générations à venir s'en convaincront, qui seront plus impartiales ; la vérité sera mienne : j'y crois [9].

Cette *vérité* qui *sera mienne* était aux yeux de Fiodor Mikhaïlovitch le fruit d'une méthode d'investigation esthétique en son
principe :

> Tout en restant pleinement réaliste, trouver l'homme dans l'homme.
> C'est un trait russe par excellence et, en ce sens, je suis naturellement
> du peuple (car mon orientation découle des profondeurs de la spiri-
> tualité du peuple). Bien que je sois inconnu du peuple russe actuel,
> je serai connu de celui qui viendra [10].

Dostoïevski se voyait donc finalisé dans l'avenir par un peuple
qu'il contribuait à finaliser lui-même. Belle arabesque pour dessi-
nateur génialement doué...

Notes

Les principales sources russes consultées pour l'établissement des notes sont par ordre d'importance :

1. A.-S. DOLININE, *Commentaires à la Correspondance de F.-M. Dostoïevski*, tomes I-IV, Moscou-Léningrad, 1928-1959.

2. *Souvenirs d'A.-G. Dostoïevskaïa*, sous la rédaction de L.-P. GROSSMAN, Moscou-Léningrad, 1925.

3. *F.-M. Dostoïevski dans les souvenirs de ses contemporains*, 2 vol., Moscou, 1964.

4. *Dictionnaire Encyclopédique soviétique*, Moscou, 1980.

CHAPITRE I
La primauté du moi

1. NEKRASSOV, Nicolas Alexéévitch (1821-1877)
Grand poète d'inspiration nationale et populaire. Directeur d'importantes revues littéraires (*Le Contemporain*, de 1847 à 1866 ; *Les Annales de la Patrie*, de 1868 à sa mort). Après un bref éclair de sympathie entre Nekrassov et Dostoïevski, au moment des *Pauvres Gens*, leurs relations se dégradèrent rapidement sur le plan personnel. Dès 1846, Dostoïevski, surnommé « le chevalier à la triste figure », est l'objet des sarcasmes et des ricanements du cercle de Belinski. Nekrassov compose avec Tourgueniev une poésie satirique particulièrement méchante sous le titre *Envoi de Belinski à Dostoïevski* (cf. ici même ch. X, note 32). A son retour de Sibérie, Dostoïevski, qui avait souffert pour « une juste cause », est profondément affecté et même offensé par le refus de Nekrassov de publier *Bourg Stepantchikovo* dans *Le Contemporain*. De 1862 à 1865, les deux revues successives de Dostoïevski, *Le Temps* et *L'Epoque* polémiquent durement avec *Le Contemporain*. L'hostilité de Dostoïevski à l'égard de Nekrassov atteint son point culminant au moment des *Démons*. Néanmoins, homme d'affaire avisé, Nekrassov s'était réintéressé à la carrière littéraire de Dostoïevski après *Crime et châtiment* et *L'Idiot*. D'autre part, à partir de 1874, Dostoïevski évolue vers des positions plus souples et réhabilite une partie de l'héritage des années quarante. Et c'est à la propre demande de Nekrassov qu'en 1875 Dostoïevski acceptera de publier *L'Adolescent* dans *Les Annales de la Patrie*. A la mort du poète, que Dostoïevski avait assisté dans ses derniers jours, Fiodor Mikhaïlovitch lui rendra un hommage appuyé en le mettant en parallèle avec Pouchkine et Lermontov.

2. BELINSKI, Vissarion Grigoriévitch (1811-1848)
Critique éminent et grand brasseur d'idées, il a marqué de son empreinte littéraire et idéologique tout le XIXᵉ siècle russe. C'est par lui que Dostoïevski fut en 1845 « converti à la foi socialiste ». Le socialisme de Belinski était fortement imprégné d'athéisme militant et d'occidentalisme fervent. Dans les années soixante, Dostoïevski deviendra un adversaire acharné de l'athéisme et de l'occidentalisme et vouera Belinski aux gémonies. Toutefois Belinski, homme de passion et de fureur, avait lui-même oscillé entre des positions contradictoires. Il ne récusait, à ses heures, ni le socialisme chrétien, ni l'idée d'une prédestination historique particulière de la Russie. C'est cet aspect-là de l'héritage, susceptible en fin de compte d'une double lecture, que Dostoïevski montera en épingle à partir de 1876, allant jusqu'à faire de ce *nouveau* Bélinski un ancêtre de « notre socialisme russe » (par opposition au « socialisme politique », c. à d. marxiste).

3. *Les Pauvres Gens* furent le premier roman de Dostoïevski. L'auteur avait vingt-cinq ans lorsqu'il parut. Le succès fut considérable. De cette œuvre peu connue du public français, Charles Corbet donne l'analyse suivante dans *La littérature russe*, collection Armand Colin, Paris, 1951, p. 118-119 :

> Dostoïevski ne se bornait pas à reprendre un sujet à la mode, il apportait un frisson nouveau, une manière nouvelle de considérer le problème moral et social. Un petit tchinovnik, Diévouchkine, est le héros principal de son livre, il vit dans la misère, tremble devant ses supérieurs, est obsédé par la terreur de perdre sa place ; et pourtant, il a sa dignité humaine, sa vie profonde. Il correspond par lettres avec sa voisine de palier qui ne veut pas le recevoir de peur qu'on n'en « cause » ; il déploie dans cet échange de sentiments l'exquise délicatesse de son cœur. Il aime Varvara sans oser le lui dire, sans se l'avouer à lui-même. Il ne sait qu'inventer pour plaire à son humble amie ; il s'enfonce encore davantage dans la gêne pour lui offrir des fleurs, des bonbons. Finira-t-il par toucher son cœur ? L'épousera-t-il, comme il arriverait dans tant d'autres romans ? Sa vie trouvera-t-elle enfin un sens ? Le dénouement est bien différent : Varvara se marie avec un homme riche qui lui assurera son bien-être matériel, et Diévouchkine reste seul avec sa peine. Mais il n'aura pas un mot de reproche. Au contraire, c'est lui qui court les magasins pour acheter, à ses frais, les rubans et fanfreluches dont elle a besoin pour son trousseau. Enfin sonne l'heure de la séparation. C'est tout. Sans fracas, sans effets de style, sans efforts d'imagination, Dostoïevski avait écrit l'un des romans les plus émouvants de toutes les littératures. Son grand mérite était là où personne ne pouvait encore le discerner avec netteté, dans le contraste entre l'insignifiance sociale d'un individu et la qualité profonde de son âme, dans l'affirmation de la valeur suprême de la personne, dans l'exaltation de la souffrance nécessaire à son approfondissement.

4-5. Ces deux expressions sont de la plume de Dostoïevski. Cf. *Journal d'un écrivain* 1877, Bibliothèque de la Pléiade, Editions Gallimard, 1972, p. 874.

6. Condamné « politique », Dostoïevski fut détenu pendant quatre ans (de 1850 à 1854) au bagne d'Omsk, en Sibérie.

7. *Journal d'un écrivain* 1877, Pléiade, p. 874-876.

8. Parlant de l'interprétation des *Pauvres Gens* par Belinski, Charles Corbet écrit (*op. cité*, p. 118) :

> Biélinski fut enthousiasmé, mais un peu à contresens : il vit dans *Les Pauvres Gens* un livre de plus sur les habitants des « greniers et des sous-sols », une contribution à ce roman social qu'il appelait de tous ses vœux. En réalité, Biélinski et Dostoïevski ne parlaient pas la même langue, et les voies du nouvel écrivain allaient diverger toujours davantage de celles de Biélinski et de ses amis.

C'est un peu la répétition du *contresens* commis par Bélinski sur le premier tome des *Ames mortes* de Gogol, paru en 1842. Ainsi que l'écrit le critique Vassili Guippious dans son livre *Gogol*, Léningrad, 1924, p. 202 :

> Belinski était à mille lieux de supposer combien il avait touché juste avec sa comparaison : *Gogol est le Christophe Colomb du naturalisme*. Effectivement, Gogol, comme Christophe Colomb, a découvert un pays sur lequel il ne comptait pas. La représentation du *méprisable et de l'insignifiant* était son but, et son but conscient, mais il s'est contenté de le représenter à partir des profondeurs d'une expérience plus subjective qu'objective, de représenter avant tout *les cauchemars qui oppressaient son âme*.

Ce contresens de Belinski fut au demeurant créateur et productif pour la littérature russe. Gogol finit par l'endosser lui-même à son propre compte. Quant à Dostoïevski, il partagea au début les analyses de Belinski sur les *Ames mortes*.

9. Michel Mikhaïlovitch DOSTOÏEVSKI (13.X.1820-10.VII.1864)
Fiodor n'était son cadet que d'un an. Une étroite amitié unit les deux frères dès l'enfance. Elle devait se renforcer plus tard par une totale communauté de goûts littéraires. Jeune homme, Michel rêva d'écrire des pièces à succès, tout en composant des vers d'inspiration romantique. Il ne devint qu'un assez médiocre écrivain, doublé d'un honnête traducteur (il traduisit le *Reineke Fuchs* de Goethe et le *Don Carlos* de Schiller). Il participa à l'édition des revues de son frère, *Le Temps* (1861-mai 1863) puis *L'Epoque* (de 1864 à sa mort, la même année, — mort prématurée due pour une grande part à l'alcoolisme). Son frère Fiodor l'aima beaucoup, malgré ses faiblesses et les déceptions que lui causèrent tant sa vie privée que son absence de génie. Michel fut surtout un précieux et irremplaçable auxiliaire matériel, dévoué corps et âme à Fiodor qui lui imposa toujours les plus grands sacrifices.

10. Le Double parut le premier février 1846 dans la revue Les Annales de la Patrie. Dostoïevski avait lu quelques chapitres du Double lors d'une soirée littéraire chez Belinski début décembre 1845. Il est intéressant de noter comment P.-V. Annenkov (cf. infra note suivante), présent à cette lecture, en perçut la trame : « C'est l'histoire à sensation d'un personnage dont l'existence évolue entre deux mondes, le réel et le fantastique, sans que lui soit laissée la possibilité de se fixer définitivement ni dans l'un, ni dans l'autre ». A ce que rapporte Annenkov, Belinski émit déjà de sérieuses réserves quant au style et à la manière de la nouvelle.

11. ANNENKOV, Pavel Vassilévitch (1812-1887)
Ecrivain, critique et surtout mémorialiste de renom. Auteur de la première édition scientifique des œuvres de Pouchkine. Dès 1847, correspond d'Allemagne avec Karl Marx. Esprit éclectique, particulièrement lié à Tourgueniev. Du début à la fin, les rapports — épisodiques et distants — entre Dostoïevski et Annenkov furent empreints d'une sorte d'animosité insurmontable. Dans sa lettre à Tourgueniev du 6 février 1881, Annenkov, évoquant le caractère oecuménique et somptueux des funérailles de Dostoïevski, caractérise contradictoirement l'écrivain défunt en ces termes : « ... son âme aimante et envieuse, son cœur chrétien et méchant... ».

12. Fondées sur toutes sortes de malentendus, les relations euphoriques entre Dostoïevski et Belinski ne durèrent que six mois (de mai-juin à décembre 1845). L'année 1846 fut marquée par une dégradation progressive de leurs rapports jusqu'à la brouille formelle au début de l'année 1847. La rupture intervint sur le plan globalement personnel, sans mettre en cause fondamentalement le domaine des idées.

13. HERZEN, Alexandre Ivanovitch (1812-1870)
Un des plus grands prosateurs russes.
Dostoïevski fit la connaissance d'Herzen à Saint-Pétersbourg en 1846. Herzen écrit à sa femme le 5 octobre : « J'ai vu Dostoïevski aujourd'hui, il était ici ; je ne peux pas dire que l'impression ait été particulièrement agréable ». La deuxième rencontre eut lieu à Londres seize ans plus tard. Herzen écrit à son ami, le poète révolutionnaire Ogariov, le 17 juillet 1862 : « Hier Dostoïevski est venu. Il est naïf, pas tout à fait clair, mais c'est un homme très gentil. Il croit avec enthousiasme au peuple russe ». Les Notes d'hiver sur des impressions d'été publiées par Dostoïevski dans Le Temps en février 1863 portent incontestablement la marque, sinon l'influence, des entretiens que les deux hommes eurent à cette occasion sur Londres, sur la France et la bourgeoisie du second Empire. Une troisième rencontre eut lieu à Genève à l'occasion du « Congrès de la paix » en 1867.

Fils naturel du riche propriétaire Yacovlev (mort en 1846), Herzen hérita d'un demi-million de roubles qu'il réalisa aussitôt. En 1847 il s'exila volontairement en Occident pour échapper à un régime qu'il détestait. Grâce à son immense fortune, il put fonder à Londres une imprimerie et maison d'édition russe, la « Typographie russe libre ». C'est ainsi qu'il édita en russe de 1857 à 1867 à Londres la revue L'Etoile polaire et surtout, dès 1855, le journal La Cloche (Kolokol). La Cloche fut au demeurant publiée en français à Paris à partir de 1868. L'ouvrage majeur de Herzen, Passé et pensées, fut publié de 1852 à 1868.

Herzen représentait pour Dostoïevski dans les années soixante-soixante-dix le type même du gentilhomme russe déraciné, de l'émigré de l'intérieur. Le personnage de Versilov dans L'Adolescent lui fait implicitement et explicitement référence.

14. GONTCHAROV, Ivan Alexandrovitch (1812-1891)
Un des maîtres incontestés du roman russe.
Les chemins de Dostoïevski et de Gontcharov ne se croisèrent pratiquement jamais, ni dans la vie, ni dans la littérature. Tout, en fait, les séparait : le tempérament, l'idéologie, les conceptions esthétiques et sociales. Dostoïevski respectait son talent de romancier, avec cependant une nuance de mépris pour sa minutie « germanique » et sa recherche de l'impartialité. Il caractérisera non sans humour Gontcharov en 1856 comme un âme de fonctionnaire, un homme dépourvu d'idées avec des yeux de poisson bouilli auquel Dieu, comme pour se moquer, a fait cadeau d'un brillant talent.
Les deux romans les plus célèbres de Gontcharov sont Oblomov (1859) et Le Ravin (1869).

15. SOLLOGOUB, Vladimir Alexandrovitch (1814-1882)
Le comte Sollogoub, fort apprécié de Belinski, était un représentant assez en vue de la jeune littérature des années trente et quarante. C'est essentiellement un auteur de nouvelles dont la plus célèbre est La voiture de voyage (Le Tarantas, 1845). De tendance progressiste, Sollogoub opposait volontiers dans sa création la haute société, cruelle et vaine, aux gens de condition moyenne, détenteurs des plus hautes vertus morales. Belinski interprétait de surcroît l'œuvre de Sollogoub comme une satire dirigée contre les slavophiles qui, par ignorance des réalités et

sous l'effet d'un sentimentalisme naïf, avaient inventé on ne sait quelle « spécificité » russe.
16. PANAEV, Ivan Ivanovitch (1812-1862)
Auteur de nouvelles et de récits mineurs inspirés par la tendance dominante de la littérature
des années quarante, « l'école naturelle », dont Belinski avait ainsi défini le programme : *La
véritable poésie de notre temps... est la poésie réelle, la poésie de la vie, la poésie de la réalité*. Corédacteur
avec Nekrassov, à partir de 1847, de la revue *Le Contemporain*.
17. On peut se référer sur cette question à mon livre : *Dostoïevski et Dieu. La morsure du divin*,
dont le chapitre VIII a pour titre : *Les espèces du divin — Antropomorphisme ou egomorphisme ?*

CHAPITRE II
Le double jeu de l'identité

1. *Le Grand Inquisiteur* est le titre d'un chapitre des *Frères Karamazov* (deuxième partie, livre cin-
quième, ch. V). Charles Corbet en résume ainsi la trame (*op. cit.*, p. 126-127) :
>   *La légende du Grand inquisiteur...* exprime le dernier mot de Dostoïevski sur l'esprit de la
>   véritable religion. Le Christ est revenu sur la terre, mais le grand inquisiteur le fait
>   jeter dans un cachot, car le Christ prétend ramener l'humanité aux angoisses de la
>   liberté morale. Le grand inquisiteur, véritable Chigalev catholique, se fait le défenseur
>   de l'ordre social et du bien-être des hommes ; il symbolise l'anéantissement de la véri-
>   table morale et de la véritable religion vendue contre le « pain terrestre ». Dostoïevski
>   a voulu opposer le foi vivante à la religion officielle, la morale de l'amour, avec ses
>   sacrifices et ses angoisses, à la morale pétrifiée dans des commandements utilitaires.
>   Rien d'étonnant à ce qu'au catholique grand inquisiteur il ait opposé le *starets* ortho-
>   doxe ; une telle opposition était courante chez les slavophiles.
2. TOURGUENIEV, Ivan Serguéévitch (1818-1883)
Dans ses commentaires au tome premier de l'édition russe des *Lettres* de Dostoïevski (Moscou-
Leningrad, 1928, p. 487), le critique soviétique A.-S. Dolinine trace des rapports entre Dostoïevski et Tourgueniev l'analyse contrastée suivante :
>   Diamétralement opposés par leur origine et leur position sociales, par leur structure
>   psychique, leur vision du monde et leur destin littéraire (le riche seigneur aristocrate et
>   le rôturier pauvre *surgi on se sait d'où* ; le contemplateur calme et équilibré et le *fou* qui
>   toujours et en tout se portait aux extrêmes ; le sceptique passivement mélancolique,
>   l'européen de culture française, au moins dans la deuxième période de sa vie, et le pen-
>   seur tragique en proie à une perpétuelle excitation ; l'artiste reconnu par tous comme
>   le numéro un, le chéri du public, et l'écrivain à la gloire littéraire douteuse de son
>   vivant, qui n'a jamais eu conscience, même dans une faible mesure, du degré de son
>   influence et de son importance dans la littérature de son temps), — ils eurent des rela-
>   tions profondément marquées du sceau du drame, tant sur le plan personnel que sur le
>   plan littéraire.
3. *Crime et châtiment*, I, I : « Mais bientôt il tomba dans une espèce de méditation profonde... et
continua sa route sans plus remarquer ce qui l'entourait, et d'ailleurs sans vouloir le remarquer. De temps en temps seulement il marmottait entre ses lèvres : l'habitude du monologue,
comme il venait de se l'avouer ».
4. UNE DOUCE, « Récit imaginaire » parut dans le numéro de novembre du *Journal d'un écrivain* 1876. Ce récit, inspiré d'un fait divers, est construit selon une technique pré-
cinématographique. De constants retours en arrière permettent d'intercaler dans le discours
tenu au présent des séquences qui en interrompent le développement naturel pour montrer des
faits antérieurs, mais *présents* à la mémoire du narrateur qui soliloque à haute voix
(*flashes-back*). L'argument du récit est ainsi exposé par Dostoïevski dans sa *Note de l'Auteur* :
« Imaginez un mari qui a devant lui, étendue sur la table, sa femme qui vient de se suicider,
quelques heures plus tôt, en se jetant par la fenêtre. Il est bouleversé et n'est pas encore parvenu à rassembler ses idées ». (Pléiade, p. 750).
5. *Ibid.*, Pléiade, p. 750.
Cette marche d'un bout à l'autre d'une pièce, tout en réfléchissant et en se parlant à soi-
même, était aussi une habitude de Dostoïevski (Note d'Anna Dostoïevskaïa). Il prête également ce trait à la sœur de Raskolnikov dans *Crime et châtiment* (III, I). Quant à la méditation du
héros de *Une Douce*, elle rappelle celle vécue par Dostoïevski le 16 avril 1864 devant le corps de
Maria Dmitrievna, sa première femme : « Macha repose sur la table... » (cf. le texte de cette

méditation dans le livre de Pierre Pascal *Dostoïevski, les écrivains devant Dieu*, Desclée de Brouwer, p. 114).

6. Depuis 1842, Dostoïevski allait assez régulièrement passer ses vacances d'été à Revel chez son frère et sa belle-sœur. Il y était retourné dans la deuxième moitié de l'été 1846 pour y poursuivre au repos l'écriture de son nouveau *récit, Monsieur Prokhartchine*, dont il souffrit de son propre aveu tout l'été.

7. Emilia Fiodorovna DOSTOÏEVSKAÏA (1822-1879)
Née Von Ditmar (l'écrivain n'aimait pas ses origines germaniques), elle épousa Michel en janvier 1842 et lui donna un fils, Fedia, la même année. Ce fils devait faire une excellente carrière de pianiste et prit sa retraite comme directeur de l'école de musique de Saratov. Une première fille, Maria, née en 1843, épousa le philosophe Vladislavlev. Une seconde fille, Catherine, née en 1853, se maria à un professeur célèbre, Manasséine.

On ne peut donc qu'être stupéfait de lire dans une lettre en date du 10 mars 1876, adressée par Fiodor à son frère cadet André, l'appréciation suivante : « La famille de notre frère Michel est tombée bien bas, elle est d'un niveau tout à fait inférieur et totalement inculte ». Cette « calomnie » ne peut s'expliquer que par l'animosité croissante nourrie par Dostoïevski à l'égard de sa belle-sœur à partir de son retour de Sibérie. Emilia Fiodorovna ne devait guère elle-même le porter dans son cœur, tant elle le trouvait abusif et despotique à l'égard de Michel.

8. Fédia (Fiodor Mikhaïlovitch DOSTOÏEVSKI, 1842-1906)
Neveu de l'écrivain et portant la même dénomination patronymique que lui, il avait donc quatre ans au moment des faits évoqués ici. Cf. aussi note précédente.

9. *Journal d'un écrivain 1876*, Pléiade, p. 764.

10. ISSAIEV (autre graphie ISAEV) Pavel Alexandrovitch (1848-1900)
Fils de Maria Dmitrievna Issaïeva (Isaeva), première femme de Dostoïevski. L'écrivain était (par transfert ?) profondément attaché à son beau-fils. Il s'est beaucoup occupé de lui, faisant de nombreuses démarches pour lui assurer du travail grâce à ses relations. Mais Pavel Issaïev manquait d'équilibre, d'éducation et de caractère. Instable, il ne restait jamais longtemps à la même place. Lorsque la seconde femme de Dostoïevski, Anna Grigorievna, finit par s'interposer entre eux dans les années soixante-dix, les relations se détériorèrent. Au cours des dernières années de la vie de l'écrivain, ils ne revirent pratiquement plus.

11. RODEVITCH, Michel Vassilévitch
Sa vie nous est assez mal connue. Fils de prêtre, il fit ses études au séminaire. Dans la première moitié des années soixante, il est à la fois étudiant à l'Université de Saint-Pétersbourg et collaborateur occasionnel de la revue de Dostoïevski *Le Temps*. En 1863, il a ses entrées chez la famille de Dostoïevski ; il devient non seulement l'instituteur, mais encore l'éducateur de Pavel Issaïev alors âgé de quinze ans. Toutefois, au bout de quelques mois, Dostoïevski, qui avait dû s'absenter à Moscou pendant l'hiver et le printemps 1864, s'aperçut que l'« éducateur » flirtait dangereusement avec les idées et les mœurs nihilistes. Il est possible que certains traits du personnage de Rakitine dans *Les Frères Karamazov* aient été inspirés par ce personnage louche et ambigu. Rodevitch devait faire par la suite une assez belle carrière administrative dans l'instruction publique. On perd sa trace après 1887.

12. LE TEMPS (janvier 1861-mai 1863)
Revue mensuelle politique et littéraire dont le rédacteur en titre fut Michel Dostoïevski (Fiodor, ancien bagnard, ne pouvait en être le responsable légal). Outre les deux frères Dostoïevski, les principaux animateurs de la revue furent Apollon Grigoriev et Nicolas Strakhov. *Le Temps* s'est voulu dès l'origine selon l'analyse de Gustave Aucouturier (*Dostoïevski — Récits, chroniques et polémiques*, Bibliothèque de la Pléiade, Introduction, p. XXI) :

> le manifeste d'une nouvelle doctrine politique, qu'on a baptisée potchvennitchestvo (de potchva, « la glèbe ») parce qu'elle appelle à revenir s'enraciner au sol natal, à réadhérer aux « principes originels », chrétiens et nationaux, dont le peuple est le porteur et le conservateur, l'élite sociale russe « déracinée », « coupée du peuple » par l'européanisme, triomphant depuis Pierre le Grand : la libération des serfs doit être le signal et le gage de cette nouvelle union. Doctrine qui, conçue et formulée d'abord par l'original poète et penseur Apollon Grigoriev, ancien compagnon de route des slavophiles, enchante Dostoïevski parce que, d'une part, elle rejoint le culte du « peuple » qu'il s'est lui-même forgé en faisant la somme de ses expériences sibériennes, et que, d'autre part, elle corrige le passéisme exclusif des premiers slavophiles par l'acceptation, sans retour en arrière, de la « civilisation » européenne importée par Pierre : elle est donc, dans son esprit (et il persistera à le penser contre vents et marées jusqu'à la confirmation qu'il croira en trouver en 1880 dans le succès de son discours sur Pouchkine), une conciliation et même une synthèse des deux théories historiques qui s'affrontent en

Russie depuis les « années quarante » : *l'occidentalisme et le slavophilisme.*
13. STRAKHOV, Nicolas Nicolaïévitch (1828-1896)
Critique littéraire réputé et écrivain-philosophe de formation hégélienne. Il avait couronné des études de sciences naturelles par un doctorat en zoologie.

Dostoïevski avait fait sa connaissance à Saint-Péterbourg en décembre 1859, aussitôt après son retour d'exil. A partir de 1861, Strakhov devient le plus proche collaborateur du *Temps* (et, par la suite, de *L'Epoque*), où il pourfend le matérialisme et le nihilisme de la jeune génération des années soixante. Il a indéniablement contribué à fortifier sur le plan conceptuel la théorie de *l'enracinement*, désormais chère à Dostoïevski. Comme critique, il s'est surtout illustré par ses articles sur Tourgueniev et Tolstoï. Mais c'est aussi à Strakhov qu'est revenu le mérite d'écrire la première biographie littéraire et critique de Dostoïevski (dans le premier tome des œuvres de Dostoïevski paru en 1883), et de publier le premier recueil de ses *Lettres*. Très proches sur le plan des idées (Strakhov exerça même sur Fiodor Mikhaïlovitch une sorte de tutorat philosophique), ils n'en restèrent pas moins organiquement étrangers l'un à l'autre sur le plan ontique. Cette faille n'apparaît qu'indirectement pendant les années soixante, marquées d'une grande complicité intellectuelle : les lettres de Dostoïevski à Strakhov manquent de cette chaleur et cette ouverture qui font tout le prix de sa correspondance avec A.-N. Maïkov. Elle s'élargit sensiblement au cours des années soixante-dix quand Strakhov se convertit entièrement à Tolstoï. Les rencontres deviennent rares, les malentendus s'accumulent et Dostoïevski finit par écrire de Strakhov dans une lettre à Anna Grigorievna du 12 février 1875 : « C'est un sale séminariste et rien de plus ; il m'a déjà laissé tomber une fois, au moment de la liquidation de *L'Epoque*, et il n'est revenu en courant qu'après le succès de *Crime et châtiment* ». Après la mort de Dostoïevski, Strakhov commence par écrire ses célèbres *Souvenirs sur F.-M. Dostoïevski*, conçus comme un panégyrique et pourtant déjà très ambigus en bien des endroits. Il accompagnera peu après l'envoi de ces *Souvenirs* à Léon Tolstoï d'une lettre de reniement dans laquelle il exprimera son dégoût et son aversion à l'égard du défunt romancier.

14. TOLSTOI, Lev Nicolaïévitch (1828-1910)
L'œuvre de Tolstoï, surtout après 1865, n'a cessé de susciter et d'alimenter la réflexion de Dostoïevski.

Ecrivains de manière et de style tout à fait différents, ils étaient relativement proches sur de nombreux points de leur analyse de la société et du monde : idéalisation des principes populaires, du « terroir populaire », critique de l'intelligentsia déracinée qui ne peut trouver son salut qu'en se ressourçant dans les valeurs paysannes. Dostoïevski devait apprécier particulièrement *Guerre et paix* (Raskolnikov et le prince André posent des problèmes voisins), et surtout *Anna Karénine* (l'éclairage du problème de la faute et de la culpabilité d'Anna lui apparaît « comme un fait spécialement signifiant » et constitue pour lui « la solution russe du problème »).

Sur le plan de l'art, par contre, les deux écrivains s'appréciaient peu : Dostoïevski considérait que Tolstoï n'avait rien apporté de neuf par rapport à Pouchkine et Tolstoï jugeait sévèrement les œuvres de Dostoïevski du point de vue formel. « Chez Dostoïevski le contenu est énorme, mais il n'y a aucune technique », — ira-t-il jusqu'à dire à A.-F. Koni. Sur le plan du « contenu » Tolstoï distinguait dans toute la production de Dostoïevski trois œuvres : les *Récits de la Maison des morts, Humiliés et offensés, L'Idiot*. Dans le jugement porté par Dostoïevski sur Tolstoï artiste, il y a le plus souvent imbrication de la critique esthétique et de la critique idéologique. *L'Adolescent* est dans une large mesure conçu comme une réponse moderne à l'« archaïque » trilogie de Tolstoï *Enfance, adolescence, jeunesse*. Même *Anna Karénine* n'échappera pas à une critique acerbe, à cause du personnage de Lévine considéré comme substantiellement faux.

Fait spécialement signifiant, comme aurait dit Dostoïevski, les deux hommes ne se virent jamais. Une fois, ils faillirent se croiser : ils assistèrent ensemble en 1878 à une conférence donnée à Saint-Péterbourg par Vladimir Soloviov sur « L'humanité du Dieu-Homme ». Strakhov, qui avait accompagné Tolstoï à cette conférence, ne jugea pas opportun de présenter les deux hommes, Tolstoï l'ayant « prié de ne le présenter à personne ». On ne se saura jamais si cette occasion unique a été manquée par la seule faute de Strakhov ou si Tolstoï a été complice de cette non-présentation. Dostoïevski, en tout cas, regrettera amèrement de n'avoir pas pu connaître Tolstoï « de vue ».

15. La lettre-confession de Strakhov à Tolstoï à propos de Dostoïevski est datée du 28 novembre 1883.
16. Allusion perfide aux crises d'épilepsie dont souffrait Dostoïevski et qui provoquaient chez lui des troubles passagers de la mémoire.

17. MEI, Lev Alexandrovitch (1822-1862)
Poète lyrique non engagé politiquement. Auteurs de drames dont Rimski-Korsakov s'est inspiré pour certains de ses opéras.
18. Cité dans *Dostoïevski, Lettres*, tome I, Moscou-Léningrad, 1928, p. 575-576.
19. *Ibidem*, p. 386-387.
20. Cf. *supra* note 15.
21. MAÏKOV, Apollon Nicolaïévitch (1821-1897)
Poète harmonieux et d'une grande qualité formelle. Son œuvre pèche toutefois par académisme et manque de profondeur.

Apollon Maïkov est le seul ami que Dostoïevski ait conservé aussi longtemps (une trentaine d'années), sans pourtant réussir à le garder jusqu'au bout.

Dostoïevski était devenu l'intime de la famille Maïkov, constituée essentiellement de la mère, Eugénie Petrovna, et de ses deux fils, Valerian et Apollon, au début de la deuxième moitié des années quarante. L'amitié de Fiodor Mikhaïlovitch se fondait alors sur des affinités personnelles et sur une certaine communauté d'idées « progressistes ». Valerian mourut très jeune, en 1847.

Apollon et Fiodor devaient suivre par la suite une sorte d'itinéraire parallèle sur le plan idéologique. Dès la fin des années cinquante, Ap. Maïkov se convertit aux idées nationalistes et se rapproche des thèses slavophiles, devançant ainsi Fiodor Dostoïevski de quelques années. Au moment de partir pour l'étranger en 1867, Dostoïevski se plaît à constater une « totale identité de pensées » avec Maïkov. Au cours de ce deuxième « exil » (1867-1871), Maïkov est le correspondant privilégié de Dostoïevski : Fiodor lui confie ses projets littéraires et ses problèmes personnels ; Apollon lui apporte son aide matérielle et morale. Toutefois, à partir de la seconde moitié des années soixante-dix, un refroidissement certain intervient dans leurs relations. Dostoïevski vieillissant se replonge avec délices dans ses souvenirs de jeunesse et réhabilite par la même occasion Belinski, concession inacceptable pour Apollon Maïkov.
22. Lettre de Strakhov à Léon Tolstoï du 14 septembre 1878.
23. *L'héritage littéraire* (en russe : *Literaturnoe nasledstvo*), tome 83, *Dostoïevski inédit, Carnets et cahiers manuscrits 1860-1881*, éditions *Nauka*, Moscou, 1971, p. 699./en abrégé désormais : H.L./.
24. *Dostoïevski, Lettres*, tome IV, Moscou, 1959, p. 339.
25. Dostoïevski écrit dans sa lettre à M.-A. Polivanova du 18 octobre 1880 : « On fait circuler en sous-main sur mon compte divers ragots calomniateurs et indignes » (*Lettres*, t. IV, *op. cit.*, p. 206).
26. DOSTOÏEVSKAÏA, Anna Grigorievna, née SNITKINA (1846-1919)
Dostoïevski épousa le 15 février 1867 la sténographe Anna Grigorievna Snitkina dont il avait eu besoin pour finir à temps l'écriture d'un roman sous contrat léonin (*Le Joueur*).

Son entrée dans la vie de Dostoïevski alors âgé de 46 ans (elle n'en avait elle-même que 21) marque le début de la période la plus féconde de l'écrivain (les cinq « romans-tragédies » et le *Journal d'un écrivain*). Fine, intelligente, pratique, très active et très éprise de son mari, elle sut lui apporter le réconfort moral et la stabilité affective, ainsi que la protection matérielle la plus efficace possible. Non seulement elle lui donna une vraie famille (« un port d'attache »), mais encore elle a contribué à révolutionner la manière d'écrire de Dostoïevski grâce à la prise directe de ses textes en sténo. Elle n'hésitait pas au demeurant à formuler des avis, dont son écrivain de mari tenait parfois compte (le point de vue du lecteur potentiel lui a toujours été précieux). C'est donc un rôle en tous points considérable qu'elle a joué dans la vie de Fiodor Mikhaïlovitch. Après la mort de Dostoïevski, elle s'est consacrée tout entière à l'édition de ses œuvres (première édition complète en 1906) et à la défense active de sa mémoire.
27. De l'union de Fiodor et d'Anna naquirent quatre enfants dont deux moururent en bas âge :
— Sophie (Sonia) : 1868 — décédée trois mois après sa naissance.
— Lioubov (Lilia) : 1869-1926. Ecrivain, elle publia en 1922 un livre fort controversé qui existe aussi en traduction française : *Aimée Dostoïevsky, Vie de Dostoïevski par sa fille*.
— Fiodor (Fedia) : 1871-1921. Il fit par la suite une carrière d'éleveur de chevaux.
— Alexis (Aliocha) : 1875-1878.
28. C'est ainsi que Dostoïevski écrit dans une lettre à sa femme du 4 avril 1868 « à neuf heures et demie du soir » :

> ... Et en premier lieu, sache, mon ange, que s'il ne s'était pas produit maintenant, ce sale et vil événement, cette perte de deux-cent-vingt francs pour rien, il n'y aurait peut-être pas eu l'étonnante, la superbe pensée qui m'a rendu visite maintenant, et qui

va servir à *notre salut commun* définitif !

Il existe tout un cycle de ces lettres qui ont été éditées en français en 1926 sous le titre *Dostoïevski à la roulette, textes et documents*, « Les documents bleus » n° 27, Paris, Gallimard, 254 pages.

CHAPITRE III
La sémiotique du langage et du geste

1. SALTYKOV, dit CHTCHEDRINE, Michel Evgrafovitch (1826-1899)
Ecrivain satirique ; un des plus grands stylistes russes.
   Ses rapports avec Dostoïevski ont été empreints d'une grande complexité. Déjà exilé à Viatka au moment de « l'affaire Petrachevski » (lui aussi avait fréquenté les vendredis *séditieux* de Petrachevski de 1845 à 1847), il ne devait être autorisé à rentrer à Saint-Pétersbourg que quatre ans avant Dostoïevski, en 1856. Au début des années soixante, leurs positions politiques divergent nettement : Saltykov est dans le camp des « radicaux » du *Contemporain*, alors que dans *Le Temps* Dostoïevski se fait l'apologiste du « terroir » et de « l'enracinement ». Ces divergences n'empêchent pas Saltykov de collaborer au début à la revue de Dostoïevski. Dostoïevski au demeurant apprécie hautement sa participation, voyant en lui un successeur talentueux de Gogol. Néanmoins, à partir de 1863, c'est la rupture. Les choses commencent même à se gâter sérieusement, la polémique prend de part et d'autre un tour dangereusement personnel. A son retour de Russie en 1871, après quatre ans passés en Occident, une sorte d'armistice s'installe entre lui-même et Saltykov. Saltykov fera une critique assez élogieuse de *L'Idiot* et célèbrera *Une Douce* comme un joyau de la prose universelle. En décembre 1876, Saltykov écrira à Dostoïevski pour lui demander un article destiné aux *Annales de la Patrie*. Dostoïevski avait esquissé un premier pas dans son *Journal d'un écrivain* d'octobre 1876 en faisant un éloge remarqué de son ancien adversaire (Cf. Pléiade, p. 722). Toutefois, cette demi-réconciliation sur le plan officiel n'empêchera pas le contentieux lié aux années soixante de perdurer jusqu'à la mort de Dostoïevski et même au-delà pour Saltykov. Dans *Les Frères Karamazov*, un personnage mineur, mais négatif, « Madame » Khokhlakova parle de la lettre anonyme d'encouragement qu'elle a envoyée à « l'écrivain Chtchedrine » sur la « question féminine » (troisième partie, livre septième, ch. III). Six ans plus tôt, Saltykov avait publié un essai satirique, « Du côté de la question féminine », qui visait l'antiféminisme supposé de Dostoïevski. Saltykov réagira très vivement à cette flèche du Parthe.
   Les œuvres les plus notables de Saltykov-Chtchedrine sont : *Les esquisses provinciales* (1856-1857) ; *Histoire d'une ville* (1869-1870) ; *La famille Golovlev* (1875-1880).
2. Dostoïevski, *Journal d'un écrivain*, février 1877, Pléiade, p. 904. Saltykov-Chtchedrine avait très exactement traité Vronski de « chien mâle taciturne ».
3. Dostoïevski, *Le joueur*, ch. V.
4. Dostoïevski, *Journal d'un écrivain*, février 1876, Pléiade, p. 390-391.
5. Dostoïevski, *Journal d'un écrivain*, 1873, Pléiade, p. 20.
6. Lettre de Strakhov à Dosotïevski du 12 avril 1871, citée dans *Le Contemporain russe*, 1924, n° 1, p. 199-200.
7. Dostoïevski, *Journal d'un écrivain*, février 1876, cité par Nicolas Losski, *Dostoïevski et sa conception chrétienne du monde*, New York, 1953, p. 375 (en russe).
8. Dostoïevski, *Journal d'un écrivain*, février 1876, Pléiade, p. 390.

CHAPITRE IV
La relation au temps

1. Epouse du poète Pavel Alexéévitch Kozlov (1841-1891), traducteur en Russie de Byron.
2. Dostoïevski, *Lettres*, tome IV, *op. cit.*, p. 339.
3. Lettre à Michel Dostoïevski du 22 décembre 1849.
4. Ferdinand Alquié, *Leçons de philosophie*, Henri Didier éditeur, Paris, tome I, p. 67.
5. Titre d'un des chapitres des *Démons* (première partie, ch. V) et caractéristique donnée à Stavroguine par le « capitaine » Lebiadkine (*ibidem*, sous-chapitre VI).
6. KOVALEVSKAIA, Sophia Vassilievna, née KORVINE-KROUKOVSKAIA, (1850-1891), a connu Dostoïevski par sa sœur Anna Vassilievna KROUKOVSKAIA, qui avait publié dans *L'Epoque* un récit, *Le Songe*. Fiodor Mikhaïlovitch devait demander vainement Anna Vassilievna en

mariage au mois d'avril 1865.

Epouse de Vladimir Onoufriévitch KOVALESVSKI, embryologiste réputé, Sophia Vassilievna devint une mathématicienne de niveau international et fut la première femme élue membre-correspondant de l'Académie des Sciences de Saint-Pétersbourg.

7. Il s'agit de la *Sainte-Cécile* de Raphaël, exposée au musée de Bologne.

8. Sophia Kovalevskaïa avait à l'époque quinze ans.

9. Sophia Kovalevskaïa, *Souvenirs et Lettres*, édition revue et corrigée, Académie des Sciences de l'U.R.S.S., 1961, p. 106-107.

10. L'expression « dislocation intérieure » appartient à Dostoïevski lui-même. Dans une lettre adressée de Tver en 1859 (le 9 octobre) à son frère Michel, Fiodor Mikhaïlovitch fait allusion à une nouvelle (le futur noyau de *Crime et châtiment* ?) que « j'ai conçue au bagne, couché sur un bat-flanc, dans un moment pénible de tristesse et de dislocation intérieure ».

11. Dostoïevski, *Récits de la Maison des morts*, deuxième partie, ch. IX.

12. *Ibidem*, ch. IX-X.

13. C'est Stépane Trophimovitch qui parle.

14. Dostoïevski avait commencé à fréquenter les « vendredis » de Petrachevski pendant l'hiver 1847.

Petrachevski, Michel Vassilévitch, (1821-1866) était fonctionnaire au ministère des Affaires étrangères. Licencié en droit, connaissant bien les langues étrangères, il professait comme doctrine le fouriérisme. Il possédait une riche bibliothèque d'ouvrages étrangers, interdits par la censure, qu'il prêtait à ses invités.

Le cercle de Petrachevski était constitué d'un nombre variable de participants (entre vingt et cinquante selon les semaines). C'était une sorte de forum intellectuel où l'on débattait de la religion, de la nature de l'Etat en général et de l'Etat russe en particulier, des réformes à promouvoir d'urgence (liberté de la presse, abolition du servage, refonte du système judiciaire). Le but de ces réunions était double : s'informer réciproquement par des conférences ou des comptes rendus de lectures et propager à l'extérieur de bouche à oreille, mais aussi le plus possible à travers des écrits publics trompant la vigilance de la censure, les idées nouvelles, évidemment subversives dans l'état du régime existant.

Le 23 avril 1849, sur dénonciation d'un agent infiltré, la police secrète arrêta le groupe des « petrachéviens » (34 personnes dans un premier temps).

Accusé de délit d'opinion et de présomption de subversion, Dostoïevski fut condamné au terme de son procès à la peine capitale par fusillade. Le 22 décembre 1849 eut lieu un simulacre d'exécution. La peine de Dostoïevski avait été secrètement commuée par le tsar lui-même trois jours plus tôt en quatre ans de travaux forcés en forteresse, suivis de l'envoi dans un régiment comme homme de troupe.

15. KATKOV, Michel Nikiforovitch (1818-1877)

Homme public et éditeur de deux organes de presse très prisés dans les milieux conservateurs : le journal *La Gazette de Moscou* et surtout la revue *Le Messager russe*.

Proche des milieux d'avant-garde dans les années trente et quarante (il avait été lié à Bakounine et à Belinski), il était devenu, dans les années cinquante, constitutionnaliste à la mode anglaise.

Le Messager russe, fondé en 1856, fut d'abord un organe libéral où publiaient notamment Saltykov et Tourgueniev. Mais en 1863 l'insurrection polonaise marque chez Katkov le début d'un tournant radical. Il déploie désormais une hostilité farouche envers l'intelligentsia nouvelle, les émigrés politiques et exige contre le « nihilisme » des mesures encore plus énergiques que celles prises par le gouvernement. Dans la première moitié des années soixante, *Le Temps* et *Le Messager russe* avaient durement polémiqué. Mais à l'automne 1865 Dostoïevski finit par s'adresser à Katkov pour lui proposer *Crime et Châtiment*. L'aversion pour le nihilisme et l'avantage de publier dans une revue riche qui « payait davantage et d'avance » eurent sans doute raison des derniers scrupules de Dostoïevski. *Le Messager russe* devait publier par la suite tous les romans de Fiodor Mikhaïlovitch, à l'exception de *L'Adolescent* (la place avait été par priorité réservée à *Anna Karénine* de Tolstoï).

16. Ce roman, c'est *L'Idiot* qui devait paraître dans *Le Messager russe* tout au long de l'année 1868.

17. Ce n'est pas la répétition tout à fait exacte de ce qui s'était passé à Wiesbaden (à l'automne 1865). La genèse de *Crime et châtiment* remonte en effet dans sa partie initiale à l'été 1865.

18. Lettre de Strakhov à Tolstoï du 28 novembre 1883.

19. Lettre de Strakhov à Tolstoï du 12 décembre 1883.

Une réflexion énigmatique de Gania Ivolguine dans *L'Idiot* (IV, I) recoupe par avance l'expression employée par Strakhov : « Tout s'arrête à une certaine limite et tous s'arrêtent à une certaine limite ; vous êtes tous comme ça ».

20. La « vastitude » de l'homme russe est un thème cher à Dostoïevski. Mitia s'écrie dans *Les Frères Karamazov* : « Non, trop vaste est l'homme, trop ! Je l'aurais volontiers rétréci ! » (I, III, III). Dans ses *Carnets* des années 1880-1881 Dostoïevski caractérise le peuple russe comme « large et résistant », « il est large et sait tirer parti de tout » (H.L., t. 83, *op. cit.*, p. 682).

21. Kaveline, Constantin Dmitriévitch (1818-1885), historien et publiciste libéral.

22. H.L., t. 83, *op. cit.*, p. 695.

23. Cf. le texte de la lettre de Dostoïevski à son frère Michel du 19 juillet 1840, centré autour de « notre aspiration naturelle à une vie d'homme qui soit totale, ... digne d'un géant ».

24. Strakhov, *Souvenirs sur F.-M. Dostoïevski*, in *Oeuvres complètes* de F.-M. Dostoïevski, t. 1, Saint-Pétersbourg, 1883, p. 275-276.

25. Cité par Pascal, *Dostoïevski. Les écrivains devant Dieu, op. cit.*, p. 114. Texte russe dans H.L., t. 83, *op. cit.*, p. 173. On peut également se rapporter à mon analyse dans *Dostoïevski et Dieu, op. cit.*, ch. VI, « Pavane pour une immortalité défunte », p. 49-56.

26. Lettre de Strakhov à Tolstoï du 28 novembre 1883.

27. *Ibidem*.

Chapitre V
Le subjectif et l'objectif

1. Cette réticence inspire pour l'essentiel le jugement formulé par Tolstoï sur Dostoïevski dans sa lettre à Strakhov du 5 décembre 1883 :

> Il y a des chevaux dont on dit : c'est une beauté. Prenez un trotteur, il vaut mille roubles et tout à coup on s'aperçoit qu'il est rétif : le superbe cheval, avec toute sa force, ne vaut pas un clou. Plus je vis, plus j'apprécie les chevaux qui ne sont pas rétifs. Vous dites que vous vous êtes réconcilié avec Tourgueniev. Moi, je me suis pris d'une grande affection pour lui. Et surtout parce qu'il n'est pas rétif : un canasson vous transportera sans broncher, alors qu'avec un trotteur rétif on n'ira nulle part, ou plutôt si, on finira dans le fossé. Et Pressensé et Dostoïevski me font penser à des chevaux rétifs. L'un, parce qu'il n'a que de l'érudition ; l'autre, parce qu'il a gâché en pure perte tout son esprit et tout son cœur. Vous savez, Tourgueniev survivra à Dostoïevski. Et non pas parce qu'il est meilleur écrivain, mais parce que lui n'est pas rétif.

— Sur Tolstoï cf. *supra* ch. II, note 14.
— Sur Tourgueniev, cf. *supra* ch. II, note 2.
— Pressensé, Edmond de (1824-1891) : pasteur et homme politique français. Auteur d'ouvrages sur l'histoire de l'Eglise.

2. Strakhov, *Souvenirs sur F.-M. Dostoïevski, op. cit.*, p. 226.

Chapitre VI
Autrui comme non-moi

1. Cf. *supra*, ch. IV, note 25, Pascal, p. 114 ; H.L., t. 83, p. 173.

2. *L'Héritage littéraire* (en russe : *Literatournoe nasledstvo*), t. 77, *F.-M. Dostoïevski et son travail sur L'Adolescent*, éditions *Naouka*, Moscou, 1965, p. 343. /En abrégé désormais H.L. 77/.

3. *Ibidem*, p. 342-343.

4. Ces faits sont évoqués par Dostoïevski dans une lettre à son frère Michel datée du 31 octobre 1838 :

> ... Le sale examen ! ... Je ne suis pas admis dans la classe supérieure. Oh, comme c'est effroyable ! Encore une année, toute une année pour rien ! Je n'enragerais pas autant, si je ne savais que la bassesse, la seule bassesse m'a fait chuter... Jusqu'à présent, j'ignorais ce que signifiait l'amour-propre blessé. J'aurais rougi si pareil sentiment avait pris possession de moi... Mais, le sais-tu ? J'ai comme envie d'écraser tout l'univers d'un seul coup... J'ai perdu, sacrifié tant de jours jusqu'à mon examen, je suis tombé malade, j'ai maigri, j'ai passé mon examen à la perfection, dans toute la force et la plénitude du terme, et je reste pour compte... Telle a été la volonté d'un professeur (d'algèbre), devant lequel je me suis montré grossier tout au long de l'année, et qui

maintenant a eu la bassesse de me rappeler ce fait, en m'expliquant la raison pour laquelle on m'a fait redoubler...

5. *Le Contemporain.*

Cette célèbre revue littéraire, fondée par Pouchkine en 1836, devait paraître après la mort du poète sous une direction collégiale animée par le poète V.-A. Joukovski, puis, à partir de 1838, sous la responsabilité du seul Pletnev. En septembre 1846, ce dernier entama des pourparlers pour la cession des droits. Nekrassov finit par prendre subrepticement en mains, par négociateur interposé, les destinées de la revue en 1847. Parallèlement, Belinski avait quitté *Les Annales de la Patrie* de Kraïevski (préavis du 7 février 1846) pour devenir peu après sous le pseudonyme de « S » l'inspirateur idéologique du *Contemporain.*

Sur Belinski, cf. *supra* ch. I, note 2
Sur Nekrassov, cf. *supra* ch. I, note 1
Sur Tourgueniev, cf. *supra* ch. II, note 2
Sur Panaïev (autre graphie : Panaev), cf. *supra* ch. I, note 16.

6. MAIKOVA, Eugénie Petrovna (1803-1880)

Poétesse et écrivain, femme du peintre-académicien N.-A. Maïkov, mère des deux frères Maïkov (cf. à leur sujet *supra* ch. II, note 21).

En 1847, à vingt-six ans, lassé par de brèves et ruineuses frasques galantes, Dostoïevski aurait avoué à son ami, le médecin Janovski : « Ce n'est pas la jupe que j'aime, mais, savez-vous, ce que j'aime, c'est le bonnet de dentelle, exactement comme celui d'Eugénie Petrovna ». Entre le type fascinant de la maîtresse et le type douloureusement obsédant de la mère, Dostoïevski avait, sentimentalement parlant, du mal à se décider.

7. TOTLEBEN, Edouard Ivanovitch (1818-1884)

Ingénieur-général. A l'époque du siège de Sébastopol (1854-1855), il était responsable des fortifications et s'était attiré la réputation d'un des plus efficaces défenseurs de la ville. Totleben avait, comme Dostoïevski, achevé ses études à l'Ecole du Génie de Saint-Pétersbourg. Fiodor Mikhaïlovitch avait eu comme camarade de promotion le frère cadet, Adolphe Ivanovitch Totleben.

8. VON FOCHT

Ancien élève de l'Institut géodésique de Konstantinovsk, où il avait connu Alexandre Pavlovitch Ivanov, le futur beau-frère de Dostoïevski, il a décrit avec beaucoup de sincérité et de véracité dans ses *Souvenirs,* publiés dans *Le Messager historique,* 1901, n° XII, l'été passé avec l'écrivain à Lioublino en 1866 dans le chalet occupé par la famille de sa sœur Vera Mikhaïlovna Ivanova. Dostoïevski y est représenté comme un boute-en-train plein d'espièglerie et d'humour.

9. H.L., *op. cit.,* t. 83, p. 670 :

Toute la littérature tremble devant vous, en particulier devant le Vieillard satirique. Personne n'ose rien dire contre lui ; vous savez, c'est un libéral, il est dévoré de libéralisme. Non, mais faites donc un peu les libéraux, *lorsque ça nuit,* j'aimerais vous y voir. Vous ne vivez que de pensées rebattues.

(Carnets des années 1880-1881)

Sur Saltykov-Chtchedrine, cf. *supra* ch. III, note 1.

10. *Envoi de Belinski à Dostoïevski* (1846), poésie satirique écrite contre Dostoïevski par Tourgueniev et Nekrassov. Le texte en est publié dans Tourgueniev, *Oeuvres complètes,* T. I, Moscou-Léningrad, 1960, p. 360/361 avec commentaires p. 607. En voici un essai de traduction :

Chevalier à la triste figure,
Dostoïevski, tout bouffi,
Sur le nez de la littérature
Tu fleuris comme un nouveau bourgeon.

Bien que tu sois un jeune littérateur,
Tu n'en as pas moins déjà fait pâmer tout le monde :
Tu es connu de l'empereur,
Considéré par Leichtenberg,

Bientôt le sultan turc
Te fera quérir par son vizir.
Mais quand dans un raout mondain,
Devant une foultitude de princes,

Devenu mythe et énigme,
Tu es tombé telle une étoile finnoise

Et tu as cligné de ton nez camard
Devant une beauté russe,

Tu regardais cet objet
Dans une si tragique immobilité
Que tu as évité de justesse
Une mort subite à la fleur de l'âge.

D'une hauteur si enviable,
Daignant prêter l'oreille à ma prière,
Jette ton regard couleur de cendre,
Jette-le, ô grand homme, sur moi !

Au nom des louanges futures
(La nécessité, vois-tu, est extrême)
Parmi tes œuvres inédites
Gratifie-moi du *Double.*

Je te dorloterai,
Je me conduirai comme un gredin,
Je t'entourerai d'un liseré, *
Je te mettrai à la fin.

* A propos de ce *liseré* cf. notre Chronologie (avril 1880).
11. *Fedia le suffisant*, épigramme contre Dostoïevski à propos de ses articles du *Temps*, écrite et publiée par Saltykov-Chtchedrine en 1863 dans la revue *Le Sifflet* (n° 9). En voici la strophe la plus venimeuse (essai de traduction) :

Fedia ne priait pas Dieu,
« C'est bon, pensait-il, comme ça ! »
Toujours il flemmardait, flemmardait...
Et se retrouva dans la mouise !
Un jour il s'est mis négligemment à jouer
Du Manteau de Gogol
Et de ses sornettes habituelles
Le Temps se trouva rempli...

Six ans plus tard, Dostoïevski répliqua dans *L'Idiot* par une contre-parodie :
A ce qu'on dit, un de nos humoristes les plus connus a composé à cette occasion une ravissante épigramme, digne de prendre place dans les croquis de nos mœurs non seulement provinciales, mais aussi pétersbourgeoises :

Notre Léon joua cinq ans
De la capote de Schneider.
Des balivernes ordinaires
Il cherchait à remplir le temps.
Venu dans des guêtres étroites,
Il hérite d'un million ;
En bon Russe il fait oraison,
Mais vola les étudiants.

(traduction Pierre Pascal,
L'Idiot, II, VIII)

12. Vrangel, Alexandre Egorovitch (1833-?)
Baron, juriste, diplomate et archéologue. Nommé en 1854 procureur à Semipalatinsk en Sibérie, où Dostoïevski était incorporé, à sa sortie du bagne, dans un bataillon de frontaliers. Dans ses *Souvenirs sur F.-M. Dostoïevski en Sibérie* (1854-1856), Saint-Pétersbourg, 1912, l'ami et le protecteur de Dostoïevski nous renseigne également sur Tobolsk (à Tobolsk se trouvait le « Bureau des déportés », qui recevait tous les convois et dirigeait les prisonniers vers leurs diverses destinations), sur le bagne et sur la genèse des *Récits de la Maison des morts.*
13. Polivanova, Maria Alexandrovna
Elle était l'épouse d'un directeur de lycée privé de Moscou. Dostoïevski avait fait sa connaissance au mois de juin 1880 lors des festivités liées à l'inauguration de la statue de Pouchkine à Moscou.
14. Le 8 juin 1880, Dostoïevski avait prononcé un grand discours sur Pouchkine à la séance solennelle de la Société des Amis de la littérature russe à Moscou. Ce discours, fortement teinté de nationalisme, a été publié dans le *Journal d'un écrivain*, 1880, numéro unique (cf.

Pléiade, p. 1356-1374).

15. Il s'agit toujours de la fameuse *légende* prêtant à Dostoïevski la paternité du crime commis par Stavroguine (le viol d'une fillette).

16. Il s'agit du cercle de Petrachevski (cf. *supra* ch. IV, note 14).

17. H.L., *op. cit.*, t. 83, p. 682.

18. E.-M. de Vogüé (1848-1910).

Diplomate français en poste à Saint-Pétersbourg, il a personnellement connu Dostoïevski dans les dernières années de la vie de l'écrivain. Il a largement contribué à faire connaître en France les écrivains russes (*Le roman russe*, 1886).

19. E.-M. de Vogüé, *Le roman russe*, réédition *L'Age d'homme*, « Slavica ». Lausanne, 1971, p. 253.

CHAPITRE VII
Les catégories de l'autre

1. Sur Michel Dostoïevski cf. *supra* ch. I, note 9.

2. KONSTANT, Maria Dmitrievna (1825-1864)

En premières noces ISSAIEVA (autres graphie : ISAEVA).

Intelligente, cultivée, forte de caractère, nerveusement fragile mais intensément vivante, elle tranchait vivement sur le milieu banal et étriqué, composé essentiellement de fonctionnaires, de la ville sibérienne de Semipalatinsk où Dostoïevski servait comme homme de troupe après sa sortie du bagne en 1854. Elle éprouva rapidement pour Dostoïevski une sorte de tendresse maternelle. Elle n'ignorait naturellement pas qu'il l'aimait avec toute la passion et la fougue d'un premier amour tardif (il a 34 ans quand il fait la connaissance du ménage Issaïev, début 1855). Fiodor Mikhaïlovitch espérait ardemment que son affection pour lui se transformerait un jour en véritable amour. Les Issaïev déménagèrent à Kouznetsk au mois de mai de cette même année 1855 et Dostoïevski noua une correspondance avec elle. Alexandre Ivanovitch, le mari, était un être aboulique, mais susceptible, avec un sentiment aigu de sa dignité personnelle : il a sans doute contribué à l'élaboration chez le romancier du type ultérieur du « poivrot », du démissionnaire qui se rebiffe vainement contre son sort au nom d'un amour-propre blessé et d'un quant-à-soi jaloux. Avant cette affectation inattendue à Kouznetsk Issaïev, qui était maître d'école, était demeuré quelque temps sans travail, avait commencé à se négliger, à boire beaucoup, et sa santé avait déjà décliné. Les affres de la passion devaient se compliquer chez Dostoïevski par l'apparition dans sa vie de Maria Dmitrievna d'un jeune instituteur de vingt-cinq ans, Vergounov, dont elle devint amoureuse pour de bon. Dostoïevski, magnanime, se déclare prêt à tout sacrifier pour son bonheur et redouble de prévenances à son égard. Cette situation pour le moins infernale trouvera par la suite un écho, entre autres, dans *Humiliés et offensés* (1861). Le 4 août 1855, Alexandre Issaïev meurt brusquement à Kouznetsk, laissant sa veuve sans ressources. Dostoïevski qui se trouve plus que dans le besoin, souffre atrocement pour lui-même et pour elle. Pendant les deux années qui suivent, il vit un véritable drame à l'idée qu'elle puisse en épouser un autre. Finalement, Maria Dmitrievna donna son accord le 24 novembre 1856 et ils se marièrent à Kouznetsk le 6 février 1857. Or ce mariage fut dès le début un ratage. Malgré les mois et les années, chacun s'était leurré sur l'autre. La jalousie continua à tenailler Dostoïevski (Vergounov était toujours plus ou moins dans le circuit). Quant à Maria Dmitrievna, elle avait épousé Fiodor plus par lassitude que par amour. Leur vie conjugale, qui nous est peu connue dans le détail, fut orageuse et douloureusement décevante. A partir de 1859, leurs relations, de conflictuelles, deviennent plus « ordinaires ». Maria Dmitrievna est tombée gravement malade, atteinte d'une phtysie implacable qui devait l'emporter cinq ans plus tard. Ce n'est plus désormais qu'un être profondément solitaire et malheureux dont il faut surtout s'occuper matériellement. De surcroît, ni la famille, ni les amis du moment n'avaient jamais accepté Maria Dmitrievna. En dépit de toutes ces innombrables vicissitudes (ou en partie à cause d'elles ?), la vie commune avec Maria Dmitrievna devait marquer d'un sceau indélébile la vie sentimentale et même la création de l'écrivain.

3. Sur Anna Grigorievna, deuxième femme de Dostoïevski, cf. *supra* ch. IV, note 26.

4. CHIDLOVSKI, Ivan Nicolaïévitch (1816-1872)

Michel et Fiodor Dostoïevski avaient fait sa connaissance au printemps 1837 à l'hôtel où ils étaient descendus à leur arrivée à Saint-Pétersbourg. De 1838 à 1840, pendant les premières années d'études de Fiodor à l'Ecole du Génie, le futur écrivain a subi la très forte influence de Chidlovski, de six ans son aîné. Chidlovski se passionnait pour toutes les tendances les plus nouvelles de la littérature russe et composait lui-même des vers d'inspiration romantique. C'était un tempérament exclusif, une nature passionnée, exaltée, portée aux extrêmes et déchirée par les contradictions, un être rempli d'exigences rigoureuses envers la vie, les autres et lui-même, perpétuellement en quête d'absolu, incapable de se fixer, encore moins de trouver la paix intérieure, un « karamazovien » avant la lettre.

5. SPECHNEV, Nicolas Alexandrovitch (1821-1882)
De tous les « pétrachéviens » (cf. supra ch. IV, note 14), c'est incontestablement Spechnev qui a le plus impressionné Dostoïevski à la fin des années quarante. Aristocrate, il possédait une fortune suffisante pour vivre en toute indépendance. Sa grande beauté, son irrésistible ascendant, sa réputation romantique auréolée de mystère lui conféraient un prestige exceptionnel. Athée, communiste, il avait lu Misère de la philosophie de Marx dès 1847 et même sans doute le Manifeste communiste de 1848. Séjournant fréquemment à l'étranger, il avait participé du côté des radicaux à la guerre du Sonderbund en Suisse et connaissait personnellement le socialiste allemand Wilhelm Weitling (1808-1871). Il réunissait à son domicile en 1849 certains « pétrachéviens », dont Dostoïevski, autour de déjeuners-débats agrémentés de lectures de textes subversifs. Spechnev était sans doute un révolutionnaire professionnel en devenir. Il nourrissait des projets sérieux qu'il ne confiait qu'à de rares affidés dont Dostoïevski n'était sans doute pas : monter une imprimerie, diffuser des tracts révolutionnaires, et constituer à terme sur la base d'une unité de vues encore problématique une véritable société secrète. Il avait, à cet effet, rédigé le brouillon d'une obligation signée qui devait engager les futurs membres de l'organisation à participer le moment venu à des actions insurrectionnelles, un projet de statuts en quelque sorte. Le maître-mot de ce texte est « affiliation » (« affilier », « affiliateur »). Or dans Les Démons le terme « affiliation » est repris avec une visible insistance et à plusieurs reprises dans un dialogue entre le « maître d'école boiteux » et Piotr Verkhovenski (IIe partie, ch. VII, 2-Pléiade, p. 433). De même, Stavroguine « a pris part à la réorganisation de la société sur de nouvelles bases » (II, I, 6 - Pléiade, p. 257).

Arrêté avec les autres « pétrachéviens », Spechnev fut condamné à être fusillé, puis sa peine fut commuée en dix ans de bagne à Nertchinsk. Il ne devait revenir à Saint-Pétersbourg qu'en 1860.

6. TIKHONE Zadonski (dans le siècle : KIRILLOV, Timothée Savéliévitch) 1724-1783.
Après des études au séminaire de Novgorod, il y demeura en qualité d'enseignant. Il fut ensuite recteur du séminaire de Tver et, à partir de 1763, évêque de Voronej. En 1767, sa mauvaise santé l'oblige à quitter sa charge : il se retire d'abord au monastère de Tolchevsk et, à partir de 1769, à celui de Zadonsk (« au-delà du Don »). Ses œuvres spirituelles (homélies, traités spirituels et moraux) connurent cinq tirages : le premier en 1825-1826 en quinze parties. De nombreuses relations de sa vie, parues dans les années soixante (on avait découvert ses reliques en 1861 et il avait été canonisé à cette occasion) le dépeignent comme un homme « très sévère avec lui-même et affectueusement indulgent envers les faiblesses des autres ». Sa profonde humilité et son sens du pardon étaient d'autant plus remarquables qu'il était par nature nerveux et fougueux ». Tikhone a servi de prototype dans Les Démons sous son propre nom à l'« ancien évêque qui a pris sa retraite pour raison de santé » (Pléiade, p. 271-272) et qui est mis en scène dans la Confession de Stavroguine. Dans ce même roman, l'un des personnages les plus paradoxalement positifs a reçu le nom que portait dans le siècle l'évêque Tikhone : Kirillov. Il ne s'agit sans doute pas d'une coïncidence fortuite : la foi la plus ardente et la plus authentique peut en effet surgir à tout moment du stade ultime de l'incroyance.

Du propre aveu de Dostoïevski, la figure de l'évêque Tikhone a continué de l'inspirer par la suite dans sa représentation de l'errant Makar dans L'Adolescent et surtout dans la constitution du personnage du starets Zossima dans Les Frères Karamazov.

7. PAUL LE PRUSSIEN (1821-1895)
Vieux-croyant pendant la première moitié de sa vie, il avait été envoyé en Prusse en 1848 par de riches schismatiques de Moscou pour échapper aux sévères mesures de répression prises par Nicolas 1er. Sa mission était de créer en Prusse un nouveau centre de vieux-croyants. Il fonda à cet effet près de Gumbinnen dans la région de Königsberg un monastère qu'il administra jusqu'en 1867. Sa réputation de guide des vieux-croyants était alors immense. Mais en 1868 il se rallie partiellement à l'orthodoxie en admettant l'autorité de son clergé et s'installe à Moscou. Autodidacte doué, excellent connaisseur de la littérature vieux-russe et des textes religieux anciens, il devait finalement mettre entièrement sa plume au service de l'orthodoxie en écrivant de nombreux ouvrages bénéficiant de rééditions successives.

8. SOLOVIOV (autre graphie : SOLOVIEV), Vladimir Serguéévitch (1853-1900)
Fils du célèbre historien Serge Mikhaïlovitch Soloviov (1820-1879), auteur, entre autres,

d'une monumentale *Histoire de la Russie* en 29 volumes (des origines à Catherine II). Philosophe et poète à tendance mystique. Vladimir Soloviov avait écrit à Dostoïevski en 1873 pour accompagner l'envoi de sa thèse de maîtrise « Crise de la philosophie occidentale », consacrée à la réfutation du positivisme. En juin 1878, Dostoïevski et Soloviov se rendirent ensemble à l'ermitage d'Optino (province de Kalouga) pour voir le *starets* Ambrossi (Ambroise). Le 6 avril 1880, Dostoïevski devait assister à la soutenance de thèse de doctorat de Soloviov « Critique des principes abstraits ».

9. AMBROSSI (AMBROISE)
Dans le siècle : GRENKOV, Alexandre Mikhaïlovitch (1812-1891).
Starets à l'ermitage d'Optino (cf. note précédente), un très vieux monastère fondé selon la tradition dès le XIVe siècle. Le terme de *starets* signifie « vieillard vénérable », « ancien » ; c'est la traduction du grec *gerôn*, titre donné en Orient à tout moine âgé de vie particulièrement sainte. Dostoïevski donne lui-même de ce terme une définition exhaustive dans son chapitre des *Frères Karamazov* « Les *startsy* ».

Le *starets* Ambrossi sera avec l'évêque Tikhone (cf. *supra* note 6) l'un des prototypes du *starets* Zossima dans *Les Frères Karamazov*. Dostoïevski et sa femme avaient été très affectés par la mort subite, dans une crise d'épilepsie, de leur fils Alexis (Aliocha) le 16 mai 1878. Selon Anna Grigorievna, l'épouse de l'écrivain, le *starets* Ambrossi pria de lui transmettre « les mêmes mots que dira plus tard dans le roman le *starets* Zossima à la mère affligée » (I, II, III).
10. Sur Vrangel, cf. *supra* ch. VI, note 12.
11. IVANOVA, Sophia Alexandrovna, épouse KHMYROVA (1847-1907) Nièce de Dostoïevski, elle était la fille de sa sœur Vera et du médecin Alexandre Pavlovitch IVANOV.
Dostoïevski eut pour elle une amitié vivace et profonde. Il appréciait hautement sa grande intelligence de cœur et sa pureté d'âme. Dans sa *Correspondance* du « deuxième exil » Dostoïevski lui confiera dans le détail ses plans de création artistique (notamment à propos de *L'Idiot*, qu'il lui dédia) et lui donnera (fait rarissime) de nombreuses informations sur le cours de sa vie privée. Toutefois, même dans ce cas privilégié entre tous, l'amitié ne résista pas jusqu'au bout. Le 14 août 1876, Sophia Ivanova annoncera à Dostoïevski son mariage en ces termes : « Félicitez-moi, mon cher ami (je me décide encore toujours à vous qualifier ainsi, malgré tous les ragots, toute la boue qui nous ont séparés l'un de l'autre) ».
12. *Commentaires* de A.-S. Dolinine dans *F.-M. Dostoïevski, Lettres*, t. 1, *op. cit.*, p. 517.
DOLININE, Arcade Semionovitch (1883-1968), est avec Léonid Grossman (cf. *infra* ch. XI, note 12) le meilleur spécialiste russe de Dostoïevski.
13. *L'Epoque*
Deuxième revue mensuelle des frères Dostoïevski, elle succéda au *Temps* (cf. *supra* ch. II, note 10). Le premier numéro parut le 21 mars 1864 avec la première partie du *Sous-sol*. La revue s'arrêtera prématurément en juin 1865, faute de fonds. *L'Epoque* suivra une ligne politique plutôt dure, polémiquant parfois à la limite de la provocation et de l'insulte avec les « nihilistes » du *Contemporain*, principalement Saltykov-Chtchedrine (cf. *supra* ch. III, note 1) et Tchernychevski (cf. *infra* ch. XI, note 10).
14. Cité dans *Twintig duizend citaten*, 'S - Gravenhage, 1964, p. 650.
15. Strakhov, *Souvenirs sur F.-M. Dostoïevski, op. cit.*, p. 317-318.
16. *Ibidem*, p. 275.
17. Cf. à ce sujet *supra* ch. II, note 14.
18. Lettre de Strakhov à Tolstoï du 28 novembre 1883. Cf. ici même *supra* ch. IV, note 19.
19. Dostoïevski, *Journal d'un écrivain* 1873 (« Gens d'autrefois »), Pléiade, p. 12.
20. POBEDONOSTSEV, Constantin Petrovitch (1827-1907)
Homme d'Etat exceptionnel, à la personnalité et à l'activité très controversées. Il exerça une influence considérable sur la politique intérieure menée successivement par Alexandre III et Nicolas II (jusqu'en 1904). Dostoïevski avait fait la connaissance du futur haut-procureur du Saint-Synode pendant l'hiver 1872 chez le prince Vladimir Petrovitch Mechtcherski. Mechtcherski publiait depuis 1871 un hebdomadaire très conservateur, *Le Citoyen*, dont Dostoïevski devait devenir, sur la lancée des *Démons*, le rédacteur en chef (jusqu'au 22 avril 1874). Les relations amicales entre Dostoïevski et Pobedonostsev se poursuivirent jusqu'à la mort de l'écrivain et s'épanouirent surtout dans les toutes dernières années. Tous deux étaient d'ascendance roturière (leurs grands-pères appartenaient au bas-clergé) ; tous deux étaient nationalistes et nourrissaient, avec des sympathies un peu différentes, des sentiments ouvertement slavophiles. Pobedonostsev était un juriste de formation ; il avait peu à peu forgé sa carrière d'homme d'Etat en publiant un certain nombre d'ouvrages dont un « Cours de droit public » (le premier tome parut en 1868) et surtout un recueil fondamental publié en 1876 :

« Articles et recherches historiques ». Depuis 1872, il était membre du Conseil d'Etat ; en 1880, il devint haut-procureur. L'amitié des deux hommes était pour une grande part fondée sur la référence à une idéologie commune. Tous deux étaient viscéralement hostiles aux structures étatiques et — dans l'acception extensive du terme — aux structures culturelles de l'Occident. Dans leur philosophie de l'histoire ils opposaient volontiers au positivisme européen, négateur et stérile, la vraie connaissance procédant de l'intuition, l'intuition relevant elle-même de ce que Pobedonostsev appelait la « force naturelle de l'inertie ». Les deux hommes voyaient naturellement dans la foi le fondement même de la vie sociale, alors qu'en Occident on ne se fiait qu'aux déductions de la raison et aux solutions à base de théorie. Pour Dostoïevski et Pobedonostsev, la vérité absolue ressortit uniquement au domaine de la foi, et seul le peuple, le simple peuple, par opposition aux classes supérieures de la société, est capable de sentir de toutes ses fibres que la vérité absolue n'est pas saisissable matériellement, qu'elle n'est ni tangible, ni mesurable, ni chiffrable, mais qu'elle est et doit être uniquement un acte de foi.

Dans le *Journal d'un écrivain*, dans la conception globale des *Frères Karamazov*, on trouve incontestablement le reflet et l'illustration des principales thèses de Pobedonostsev sur la connaissance et la vérité, sur la Russie et sur l'Europe. La conception militante de la foi orthodoxe, déjà défendue par Chatov dans *Les Démons*, doit conduire le Russe, ainsi que tout peuple qui monte en puissance dans l'histoire, à absolutiser la vérité de sa religion et, le cas échéant, à obliger les autres à s'y convertir.

Pobedonostsev et Dostoïevski se rencontraient assez régulièrement en tête-à-tête le samedi soir, surtout pendant les années 1879-1880. Au cours de ces soirées intimes, le romancier associait largement son ami à la conception et à l'écriture des *Frères Karamazov*. Dans l'intervalle de ces rencontres Dostoïevski informait et consultait par lettres Pobedonostsev sur telle ou telle partie du roman, en l'appelant « ami », « guérisseur de l'esprit », et en se qualifiant lui-même de « prosélyte ».

Il n'en demeure pas moins que l'essentiel de la carrière politique de Pobedonostsev s'est déroulé après la mort de Dostoïevski. Au cours des années 80 et 90, Vladimir Soloviov (cf. *supra* note 8), qui pensait dans les années 70 à l'unisson de Dostoïevski et de Pobedonostsev, devait modifier radicalement ses positions. Il n'est pas exclu de penser que Dostoïevski eût quitté de la même façon le camp de Pobedonostsev, alors que les mesures répressives s'accentuaient de plus en plus, alors surtout que dans les années 80-90 la position gouvernementale envers le *zemstvo* et l'autonomie paysanne devait se retourner complètement. L'écrivain n'eût certainement pas apprécié de voir sacrifier à la raison d'Etat ce à quoi il tenait le plus. Il n'est pas exclu d'autre part que, même du vivant de l'écrivain, Pobedonostsev ait gommé volontairement certaines divergences, tant il jugeait *politiquement* utile l'influence *pratique* de Dostoïevski sur une partie déterminante de la jeune génération, assoiffée de vérité, de patriotisme et de progrès social. On ne saura au demeurant jamais lequel des deux aura, au cours de ces conversations sans témoin, le plus influencé l'autre.

21. Les funérailles de Dostoïevski furent grandioses et marquèrent, à cette époque troublée et déchirée de l'histoire de la Russie, un bref et rare moment de consensus national. Le corps fut transporté le 31 janvier 1881 à la Laure de Saint-Alexandre Nevski, accompagné d'une foule immense, dans laquelle toutes les couches sociales et toutes les opinions étaient représentées. De nombreux chœurs de jeunes gens devaient impressionner le public par leur ferveur. Un des rares, Tourgueniev, indigné d'un pareil triomphe *post mortem*, n'hésita pas à écrire ces lignes féroces :

> Et quand on pense que c'est à la mémoire de notre de Sade que tous les archiprêtres de Russie ont célébré des messes de requiem et que même les prédicateurs ont parlé de l'amour universel de cet homme universel ! En vérité, nous vivons à une drôle d'époque !
> *Lettre à Saltykov-Chtchedrine du 24 septembre 1882.*

(*Oeuvres* en 12 volumes, Moscou, 1958, t. 12, p. 559).

CHAPITRE VIII
Le pole de la féminité

1. SOUSLOVA, Apollinaria Procofievna (1839-1917)
Fille d'un serf devenu l'homme d'affaires de son maître, elle avait fait des études supérieures

et s'était cru une vocation d'écrivain. En septembre 1861, *Le Temps* publia sa première nouvelle.

Elle devint la maîtresse de Dostoïevski en 1862, peut-être même dès 1861. Cependant, à partir de l'automne 1863 leurs relations connurent une suite d'éclipses et de tensions dramatiques. Souslova était une nature de feu qui n'appréciait pas toujours les « raffinements » de son amant. De surcroît, elle aimait faire souffrir. Enfin, étant une « nihiliste » convaincue qui s'était embrasée pour un « martyr de la cause », elle ne pouvait guère apprécier l'évolution « réactionnaire » de Dostoïevski. Malgré les avatars et les avanies, ils ne se quittèrent définitivement qu'au début de l'année 1866, tout en restant en correspondance jusqu'en avril-mai 1867. Ainsi cette orageuse liaison, commencée du vivant même de Maria Dmitrievna, ne trouva-t-elle son point final que quelques semaines après le second mariage de Fiodor Mikhaïlovitch.

Son rôle dans la vie personnelle et dans l'œuvre de Dostoïevski a été considérable. Elle a inspiré toute une lignée de personnages féminins spécifiques. Ainsi que le note Pierre Pascal, à la suite de nombreux critiques, dans son livre *Dostoïevski, l'homme et l'œuvre*, « Slavica », éditions *L'Age d'Homme*, Lausanne, 1970, p. 125 :

> Apollinaria sera la Poline du *Joueur*, et il y aura beaucoup d'elle dans la Dounia de *Crime et châtiment*, l'Aglaé de *L'Idiot*, la Lise des *Démons*, l'Akhmakova de *L'Adolescent*, la Catherine des *Frères Karamazov*, toutes ces femmes intelligentes, fières et dures.

> A cette « liste » il convient d'ajouter aussi, semble-t-il la Nastassia Filippovna de *L'Idiot*.

2. JASTRJEMBSKI, Ivan Lvovitch (1814-mort après 1883)
« Pétrachévien », professeur d'économie politique. Condamné en 1849 à la peine de mort en même temps que Dostoïevski, puis, après la « grâce » impériale, à six ans de bagne.

3. Oreste MILLER, *Matériaux pour la vie de F.-M. Dostoïevski*, dans *Oeuvres complètes* de F.-M. Dostoïevski, t. 1, *Biographie, Lettres et Remarques extraites de son Carnet de notes...*, Saint-Pétersbourg, 1883, p. 126-127.

4. Sur E.-P. MAIKOVA, cf. *supra* ch. VI, note 6.

5. VON-VIZINA, née APRAKSINA, Natalia Dmitrievna (1805-1869)
Femme du « décabriste » Ivan Alexandrovitch Fonvizine (autre graphie : Von-Vizine), elle vécut volontairement en Sibérie auprès de son mari pendant toutes ses années de bagne, puis de relégation. Elle fut, ainsi que le rapportera Dostoïevski dans son *Journal d'un écrivain* 1873 (« Gens d'autrefois »), l'une de ces « femmes de décabristes » qui en janvier 1850 (« fléchirent le surveillant de la prison » (c. à d. du centre de triage ou « Bureau des déportés » du Tobolsk) et « arrangèrent dans son logement une entrevue secrète » avec les « pétrachéviens » qui se trouvaient là en attente de leur destination future. Natalia Von-Vizina était une femme d'une intelligence et d'un cœur exceptionnels qui, toujours selon la relation de Dostoïevski dans « Gens d'autrefois », « a tout sacrifié au plus sublime devoir moral, au devoir le plus librement assumé qui puisse être ». « L'entrevue, — poursuit Dostoïevski — dura une heure. Elles nous bénirent pour notre route à venir, firent sur nous le signe de la croix et offrirent à chacun un Evangile, le seul livre permis à la maison de force. Quatre ans durant, au bagne, cet Evangile est resté sous mon oreiller » (Pléiade, *op. cit.*, p. 13). Au cours des vingt-cinq ans qu'elle passa en Sibérie, Natalia Von-Vizina perdit les uns après les autres tous ses enfants. En 1853, le couple reçut la permission de s'installer dans un village situé à 70 km de Moscou et c'est là que, miné par les épreuves, Fonvizine devait succomber le 30 avril 1854.

6. N.D. sont les initiales de Natalia Dmitrievna (Von-Vizina).

7. Ce terme de « deuxième exil » qui appartient à Dostoïevski lui-même désigne son séjour de quatre ans en Occident (départ le 14 avril 1867 — retour à Saint-Pétersbourg le 8 juillet 1871). Peu après son second mariage, l'écrivain avait voulu quitter la Russie pour échapper à ses créanciers qui le menaçaient de prison pour dettes, « sauver » sa santé et travailler dans le calme. Ce voyage fut ponctué de haltes plus ou moins longues à Dresde, Baden-Baden, Bâle, Genève et Vevey, Florence et encore Dresde. Dostoïevski conçut pendant ce long séjour une aversion définitive pour l'Occident.

8. Dostoïevski, *Lettres*, t. 1, *op. cit.*, *Préface* de A.-S. Dolinine, p. 11.

9. Il s'agit de Maria Alexandrovna IVANOVA (1848-1929), sœur cadette d'IVANOVA-KHMYROVA (cf. *supra* ch. VII, note 11) et également nièce de Dostoïevski. Elle devait devenir une musicienne de très grand talent formée par Nicolas Rubinstein. Lorsqu'il passait par

Moscou, Dostoïevski logeait chez les Ivanov et éprouvait un extrême plaisir à entendre sa nièce jouer ses airs préférés, notamment la *Marche nuptiale* (Hochzeitsmarsch) de Mendelssohn-Bartholdy qu'elle jouait avec un brio étincelant.

10. Au sujet de cette rupture cf. *supra* ch. VII, note 11.

11. JUNGE, Catherine Fedorovna (1843-1989)
Fille du vice-président de l'Académie des Beaux-Arts F.-P. Tolstoï, elle avait été enthousiasmée par *Les Frères Karamazov* et noua à cette occasion une correspondance avec Dostoïevski qu'elle connaissait sans doute personnellement.

CHAPITRE IX
Cooptation et possession

1. Cf. *supra* ch. VII, note 2.
2. A.-G. Dostoïevskaïa, *Souvenirs*, première partie, livre premier, ch. V.
3. Cf. *supra* ch. VIII, note 1.
4. KORVINE-KROUKOVSKAIA, Anna Vassilievna (1847-1887)
Sœur aînée de S.-V. Kovalevskaïa (cf. *supra* ch. IV, note 6). Elle avait fait la connaissance de Dostoïevski comme auteur de deux récits « Le Songe » et « Michel » publiés en août-septembre 1864 dans *L'Epoque*. Dostoïevski la fréquenta assidûment en mars-avril 1865.
Elle devait épouser par la suite le révolutionnaire français Victor Jaclard et participer elle-même activement à la Commune de Paris. Les Dostoïevski gardèrent jusqu'au bout d'assez bonnes relations avec ce couple peu ordinaire.
5. IVANICHINA-PISAREVA, Maria Serguiéevna
Amie des sœurs Ivanov (filles de Vera Ivanova, sœur de Dostoïevski).
6. IVANOVA, Elena Pavlovna
Elle était alors mariée au frère d'Alexandre Ivanov qui était lui-même l'époux de Vera Ivanova, sœur de Dostoïevski. Le beau-frère de Vera était très malade depuis de nombreuses années et sa mort paraissait imminente. Vera rêvait de faire épouser Elena par Fiodor Mikhaïlovitch lorsqu'elle serait veuve et Dostoïevski avait donné son accord de principe. En fait le mari d'Elena Pavlovna ne mourut qu'en 1869, alors que l'écrivain s'était remarié avec Anna Grigorievna. Mais ni Elena Pavlovna, ni Fiodor Mikhaïlovitch ne devaient regretter que cette union n'eût pas lieu, ils en furent même tous deux plutôt soulagés.
7. Cf. *supra* ch. II, note 26.
8. *Souvenirs, op. cit.*, même référence que *supra* note 2.
9. *Ibidem.*
10. MILIOUKOV, Alexandre Petrovitch (1817-1897)
Historien de la littérature et critique. Dostoïevski le connaissait depuis les années quarante et avait gardé des rapports avec lui pendant les années soixante, tout en formulant des réserves sur son talent et surtout sur son goût. Au cours de son « deuxième exil » Fiodor Mikhaïlovitch s'exprimera assez durement sur son compte.
11. Au cours des années soixante-dix, Dostoïevski fit plusieurs cures thermales à Ems, station de Rhénanie-Palatinat spécialisée dans le traitement des affections rhino-pharyngées.
12. Station thermale de la province de Novgorod où les Dostoïevski partaient en villégiature à chaque occasion à partir de 1872.
13. Cf. *supra* ch. II, note 27.
14. *Ibidem.*
15. Il s'agit, bien entendu, du *Journal d'un écrivain.*
16. Initialement, les cérémonies en l'honneur de Pouchkine devaient coïncider avec le jour anniversaire de la naissance du poète, le 26 mai 1880. La mort de l'impératrice fit ajourner le Jubilé qui se déroula à Moscou les 5, 6, 7 et 8 juin 1880. Dostoïevski prononça son célèbre *Discours* le 8 juin (cf. *supra* ch. VI, note 14).
17. *Souvenirs, op. cit.*, deuxième partie, livre VIII, ch. III.
18. *Journal d'un écrivain* 1876, octobre, Pléiade, p. 762.
19. *L'Adolescent*, première partie, ch. III, I.
20. Cf. *supra* ch. II, note 27.
21. *Idem.*

CHAPITRE X
Transfert et Cosmos

1. Roland BARTHES, *Fragments d'un discours amoureux*, Collection « Tel Quel », éditions du Seuil, 1977, p. 16 /Désormais en abréviation : Barthes.../.
2. Barthes..., p. 17.
3. Barthes..., p. 16 (paroles de Tristan : *Mort d'Isolde*).
4. Barthes..., p. 15.
5. Dostoïevski, *Journal d'un écrivain* 1876, janvier, Pléiade, p. 334-335.
6. Dostoïevski, *Lettres*, t. 1, *op. cit.*, *Commentaires* de A.-S. Dolinine, p. 466.
7. SCHILLER, Friedrich von (1759-1805)
Sur la problématique littéraire Dostoïevski-Schiller, Jacques CATTEAU écrit dans son ouvrage *La création littéraire chez Dostoïevski*, Paris, Institut d'études slaves, 1978, p. 61-62 :

Schiller, tout comme Shakespeare auquel Dostoevskij l'associe souvent, demeure plus pour le romancier le chantre de la passion de l'Idéal que le héraut de l'Idéal. Aussi le héros schillérien fournit-il à l'écrivain deux hypostases. La première, suspecte parce qu'entachée d'impuissance et d'esprit libertaire, est celle du rêveur humanitaire que Dostoevskij a vécu en lui-même et dont il fait un type autonome, les *Schiller*, qui ne cesse de l'obséder à partir des années soixante. A preuve les premières lignes des carnets de *l'Adolescent* où surgit le nom de Schiller, et quelques pages plus loin cette profession du jeune garçon s'adressant à Lambert : « Je ne veux pas être un Schiller... Parce que c'est vil ». Ce Schiller-là, trop politique, est « l'ami de l'humanité », à qui la Convention décerna le titre de citoyen français et que Dostoevskij publiciste récuse dans son *Journal d'un écrivain*. La seconde, l'hypostase russe de Schiller, a toute son adhésion. C'est la source intarissable d'amour universel pour « Tous les peuples et toutes les créatures » et même pour les insectes à qui il donne la volupté, les insectes comme Dmitrij qui, déchiré entre l'Idéal de la Madone et celui de Sodome, clame du fond de sa déchéance sa foi dans le premier.

D'un côté, les Karl Moor, Fiesque, Raskol'nikov, Ivan Karamazov, les révoltés contre Dieu ou la société, les rebelles qui cherchent la liberté dans la violence, la mort et la coercition ; de l'autre, les Don Carlos et Dmitrij Karamazov qui exaltent l'Idéal par le sacrifice et la souffrance.

Le cas Schiller est exemplaire. D'abord idolâtré, il exerce une oppression littéraire féconde ; puis évincé en apparence, en réalité enfoui dans les profondeurs où il perd son identité, il nourrit le créateur des grands héros révoltés ; enfin, dans le dernier roman, il ressurgit non plus contraignant mais adouci, sublimé, réconcilié dans la vision sereine de l'amour universel. Amour violent dégénéré en combat, il s'achève en une communion apaisée sur l'autel de la Passion d'idéal. L'itinéraire Schiller chez Dostoevskij reflète l'histoire d'une pensée syncrétique qui accède enfin à son autonomie.

8. Barthes..., p. 17 (A propos de l'*Esquisse d'une théorie des émotions* de Sartre).
9. Barthes..., p. 16 (citation de RUSBROCK).
10. Barthes..., p. 16.
11. C'est au ravelin Alexis (Alexéiev) dans la forteresse Pierre-et-Paul que Dostoïevski avait été aussi incarcéré après son arrestation le 23 avril 1849.
12. Oreste MILLER, *Matériaux pour la vie de F.-M. Dostoïevski, op. cit.*, p. 126-127.
13. IVANOV, Viatcheslav Ivanovitch (1866-1949)
Poète et essayiste appartenant à l'école symboliste, d'inspiration religieuse et métaphysique.
14. Viatcheslav IVANOV, *Le mythe fondamental du roman « Les Démons »*, article paru dans *La Pensée russe*, 1914, n° 4, p. 136.
15. Dostoïevski, *Journal d'un écrivain* 1876 (« Deux suicides »), Pléiade, p. 724.
16. H.L., t. 83, *op. cit.*, p. 248.
Le principe de satiété défini ci-dessous dans la citation des propos des Marmeladov (*Crime et châtiment* IV, I) est autobiographique. Dostoïevski avait éprouvé les mêmes sentiments devant le spectacle du golfe de Naples en 1863.
17. Dans sa lettre d'adieu adressée à Daria Pavlovna, Stavroguine précise : « L'an dernier, comme Herzen, je suis devenu citoyen du canton d'Uri... » (édition Pléiade, p. 702-703).
18. Barthes..., p. 17.
19. *Ibidem*.
20. Elisabeth Alexandrovna Herzen (1858-1875) se suicida à Florence en décembre 1875 à

l'âge de dix-sept ans. Un chagrin d'amour avait achevé d'ébranler un état psychique profondément dépressif.

21. Barthes..., p. 17.
22. Volynski A.-L. (pseudonyme de Flekser A.-L.), *F.-M. Dostoïevski, Articles critiques*, Saint-Pétersbourg, 1909, p. 328.
23. Simone de Beauvoir, *Pour une morale de l'ambiguïté*, ch. 2, Paris, Gallimard.
24. Barthes..., p. 16.
25. Alors avaient lieu à Saint-Pétersbourg des lâchers de ballons qui attiraient un grand public. C. Berg, dans ses annonces, s'intitulait « maître de ballet et aéronaute ».
26. *Le Songe d'un homme ridicule*, récit fantastique, parut dans le *Journal d'un écrivain* en avril 1877. Cf. Pléiade, p. 979-1002.
27. Barthes..., p. 17.
28. *Songe d'un homme ridicule*, Pléiade, p. 990.
29. *Ibidem*, p. 1001-1002.
30. L'actrice Kaïrova avait tenté d'égorger la femme légitime de son amant.
31. *Journal d'un écrivain* 1876, mai, Pléiade, p. 546.
32. Cf. *supra* ch. VI, note 10.
33. Cf. *supra* note 5.
34. *Les Frères Karamazov*, première partie, livre III, ch. III ; *Evangile selon Saint Luc* 2, 14.
35. Schiller, *Hymne à la joie*. Mitia cite successivement la quatrième, puis la troisième strophe.
36. *Journal d'un écrivain* 1876, octobre, « Une sentence », Pléiade, p. 727-728. La traduction citée est celle de Pierre Pascal, *Dostoïevski, les écrivains devant Dieu, op. cit.*, p. 132.
37. A la fin des années trente, Dostoïevski avait lu, puis fait lire à son ami, le futur écrivain D.-V. Grigorovitch, le livre de Thomas de Quincey *Confessions of an English Opium-eater*, paru en 1822 à Londres.
38. Strakhov, *Souvenirs, op. cit.*, p. 106.
39. MAHOMET (environ 570-632)
La première mention chez Dostoïevski du « prophète turc Mahomet » figure dans *Le Double* (1846). Le personnage principal de ce « poème pétersbourgeois », « Monsieur Goliadkine », *est en désaccord... avec certains savants à propos de certaines calomnies dirigées contre le prophète turc Mahomet qu'il considère dans son genre comme un grand politique.* Une variante de ce texte parle de la nécessité de *rétablir, entre autres, la réputation quelque peu salie par les soins de divers savants allemands de notre ami commun Mahomet, le prophète turc.*

Ces réflexions de Goliadkine reflètent à l'évidence les polémiques menées dans la presse de l'époque autour de la religion islamique et de la personnalité de Mahomet. En 1841 parut en langue anglaise l'ouvrage de Thomas Carlyle sur *Les Héros et le Culte des héros* qui critiquait sévèrement Mahomet (la traduction russe fut publiée en 1856 dans *Le Contemporain*). En 1843 l'orientaliste allemand G. Weil publia à Stuttgart son livre *Mohamed der Prophet, sein Leben und seine Lehre*. De leur côté les socialistes-utopistes français et les hégéliens allemands de gauche prenaient une part très active aux discussions de l'époque sur les problèmes de philosophie religieuse. Il est fort possible que Dostoïevski ait lu le *Coran* dès les années quarante en traduction russe ou française. L'ouvrage avait été traduit plusieurs fois en russe à partir du français au cours du XVIIIe siècle. Nous sommes sûrs en tout cas que Dostoïevski a spécialement étudié le Coran à Semipalatinsk pendant les années cinquante. Il en possèdera par la suite un exemplaire en français dans sa bibliothèque personnelle *.

L'intérêt de Dostoïevski pour la personnalité de Mahomet transparaît à travers toute son œuvre adulte. Dans *Crime et châtiment* (1866) Mahomet est rangé à égalité avec César et Napoléon parmi « tous les législateurs et instituteurs de l'humanité » qui ne s'arrêtent ni devant le sang ni devant la violence pour imposer leur « idée » et leur loi aux « créatures tremblantes » (III, V). Cette même perception du personnage de Mahomet, suggérée dans une certaine mesure par *L'Imitation du Coran* de Pouchkine (1824), se reflètera dans le roman *L'Adolescent* à travers les paroles de Versilov : *Quelque part dans le Coran, Allah ordonne à son prophète de regarder les « récalcitrants » comme des souris, de leur faire du bien et de passer son chemin. C'est un peu hautain, mais c'est juste.*

D'un autre côté, lorsque Dostoïevski connut dans les années cinquante ses premières vraies crises d'épilepsie, son intérêt fut vivement sollicité par les récits sur le « mal sacré » (*morbus

---

* Le Coran, Traduction nouvelle faite sur le texte arabe par M. Kasimirski, interprète de la légation française en Perse. Nouvelle édition avec notes, commentaires et préface du traducteur. Paris, Charpentier, libraire-éditeur, 1847.

sacer) de Mahomet, sur les visions et les hallucinations qui accompagnaient ses crises. Il a pu par exemple prendre connaissance du livre de V. Irving *History of Mahomet and his successors* (1849-1850) dont la traduction russe parut en 1857 sous la plume de P.-V. Kiréevski avec pour titre *Vie de Mahomet*. Ce livre présentait pour Dostoïevski l'intérêt de décrire longuement et dans le détail les crises d'épilepsie du prophète, ses syndromes, la nature des visions qu'elles entraînaient, et les transferts cosmiques vécus à leur occasion. Le roman *L'Idiot* (1868) évoque « la seconde pendant laquelle n'avait pas eu le temps de se vider le cruche d'eau renversée de l'épileptique Mahomet, qui, lui, avait eu le temps, pendant cette seconde, de visiter toutes les demeures d'Allah ». Cette phrase de *L'Idiot* (II, V) renvoie manifestement au passage du Coran (XVIII, I) : « Gloire à celui qui a fait voyager de nuit son serviteur de la Mosquée sacrée à la Mosquée très éloignée dont nous avons béni l'enceinte, et ceci pour lui montrer certains de nos Signes ». Les légendes qui ont glosé ce passage prétendent en effet que Mahomet, réveillé une nuit par l'archange Gabriel qui avait heurté de son aile une cruche remplie d'eau, a accompli un voyage à Jérusalem, a conversé au ciel avec Dieu, les anges et les prophètes, a vu la Géhenne en feu, et réalisé tout cela en un temps si court qu'à son retour il réussit à arrêter la cruche dans sa chute. Le même épisode fait l'objet d'une conversation entre Piotr Stepanovitch et l'épileptique Kirillov dans *Les Démons* (III, V, VI).

40. S. Kovalevskaïa, *op. cit.*, p. 106.
41. *L'Idiot*, deuxième partie, ch. V.
42. *Ibidem*.
43. Barthes..., p. 15.
44. *Journal d'un écrivain* 1877, *Songe d'un homme ridicule*, Pléiade, p. 988.
45. *Les Frères Karamazov*, première partie, livre III, ch. III. Mitia vient de citer la première partie de la septième strophe de la *Fête d'Eleusis* de Schiller.
46. Viatcheslav Ivanov, *Dostojewsky. Tragödie - Mythos - Mystik* Tübingen, 1932, p. 52.
47. Grigori Otrepiev, moine qui réussit à se faire passer pour le tsarévitch Dimitri, fils d'Ivan le Terrible assassiné par Boris Godounov.
48. Le récit *Le petit héros* a été composé au cours de l'année 1849 (été et automne) dans la forteresse Pierre-et-Paul.
49. *Niétotchka Nezvanova*, roman inachevé, converti en nouvelle, parut entre janvier et mai 1849 (nouvelle rédaction en 1860).

Chapitre XI
Autrui de poche

1. Expression employée par Dostoïevski pour caractériser les sœurs Ivanov, ses nièces, et plus particulièrement S.-A. Ivanova-Khmyrova dans une lettre à cette dernière du 13 janvier 1868. Sur Ivanova-Kmyrova cf. *supra* ch. VII, note 11.
2. Karepina, Maria Petrovna (1842-?)
Fille de Varvara Mikhaïlovna, sœur de Dostoïevski.
3. *F.-M. Dostoïevski dans les souvenirs de ses contemporains*, 2 vol., Moscou, 1964, t. 1, p. 370.
4. Pouchkine, Alexandre Serguéévitch (1799-1817)
Le seul auteur russe que Dostoïevski ait aimé et admiré du début à la fin de sa vie. Non seulement Pouchkine fut à ses yeux le père de tous les talents qui suivirent, mais encore il incarna pour lui la plénitude de l'esprit russe, l'achèvement de la pensée russe. Malgré tout, on trouve çà et là, parmi des jugements constamment enthousiastes, quelques « perfidies » de détail.

Ainsi, dans une lettre à Strakhov du 23 avril 1871, Dostoïevski observe chez Pouchkine des traces de « dualisme » entre la « vigueur de l'élan poétique » et la « force des moyens d'exécution ».

Dans son *Journal d'un écrivain* 1876 (février), Pouchkine est accusé de « naïveté » pour avoir tenté d'acclimater en Russie des personnages de type byronien (Pléiade, p. 385).

Enfin, à propos du *Cavalier de bronze* qui glorifie la fondation de Saint-Pétersbourg par Pierre le Grand (personnage éminemment détestable aux yeux de Dostoïevski), Fiodor Mikhaïlovitch note sèchement en écho au vers célèbre « Je t'aime, création de Pierre » : « Excusez-moi, mais je n'aime pas ».
5. H.L., t. 83, *op. cit.*, p. 670.
6. *Oeuvres complètes* de F.-M. Dostoïevski, t. 1, *op. cit.*,... *Remarques extraites de son Carnet de notes*, p. 370, Saint-Pétersbourg, 1883.
7. Buffon, *Discours sur le style* (1753).

8. Fedorov, Nicolas Fiodorovitch (1824-1903)
Fils illégitime du prince P.-I. Gagarine, il fut écarté à sa naissance de la maison paternelle, mais reçut une certaine instruction. Il enseigna assez longtemps l'histoire et la géographie dans diverses villes de province. De 1868 à 1874 il travailla dans une bibliothèque de Moscou, puis, jusqu'en 1897, au Musée Roumiantsev. Il finit sa carrière comme responsable du cabinet de lecture des Archives du ministère des Affaires étrangères.

Dans son ouvrage fondamental *La Philosophie de la cause commune* (tome 1, Verny, 1906 ; t. 2, Moscou, 1913) Fedorov assigne à l'humanité le devoir de maîtriser totalement la nature grâce à la connaissance parfaite des « molécules et atomes du monde extérieur ». A son stade final, cette maîtrise doit aboutir à « rendre la vie à nos ancêtres, à ressusciter nos pères décédés grâce aux efforts actifs de l'humanité réunie, car nous sommes les débiteurs insolvables de ces pères, nous qui vivons à leurs dépens en les mettant à mort le jour même de notre naissance ».
Cette idée intéressa vivement Dostoïevski qui en avait eu connaissance par des tiers. Elle s'est reflétée en partie dans les « enseignements » du *starets* Zossima dans *Les Frères Karamazov*. Elle est encore plus explicite dans les *Carnets* du roman relatifs au deuxième livre (projet de dialogue entre Ivan et Zossima) :
« *Transfert* de l'amour. Il n'a pas oublié non plus ceux-là. Foi que nous redonnerons la vie et que nous nous retrouverons tous dans l'harmonie générale. /.../ La *résurrection des ancêtres* dépend de nous ».
9. Sur Dostoïevski et Tourgueniev cf. *supra* ch. II, note 2. Sans jamais véritablement aimer la prose de Tourgueniev, Dostoïevski avait montré une certaine sympathie pour l'œuvre du début (surtout pour les *Récits d'un chasseur*) jusqu'à *Pères et Fils*, exception faite de *Fumée* qui lui inspira un sentiment de profonde répulsion. Les thèmes de Tourgueniev ne cesseront en revanche jamais d'intéresser Dostoïevski sur le plan polémique. *Les Démons* sont une sorte de réplique, par exemple, à *Pères et Fils*.
10. Tchernychevski, Nicolas Gavrilovitch (1828-1889)
Chef de file des « radicaux » et symbole des idées des années soixante, il devait naturellement s'attirer les foudres de Dostoïevski qui engage la polémique avec lui dès 1864 dans les « Notes adressées du fond d'un sous-sol » (en abrégé : *Le Sous-sol*) ou — autre traduction admise — les « Notes d'un souterrain » (en abrégé : *Le Souterrain*). Dans *Le Sous-sol* Fiodor Mikhaïlovitch attaque de front le principe anthropologique de l'*avantage* conçu comme pivot du comportement humain et le cadre pompeux de la vie socialiste à venir, ce *palais de cristal* qui ne saurait être en réalité qu'une vulgaire et sinistre termitière : bref, c'est la double réponse au *Que faire ?* de Tchernychevski paru en 1863.
En ce qui concerne l'épisode controversé du *Crocodile, un événement peu ordinaire* (édition Pléiade, Dostoïevski, *Récits, chroniques et polémiques*, p. 1620-1659), le journal de Kraïevski, *La Voix*, avait accusé Dostoïevski dès le 3 avril 1865 d'y avoir indignement et bassement attaqué la personnalité et la vie privée de Tchernychevski, alors que ce dernier, arrêté en 1862, avait été condamné en 1864 à sept ans de déportation en Sibérie, suivis d'une peine de relégation à vie. Dostoïevski attendra de nombreuses années avant de se défendre contre cette accusation (*Journal d'un écrivain* 1873, « Quelque chose de personnel », édition Pléiade, p. 30-41), sans parvenir vraiment à convaincre de sa bonne foi. Il est vrai qu'après *Le Crocodile* Fiodor Mikhaïlovitch ne cessa de multiplier les réfutations et les parodies des idées de Tchernychevski dans *Crime et châtiment* (1866), *L'Idiot* (1867), *Les Démons* (1871) et *L'Adolescent* (1875), attestant par là-même de la permanence de son hostilité, comme toujours en pareille circonstance *globale*.
11. « Chtchedrodarov » pour Chtchedrine : au vocable *chtchedro* (généreux, généreusement) Dostoïevski a ajouté *dar* (don naturel) : allusion qui se veut ironique au talent dont son adversaire avait un peu trop conscience et qu'il gaspillait en tout cas au service d'une mauvaise cause (le « nihilisme »).
12. Grossman, Leonid Petrovitch (1888-1965)
C'est avec A.-S. Dolinine (cf. *supra* ch. VII, note 12) le meilleur spécialiste russe de Dostoïevski.
13. Grossman, L.-P., *La Bibliothèque de Dostoïevski*, Odessa, 1919, p. 78.
14. Lettre à Michel Dostoïevski du 18 juillet 1840.
15. *Journal d'un écrivain* 1876, octobre, *Une Douce*, Pléiade, p. 750-751.
16. Bakhtine, Michel Mikhaïlovitch (1895-1975)
Critique littéraire, théoricien de la littérature et du langage, célèbre, entre autres, pour son ouvrage *Problèmes de la poétique de Dostoïevski* (1929). On ne peut cependant qu'éprouver de la réticence en face de son affirmation centrale : *Il n'y a nulle part de discours dominant, qu'il s'agisse du discours de l'auteur ou du discours du personnage central* (2e édition, Moscou, 1963, p. 336). On

peut d'autre part juger également excessif, à l'inverse, le point de vue d'A.-B. LOUNA-
TCHARSKI : *La plupart des personnages majeurs s'expriment dans une même langue* (*Oeuvres* en 8 volumes, t. 1, Moscou, 1963, p. 190).

Il semblerait plutôt que chez Dostoïevski le discours romanesque soit constitué de variations
subtiles et complexes autour d'une partition unique. L'autonomie des discours n'est qu'un
leurre camouflé avec un très grand art.

17. Il s'agit plus précisément d'un amalgame d'images contenues dans les trois derniers vers
du sonnet de Mallarmé *Le Tombeau d'Edgar Poe* :

> *Calme bloc ici-bas chu d'un désastre obscur*
> *Que ce granit du moins montre à jamais sa borne*
> *Au noirs vols du Blasphême épars dans le futur.*

18. Paroles de Stavroguine dans *Les Démons*, adressées à Lisa : « — Si tu savais le prix de mon
impossible sincérité en ce moment, si je pouvais seulement te révéler... » (Pléiade, p. 550).
19. F.-M. Dostoïevski, *Oeuvres complètes* en 30 volumes, t. 16, Léningrad, 1976, p. 67.
20. *Ibidem*, p. 67-68.
21. Vers extrait d'une poésie de Tiouttchev, *Silentium*, 1830.
22. VOLTAIRE (1694-1778)
Dostoïevski ne le mentionne jamais qu'épisodiquement et cursivement, ce qui ne signifie pas
que sa part dans les réflexions et l'œuvre du romancier russe soit négligeable. La philosophie
sceptique de Voltaire, son approche complexe du problème du bien et du mal, son interrogation sur le bien-fondé de la Création, sa mise en cause de l'existence de Dieu ne pouvaient que
retenir l'attention d'un *spécialiste* de l'athéisme et de ses diverses implications. En 1861, Dostoïevski associe *Candide* et le poème philosophique *Sur le désastre de Lisbonne* qu'il perçoit comme
une réfutation justifiée de l'optimisme *béat* de Leibniz avec sa théorie de *l'harmonie préétablie* et
sa conception de la vertu comme tendance naturelle de l'être humain vers le bien. Sur ce dernier point, Dostoïevski partageait contre Leibniz, mais aussi et surtout contre Rousseau, le
scepticisme de Voltaire. A partir de *Crime et châtiment* (1866), Voltaire devient l'objet de connotations négatives. Ses sarcasmes à l'égard de Dieu sont profondément inacceptables pour celui
qui cherche précisément à enraciner sa foi. Mais l'inacceptable est souvent pour Dostoïevski
un stimulant créateur puissant. Le 24 décembre 1877, un an avant *Les Frères Karamazov*, alors
que le *poème* sur le Grand Inquisiteur (cf. *supra* ch. II, note 1) est déjà clairement dessiné dans
son esprit, Dostoïevski écrit dans son *Carnet de notes* : « Memento. Pour toute la vie. Ecrire un
Candide russe. Ecrire un livre sur Jésus-Christ ». Il n'est pas exclu de surcroît que, dans
l'immense somme de réminiscences que suppose la construction de la *Légende du Grand inquisiteur*, *La Mule du pape*, conte philosophique de Voltaire, ait trouvé sa modeste place.
23. *Journal d'un écrivain* 1876, octobre, *Une Douce*, Pléiade, p. 751.
24. KAREPINE, Piotr Andréévitch (1796-1850)
Il avait épousé en 1840 la sœur préférée de Dostoïevski, Varvara Mikhaïlovna, alors âgée de
17 ans (il en avait, lui, 44). A la mort du père de Dostoïevski (8 juin 1839), Karépine qui était
administrateur des biens des princes Golitsyne, était devenu le tuteur des jeunes Dostoïevski
pour la gestion financière de la propriété paternelle de Darovoe et Tchermachnia. André Dostoïevski, frère cadet de l'écrivain, rapporte dans ses *Souvenirs* (Léningrad, 1930) : « Il était issu
du peuple et tout ce qu'il avait, il l'avait obtenu par sa seule intelligence et son travail ». Fiodor Mikhaïlovitch n'éprouva jamais qu'aversion et mépris pour ce parvenu infatué de sa propre personne, pétri de certitudes inébranlables, propulsé au rang des profiteurs et des favorisés
de ce monde, pour ce riche veuf qui avait fait *main basse* sur une jeune orpheline sans défense
dont il était devenu le tuteur. Répétant sans doute les paroles de son mari, Anna Grigorievna
notera plus tard : « C'était réellement un mauvais homme ». La vérité est sans doute plus
complexe. Karepine, en tant que gestionnaire consciencieux, ne pouvait évidemment qu'endi-
guer les exigences excessives et les frasques de son tumultueux et coléreux beau-frère qui, au
demeurant, n'hésitait pas à l'injurier copieusement.
25. FAMOUSSOV
Personnage de la comédie de GRIBOIEDOV *Le Malheur d'avoir de l'esprit* (1822-1824), haut fonctionnaire (comme Karepine), incarnant selon l'heureuse formule d'Ettore Lo Gatto (*Histoire de
la littérature russe*, Desclée de Brouwer, 1965, p. 222) « non seulement le conservateur borné du
XIXe siècle, mais le conservateur de tous les temps, pilier de la société, philosophe cynique du
bon repas et de la digestion meilleure ».
26. TCHITCHIKOV,
Personnage central de la première partie des *Ames mortes* (1842), ingénieux escroc et imposteur
aux connotations métaphysiques.

27. Falstaff
Personnage de Shakespeare, ivrogne cynique et bouffon à la vantardise démesurée (*Henri IV* ; *Les Joyeuses Commères de Windsor*).
28. Dans ses *Commentaires* au tome IV des *Lettres* de Dostoïevski, Moscou, 1959, p. 448, A.-S. Dolinine émet l'hypothèse qui nous paraît très crédible, selon laquelle le personnage de Loujine dans *Crime et châtiment* a reçu certains traits de Karépine vu par Dostoïevski.
29. H.L., t. 83, *op. cit.*, p. 679.
Sur Kaveline, cf. *supra* ch. IV, note 21.
Le qualificatif d'« esclavagiste » a d'autant plus de sel que ce libéral avait été l'un des experts chargés de préparer le projet d'abolition du servage.
30. Dostoïevski,... *Extraits de son Carnet de notes, op. cit.*, p. 359.
31. Dans son *Journal d'un écrivain* 1873 (« Une des contre-vérités du temps présent »), Dostoïevski précise (éd. Pléiade, p. 190) :

> Je laisse de côté dans mon roman /*Les Démons*/ le vrai Netchaïev et sa victime Ivanov. Le personnage de *mon* Netchaïev ne ressemble certainement pas à celui du vrai Netchaïev.

Netchaiev, Serge Guennadévitch (1847-1882)
Issu d'un milieu pauvre (son père était garçon d'auberge en province), il participa à l'agitation étudiante à Moscou en 1868-1869. En mars 1869, il émigra à Genève où il se lia avec Bakounine. Avec l'aide de ce dernier, il édita une série de proclamations et deux numéros de la revue *La justice du peuple*. Il réussit à convaincre Bakounine de l'existence en Russie d'un pseudo-Comité central exécutif dont il aurait été membre. Bakounine le présenta à tout le gratin de l'émigration russe, à Ogariov et à la famille de Herzen, et lui délivra un certificat d'appartenance à la « Section russe de l'Union révolutionnaire universelle ». Muni de ce certificat, Netchaïev revint clandestinement à Moscou le 3 septembre 1869 et, se faisant passer pour membre d'un « Comité de Justice populaire », mit sur pied plusieurs cercles de sympathisants. L'un d'eux était formé de cinq membres parmi lesquels se trouvait, en plus de Netchaïev lui-même, un certain Ivan Ivanovitch Ivanov, étudiant à l'Institut agronomique de Moscou. Soupçonné sans preuves réelles de trahison, Ivanov fut exécuté par le groupe le 21 novembre 1869. Après cet assassinat qui défraya la chronique, Netchaïev repartit pour l'étranger en décembre 1869 et renoua avec Bakounine. En août 1872, il fut arrêté comme criminel de droit commun et extradé en Russie. Le 8 février 1873, il fut condamné à vingt ans de bagne suivis de la rélégation à vie en Sibérie. Netchaïev est l'auteur d'un *Catéchisme révolutionnaire* dont Dostoïevski s'est apparemment inspiré pour définir sous les espèces du tragi-grotesque le *programme* de Piotr Verkhovenski dans *Les Démons*.
32. Nekrassov (cf. *supra* ch. I, note 1) est mort le 27 décembre 1877. Dostoïevski s'était rendu plusieurs fois à son chevet au mois de novembre.
33. Le procureur Anatole Fiodorovitch Koni (1844-1927), juriste et légiste célèbre, ami de tous les écrivains de l'époque, confirme ce diagnostic de Dostoïevski par une confidence que lui fit Nekrassov sur le principal attrait du gain au jeu : « la notion de sa supériorité et l'enivrement de la victoire » (*Souvenirs sur des écrivains*, Léningrad, 1965, p. 128).
34. Trait de comportement prêté à Stavroguine dans *Les Démons* : « Et voilà que soudain le fauve montra ses griffes » (Pléiade, p. 47).
35. Lettre à Michel Dostoïevski du 19 juillet 1840.
36. Dialogue entre Nastassia « la cuisinière et l'unique servante de la logeuse » et le « locataire » Raskolnikov :

> — Alors tu voudrais tout de suite tout un capital ?
> Il la regarda d'un air singulier.
> — Oui, tout un capital, répondit-il fermement, après un silence.
>
> (*Crime et châtiment*, I, III)

37. Dostoïevski, *Journal d'un écrivain* 1873, « Une des contre-vérités du temps présent », Pléiade, p. 202.
38. Sur Tolstoï et Dostoïevski, cf. *supra* ch. II, note 14. Dostoïevski n'a jamais voulu considérer Tolstoï comme un novateur, ne voyant en lui que l'historiographe d'une classe tombée en déshérence (celle des nobles historiques) et le représentant d'une culture irrémédiablement dépassée. Dans sa lettre à Strakhov du 18 mai 1871, Dostoïevski formule ainsi la quintessence de son opinion :

> Vous savez, tout ça n'est après tout que de la littérature de propriétaire foncier. Cette littérature a dit tout ce qu'elle avait à dire (magnifiquement chez Léon Tolstoï). Mais cette parole, au suprême degré seigneuriale, a été la dernière.

39. Dostoïevski, *Journal d'un écrivain* 1877, décembre, Pléiade, p. 1315.

40. Strakhov, *Souvenirs sur F.-M. Dostoïevski, op. cit.*, p. 175.

41. Il s'agit encore une fois de l'attribution à Dostoïevski du viol commis par Stavroguine sur une fillette de dix ans au ch. IX de la deuxième partie des *Démons*, juste après le chapitre intitulé « Le tsarévitch Ivan ». Interdit par la censure, cet épisode resta inconnu du public jusqu'à la révolution. Sa première publication date de 1922 (dans la revue *Byloe*).

42. Iouri Nikolski, *Tourgueniev et Dostoïevski : histoire d'une inimitié*, Sofia, 1921, p. 30 (en note).

43. Confidence rapportée par le docteur Stepan Dmitrievitch IANOVSKI, médecin et ami de jeunesse de Dostoïevski, dans ses *Souvenirs sur Dostoïevski, Le Messager russe*, 1885, n° 4. (Ces souvenirs occupent les pages 766-819).

44. Sur la résurrection des pères par les fils cf. *supra* note 8.

CHAPITRE XII
Autrui collectif

1. Dostoïevski, *Notes d'un souterrain*, éditions Aubier Montaigne, Paris, 1972, p. 41. (Collection bilingue).

2. Cité par Pierre Pascal, *Dostoïevski, Les écrivains devant Dieu, op. cit.*, p. 117. Pour le texte russe : H.L., t. 83, *op. cit.*, p. 174.

3. KARAMZINE, Nicolas Mikhaïlovitch (1766-1826) Auteur de nouvelles inspirées du courant « sentimentaliste » dont la plus célèbre est *La pauvre Lise*, des *Lettres d'un voyageur russe* et d'une monumentale *Histoire de l'Etat russe*. Ce dernier ouvrage devait rester le livre de chevet de Dostoïevski pendant toute sa vie. Karamzine a exercé une double et considérable influence sur Fiodor Mikhaïlovitch. Il a modelé sa sensibilité artistique et, pour une part, sa conception de l'univers. Lorsque le *starets* Zossima *enseigne* (*Les Frères Karamazov*, deuxième partie, livre VI) : « Mouille la terre de tes larmes de joie et aime ces larmes. Et n'aie pas honte de ton exaltation, chéris-la même, car c'est un don de Dieu, un don sublime qui échoit non pas à la multitude, mais aux élus seuls », — *ce don des larmes* n'est pas autre chose qu'une sublimation du courant sentimentaliste karamzinien qui imprègne les premiers héros des *Pauvres gens*, les personnages d'*Humiliés et offensés*, qui nourrit l'attendrissante « naïveté » du prince Mychkine et d'Aliocha Karamazov. Quant au Karamzine historien, il a inculqué dès l'enfance à Dostoïevski l'amour de l'histoire russe et de l'Etat russe, il a préorienté le patriotisme nationaliste de l'écrivain adulte.

4. Allusion à la fondation de Saint-Pétersbourg par Pierre le Grand. La ville fut modelée dans les marais par déviation des eaux de la Néva. « Fenêtre de la Russie sur l'Europe », Saint-Pétersbourg fut promu capitale de l'empire dès 1715, douze ans à peine après sa construction.

5. H.L., t. 83, *op. cit.*, p. 682.

6. Dans son *Journal d'un écrivain* 1877, février, Dostoïevski adresse à Lévine-Tolstoï le reproche suivant :

> Quant à toute cette application à « se simplifier », ce n'est que déguisement, qui insulte même au peuple et qui vous avilit. Vous êtes trop « complexe » pour vous simplifier, et votre instruction ne vous laissera pas devenir un moujik. Elevez plutôt le moujik jusqu'à votre « complexité ». Soyez seulement sincère et d'âme simple : cela vaut mieux que toutes les « simplifications ».

> (Pléiade, p. 917-918)

7. Variantes manuscrites de la *Confession* de Versilov, revue *Natchala*, 1922, II, p. 220.

8. *Ibidem*.

9. H.L., t. 77, *op. cit.*, p. 342.

10. Dostoïevski,... *Extraits de son Carnet de notes, op. cit.*, p. 373.

Bibliographie

L'objet — assez circonscrit — du présent ouvrage n'implique pas de bibliographie trop spécialisée. Les œuvres citées au fil des notes sont essentiellement les œuvres de Dostoïevski lui-même (romans et nouvelles, *Correspondance, Journal d'un écrivain*) dont la relecture peut être étayée par quelques ouvrages de référence disponibles en français.

A. *Œuvres de Dostoïevski en français*

La collection la plus importante d'ouvrages de Dostoïevski est constituée par les sept volumes de la Bibliothèque de la Pléiade. Les plus précieux sont le *Journal d'un écrivain* (1873-1881) et les *Récits, chroniques et polémiques*, traduits, présentés et annotés, dans les deux cas, par Gustave Aucouturier.

Dans les Classiques Garnier, on a, en éditions commentées et annotées, les *Récits de la Maison des Morts, Crime et châtiment, L'Idiot* et *Les Frères Karamazov*. Les *Récits de la Maison des morts*, ainsi que *L'Idiot*, viennent de faire l'objet d'une très intéressante réédition avec Chronologie, préface, bibliographie par Michel Cadot, président en exercice de la Société Internationale Dostoïevski (I.D.S.), dans la Collection Garnier-Flammarion brochée sous les numéros 337 et 398-399.

Dans la Collection bilingue Aubier-Montaigne, on lira avec profit l'*Introduction* de Tzvetan Todorov aux *Notes d'un Souterrain*.

La *Correspondance* existe en quatre volumes (mais seulement jusqu'à novembre 1871) chez Calmann-Lévy. Les renseignements d'ordre biographique dont fourmillent ces lettres seront utilement relayés par la lecture des carnets intimes de la jeune femme de Dostoïevski, Anna Grigorievna Dostoïevskaïa, parus chez Stock sous le titre *Journal* (il s'agit de la période du séjour genevois des Dostoïevski pendant l'été et l'hiver 1867) et surtout par la lecture des *Souvenirs* d'Anna Grigorievna parus chez Gallimard sous le titre *Dostoïevski par sa femme Anna Grigorievna*.

B. *Monographies ou études critiques*

ALLAIN L., *Dostoïevski et Dieu. La morsure du divin*. Lille, Presses Universitaires de Lille, 1982. 114 pages, Bibliographie et notes.
ALLAIN L., *La personnalité de Dostoïevski*. Thèse de Doctorat d'Etat. Paris-Sorbonne, 1979. Atelier national des thèses de Lille (ISSN

0294-1767). 910 pages. Bibliographie classée, p. 799-878 (disponible sur microfiches). Quatre index.

ARBAN D., *Dostoïevski par lui-même*, « Ecrivains de toujours » aux éditions du Seuil.

BACKÈS J., *Dostoïevski en France 1884-1930*. Thèse de doctorat d'Etat. Paris Sorbonne, 1971.

BAKHTINE M., *Problèmes de la poétique de Dostoïevski*. Collection « Slavica » aux éditions de l'Age d'homme.

BERDIAEV N., *L'esprit de Dostoïevski*, Stock.

CATTEAU J., *La création littéraire chez Dostoïevski*, Paris, Institut d'études slaves. Bibliographie classée, p. 567-588. Deux index.

GROSSMAN L., *Dostoïevski*, Moscou, éditions du Progrès.

MOTCHOULSKI K., *Dostoïevski*, Payot.

PASCAL P., *Dostoïevski. L'homme et l'œuvre*. Collection « Slavica » aux éditions de l'Age d'homme.

Table des matières

ACHEVE D'IMPRIMER
SUR LES PRESSES DE L'UNIVERSITE DE LILLE 3

OUVRAGE FACONNE
PAR L'IMPRIMERIE CENTRALE DE L'ARTOIS
RUE Ste MARGUERITE A ARRAS

DEPÔT LEGAL : 4e TRIMESTRE 1984